超越资本主义与帝制传统

CHINA'S DEVELOPMENT

Capitalism and Empire

Guo Bai, Michel Aglietta

白果 米歇尔·阿格列塔 著

李陈华 许敏兰 译

格致出版社 上海人民出版社

序　言

中国崛起是20世纪经济史上最伟大也最出乎经济学家意料的历史事件。如何理解中国经济发展的道路，就成为世界经济学家们的难题。

我们先观察中国经济的三个基本特征。

第一是发展的大规模和高速度。依据联合国统计司的数据，从1978年到2014年，在短短36年的时间里，中国GDP的经济规模增加了28倍，人均GDP增加了34倍。相比之下，同期世界人均GDP只增加了5倍，美国也就达到世界平均水平，日本只增加了4倍，低于世界平均水平。1978年，中国经济规模只有世界的0.8%，美国的3%；到2014年，中国经济的规模为世界的9%，美国的36%；按照美国中央情报局的数据，2015年按购买力平价计算的GDP总量，中国已达19.4万亿美元，位居世界第一，超过欧盟的19.2万亿美元和美国的18万亿美元。如果按照英国经济史学家麦迪逊《世界经济千年史》的国际可比数据，中国从1950年到2010年60年间人均GDP的增长，相当于英法德1000年、日本470年、俄罗斯430年、美国340年的发展。

第二是中国具有独立完整的科技、工业、教育、国防和金融体系，从两弹一星、卫星导航系统、雷达预警机，到核电站、高速铁路、高速计算机、重型机械等。世界综合国力，仅次于美国，超过俄罗斯、欧盟和日本，外汇储备更是世界第一。第二次世界大战后非西方的古老文明和区域大国，包括土耳其、伊朗、埃及、印度、巴西、墨西哥、南非，都在某种程度上依赖西方，尤其是美国的经济，即使是德国、日本，也没有中国那样独立的国防与金融政策。而中国科技进步的速度，还始终受到西方高科技禁运的约束，比日本、印度、土耳其获取西方技术的限制要大得多。

第三，中国的人口是发达国家总和的 2 倍，日本的 11 倍，而中国的人均资源，包括可耕地、水、能源和矿产，都在世界平均水平之下，甚至不如印度。

如何解释中国经济发展的这三个特征，就成为当代经济学的严重挑战。

国内目前流行的几种源自西方主流经济学的理论，都只能解释中国发展的某些局部现象，而无法面对世界范围的观察比较。

流行理论之一是中国的"市场化"理论，以新自由主义和新制度经济学的产权理论为基础。如果对比改革开放前后 30 年，此说在国内颇有市场，但是在国际上却毫无影响，原因是，比中国更彻底推行自由化的拉美、东欧和俄罗斯，结果要糟得多。尤其俄罗斯十年经济转型的损失，超过两次世界大战、内战加大饥荒的代价，而这是在没有战争和天灾的条件下发生的。二战后最早实行西方模式的国家是菲律宾，今天的状况有目共睹。

流行理论之二是西方的"国家资本主义论"，认为中国高速发展的原因是中央集权和市场经济的结合，尤其是拿中国的国有企业说事。此说在西方媒体颇有市场，成为西方国家拒绝承认中国"市场经济地位"的主要理由。其问题出在西方经济学的自相矛盾。按照西方主流经济学的标准理论，只有私有制的企业才能优化资源分配，政府干预经济永远不如市场。西方经济学热捧的匈牙利自由主义经济学家科尔奈更断言国企的低效率源于微观机制的"软约束"，这成为国内自由派主张国企私有化的理由。如果西方经济学成立，中国的国家资本主义应当缺乏国际竞争力才是，怎么可能击败老牌西方资本主义国家呢？西方国家应当欢迎中国的国有企业才对，因为国企拖累中国经济，岂不是可以不战而屈人之兵，何须西方国家为中国民众操心呢？显而易见，西方的"国家资本主义说"，政治学理论尚可，经济学理论尚无。如果观察中国经济的实际，客观讲中国是世界上最开放的混合经济，国有经济、民营经济、集体经济、跨国公司相互竞争，中国经济对世界主要跨国公司开放的程度，超过美国、欧洲和日本。令人惊奇的是，在拉美和东欧，民族经济早成为跨国公司的附属，即使日本和韩国，也不敢像中国那样对跨国公司敞开大门。要理解中国经济同时维持开放和独立，还真是经济学的难题。

可喜的是,国内经济学出现了几个新的思路,有可能破解中国经济的崛起之谜。其一是林毅夫的比较优势论和新结构经济学,其二是张五常的县级竞争论,其三是史正富的三维经济和超常经济增长论。他们从不同角度引入经济结构的观察,来弥补现有经济学的总量理论缺乏经济结构的分析。只是他们观察的角度不同。林毅夫修正的是发展经济学,把要素结构的禀赋作为发展战略的出发点,这似乎可以解释中国后30年的出口导向经济,但低估了前30年奠定科技工业基础的作用。张五常的县级竞争论破除了西方认为中国专制集权的偏见,强调地方政府的竞争比民营企业的竞争对中国经济的发展更为重要。比较美国、欧洲的地方政府,确实看不到类似中国地方政府的竞争力。可惜张五常没有深究,为什么中国的地方政府比西方议会制下的地方政府有更大的经济创新空间?史正富的超常增长理论有许多闪光点,似乎和正统的西方经济学与马克思经济学都有关系,又都有突破,可惜没有展开系统的理论框架。

笔者推荐的白果和她导师阿格列塔合著的《中国道路:超越资本主义与帝制传统》,恰巧可以填补研究中国道路的一个空白。阿格列塔是法国经济学调节学派的领军人物,继承了法国历史学年鉴学派的学术传统。年鉴学派不是孤立地分析经济问题,而是把政治—经济—技术—文化放在世界体系多中心相互作用的视野之下,极大地发展了马克思历史唯物主义的分析框架,这恰恰是理解中国崛起的世界意义的关键所在。

从方法论讲,西方新古典微观经济学强调的是市场的短期效率,忽视的是市场的中期(通常的经济周期为几年到十几年)不稳定性和经济危机的可能,所以低估政府("看得见的手")在经济发展中的作用。西方新制度经济学的产权理论,依据的是英美模式的经验,忽视的是德国、日本、苏联等后起国家的历史,所以对发展中国家的实践,务虚的成分远大于务实的效果。例如,中国高铁建成之后,西方国家和发展中国家都认识到发展基础建设对经济增长的重要,但是在发展高铁的问题上却举步维艰,原因不在技术和资本,而是土地私有制使征地基建困难重重。亚当·斯密以为分工可以靠市场交易来协作,科斯认为私有化可以降低交易成本,现实证明私有制对发展高铁这样的网络经济困难重重。这就从经济学的方法论上质疑了西方主流经济学的"方法论的个人主义"。

经济学有四大流派重视经济发展的历史观。第一,斯密的古典经济学强调的是分工发展的市场演进史,把自由贸易作为资本主义发展的主线,科斯的交易成本理论更是强化了自由资本主义的理想。问题是,斯密和科斯都回避战争、殖民主义、帝国主义和资本扩张的关系,也就回避了市场和政府关系的实质——国家的本质。第二,是马克思主义经济学。马克思从生产力和生产关系之间的矛盾来展开阶级分析,揭示了资本主义内在的矛盾和危机,论证了资本主义向社会主义过渡的必然性。但是,马克思没有注意到资本主义发展的高度不平衡,马克思和列宁都没有预见到中国这样的小农大国,有可能在现代化的过程中赶超和挑战工业大国。这也是西方的新马克思主义和新左派都难以理解中国道路的原因。第三,是熊彼特的创新和演化经济学。熊彼特强调技术革命的长波是"创造性毁灭"的力量,资本主义可以经过技术革命而非暴力革命走向社会主义。问题是,现代的技术革命先后发源于英、德、美等先进工业国家,中国技术进步的动力主要来自学习、引进、消化和更大规模的应用,但到目前为止,中国还没有像苏联那样,在科学技术上挑战西方国家。为什么中国经济反而能增长得比西方发达国家和像巴西那样的资源大国更快呢?

我今天要向读者推荐的,恰恰是经济学的第四学派,法国年鉴学派的继承者——调节学派。调节学派的两个观点值得国内的学术界高度重视。第一,调节学派继承年鉴学派的传统,强调现代化过程的多样性和各国的历史条件有关,否定新自由主义市场经济的普适价值。第二,调节学派补充了马克思主义的国家观,指出社会的凝聚力取决于制度的连贯性,这就弥补了中国启蒙运动过度否定中国历史传统的偏差。白果和阿格列塔尤其注意到中国两千年统一的帝国传统,对中国的现代化,包括前 30 年的基础建设和后 30 年的改革开放,都有高度的历史连续性。这对理解中国道路的特殊性有深远意义。

白果和阿格列塔重新评价中国的帝国传统,有历史的洞见和反思的勇气,因为二战后的民族解放运动,几乎完全否定帝国的历史地位。中国共产党是一个革命的政党,在独立后面对西方列强的挑战,不得不在现代化的过程中,捍卫中国的独立统一,如何理解中国的国际定位,就成为和美苏竞争无法回避的关键问题。美国的政治学家白鲁恂(Lucian Pye)曾经指出,中国不是西方意义下的"民族国家",而是"文明国家"。张维为把文明国家理论作为批判美国政治学家福山的"历史终结论"的主要论据。张维为的分析在政治学领域很有影响,但是经济学和历史学的论证有待深化。白果和阿格列塔的研究关注的是中国文明的另一个解读,即中国的"帝国"传统和经济发展的关系。

受马克思和列宁批判资本主义、帝国主义影响的中国学者,可能对"中华帝国"这样的帽子非常敏感,顾虑西方鼓吹"中国威胁论"的人会用帝国理论给中国的形象抹黑。我觉得要辩证地理解"帝国"的含义。如果去掉意识形态的面纱,客观分析历史,美国虽然天天标榜自己是"自由""民主"国家,其实全世界都知道,二战后的美国是不折不扣的帝国,不但继承了大英帝国的传统,而且在用武力和金钱控制世界的规模上,有过之而无不及。当年斯大林领导的苏联社会主义阵营,实质上也是一个帝国。毛泽东领导的中国革命,不但要打破西方和日本的帝国侵略,也要摆脱苏联帝国的控制。苏联的瓦解和欧盟的危机,重新唤起世界知识界对帝国传统的重视。

中国近来流行的"中等收入国家陷阱论",是世界银行一批名不见经传的经济学家炮制的肤浅理论。他们拿日本、韩国、新加坡这样没有历史地位的中小国家,来教训中国这样的文明大国,实在浅薄。要理解中国崛起的历史意义,可比的只有历史上的帝国,如伊朗和土耳其。当年的波斯帝国、阿拉伯帝国和奥斯曼帝国,都是欧洲文明的主要威胁,二战后经济发展的初始条件也比中国好得多,但是始终不能摆脱西方的控制。苏联瓦解自然和民族问题有关,但是留下的稳定地区依然是有帝国传统的俄罗斯。笔者曾经访问过巴西和澳大利亚,也和印度著名经济学家多次交流。笔者注意到这些资源大国缺乏中国那样独立自主的经济发展战略和民族共识,和这些大国缺乏帝国传统,也即缺乏民族自信心有很大的关系。历史上,从汉唐到明清,中国是毫无异议的东方政治经济中心,比西方罗马帝国的中心地位更加稳固。世界体系虽然有多个文明,但是基本格局是有东、中、西三个中心,只是西方中心的地理位置不断变迁,从未形成过长期统一的西方帝国。研究秦汉之制到新中国的民主集中制对经济战略的影响,是中国经济学的应有之意。正是在这一层次上,我认为白果的新作,对理解中国道路的历史根源,有敢为天下先的作用。

白果和阿格列塔的研究在几个方面带给我们新的思路。

第一,他们批评了新自由主义的市场观,引入法国调节学派的理论框架,强调劳动力市场与金融市场和商品市场的不同,其本质上是不平等的交易,所以需要非市场机制的调节,以限制市场内生的不平等竞争和投机产生的不稳定性。他们观察到,中国正是在这两个市场的调节上,成功地发挥了政府对市场的调节作用。

第二,他们注意到中国共产党领导下的现代化和中国历代帝国有共同的终极目标,即保持中华帝国的稳定性和连续性。所以,市场化只是实现这一目标的工具,而非最终目的。正因为如此,中国政府才能建立独立稳定的金融市场,避免中国受世界金融危机的影响。这和华盛顿共识的观点背道而驰。

第三,具体研究了中国帝制传统下中央集权和地方分权的关系,如何在新的历史条件下推进中国的改革。他们抛弃了西方政治经济学人为制造的西方自由和东方专制的对立框架,指出资本主义和非资本主义社会都存在等级制的权力制约关系,使非市场机制在现代化的过程中,继续发挥社会的调节功能。比如中国在转型过程中经历的社会矛盾和阵痛,尤其是国企工人的大规模下岗和财政税收体制的改革,这些严重的社会危机在西方议会制国家都会发生,而中国成功地利用制度的连续性和国家的凝聚力,化解了一连串危机。

第四,白果和阿格列塔不是抽象地使用调节学派的理论标签,来解释中国改革的现象。他们依据历史的观察,把中国的改革发展分成几个阶段来加以考察,不仅分析了改革开放前后30年的关系,而且把后30年的进程再细分为几个小阶段,每个阶段的主要矛盾不同,每个阶段都有微观社会结构与宏观政府政策的互动,一系列改革引发的结构变迁又有承前启后的关系。他们对中国改革的观察,深得历史发展阶段论和演化进程多样性的要义,在理解中国实际的同时,兼顾国际比较的视野。这在国内学术界也是难得的工作。

应当强调,白果是雄心勃勃的后起之秀。她的目标是解读中国道路,超越资本主义和帝制这两大传统,跨越经济学与历史学的鸿沟。其勇气可嘉,其探索可喜。不难想象,她提出的中国帝制在现代化过程中的连续性问题,一定会激发不少争议和新的探索。例如,白果在本书中提出的中国帝制的双层结构,在 1949年后有无结构性的变化;中国的帝制体系,和张五常提出的县级竞争与史正富提出的三维经济有何联系,都是将来可以深入对话的问题。我们看到,中国崛起对经济学框架的挑战,迫使中国学人提出自己的理论模型,来理解中国道路与西方模式的不同,以及中国道路领先发展中国家的历史原因。

越来越多的学者认识到中国文化有丰富的历史积淀,但是许多历史的潜力还有待开发。中国古代述而不作的传统在近代使中国学术界失掉了在世界学术之林的话语权。中国现代化的进程中先后引进许多西方学派,但是很少创立自己的学派。中国经济的崛起应当促进中国学派的成长。在全球竞争的开放时代,有争议才有新意。我们应当不怕争议,才能鼓励创新。我期望读者和她一起来共同探索中国道路的历史和未来。至于白果的工作能走多远,要由历史来检验,期待大家建设性的批评能推进中国道路的深入研究。

我有幸和白果一起在北京大学的中国经济研究中心和复旦大学的中国研究院共同学习和研究,共同推进全球视野下的中国道路研究,为经济学的新思维做出贡献。

陈　平

中文版自序

中国改革的逻辑是什么？2009 年的一个冬日，米歇尔和我讨论着这个问题。彼时改革开放 30 周年刚过，各种关于改革的解读喧嚣尘上。相当部分的解读采取了西方主流经济学的视角。改革，被看作一个逐步消除市场经济障碍的过程。随着政府对市场运行的阻力渐小，中国利用其人口红利和后发优势，向最优均衡收敛，取得了高速增长。这种解读看起来那么理所当然，几乎作为一种思维范式被广泛地接受了。

如果只是将 1978 年前后 30 年的中国做一个简单对比，以上理论似乎很有说服力。然而，若是将 1978 年至今的中国放入更广阔的空间和时间维度去衡量，许多问题便接踵而来。从横向比较上看，在 20 世纪，不少国家都接受了市场经济和自由贸易的处方。很多国家市场化和开放程度要比中国高得多。遗憾的是，它们中的大多数并没有走上"追赶"(catch-up)的道路。数据显示(参见表 2.3)，"华盛顿共识"确立以来，除中国等少数东亚国家和地区以外，几乎所有其他国家与美国之间的增长差距都在扩大，而非缩小。从纵向比较上看，中国历史上就有相当强的市场经济传统，民国时期也具有很高的市场化和开放水平，可为什么工业革命从未在辉煌的中华帝国发生，而 19 世纪中叶以来中国持续近百年的"追赶"努力亦均以失败告终呢？

显然，市场化和贸易自由化并不能完整解释中国的发展奇迹。过去 30 多年稳定且持续的增长轨迹，掩盖了中国改革复杂厚重的肌理。更细致的观察显示，改革进程并非向任何理想模式的线性收敛，而是中国自身经济结构和社会制度的联合演化。中国改革经历了迥然不同的阶段，每个阶段的增长体制都基于特定的人口、经济、社会和政治背景,展现出独特的动力机制,也形成其内在的张力和危机。仅市场化不足以解释中国如何成功地对张力和危机做出灵巧反应,并一次又一次把如此庞大的经济体引入新的增长阶段,实现极其稳定的转型。

事实上,通过对中国独特的国家形成过程(state formation process)和1949年以来政治过程(political process)的回顾,我们发现,中国的改革不是一个所谓向西方收敛的过程,且中国的政治社会逻辑与西欧多元化(pluralistic)民族国家有本质性的不同。秦汉以来形成的中华帝国是一个稳固的单一制(unitary)文明国家,其社会权利结构与政治权力结构是统一的,国家的合法性直接建立在对民众基本福利的提供之上,而不是教会、贵族、金融资本等强大集团斗争妥协的结果。这种分野带来中西方在政治安排、文化传统、社会组织,以及经济结构等各方面巨大的差异。改革是中国独特的社会政治经济体共生演化的一个阶段,是中国现代化努力与传统社会政治结构创造性的融合。只有跳出西方主流的理论框架和思维模式,才能找到中国改革的内在逻辑和真实动力。而对中国改革内在逻辑的正确分析,不仅有助于我们更好地理解中国,预测未来的发展和政策走向,也可为政治经济学提供新的理论思路。由于这样的研究并不多见,米歇尔和我决定做这样一个工作:用中国的视角来考察中国的改革进程,努力揭示改革的阿里阿德涅之线(Ariadne's thread)。以上就是本书写作的初衷。

需要强调的是,谈中国经验的独特性,绝不是否定中国经验的普适性。作为西方文明的重要他者,中国的独特性给世界提供了不一样的思路和可能性。人类历史发展到今天,我们面临的是一个以前世代从未面临过的世界,并且还在以一日千里的速度变化着。互联网和信息技术让人与人之间的交流和连结以过去不可想象的方式进行,颠覆着人们对组织、经济、社会、政治的现有认识。人类文明再度驶入迷航。与以往不同的是,这一次,曾经的地理隔膜基本消失了,并且人类拥有了自己毁灭自己的能力。人类的命运从未如此休戚与共,也从未如此生死攸关。

未来的经济政治体制如何适应可持续的需求? 没有人知道答案。可以明确的是,寻找这个答案的过程,需要融合人类以往所有的经验和智慧,而中国经验,是其中举足轻重的一部分。中华文明强大的生命力和改革开放这30多年来的巨大成功,充分证明中国道路的可取之处。而在美国和欧洲,越来越多的学者也开始反思现有西方制度,包括代议制民主的局限性。作为调节学派的创始人,米歇尔常说,如果他再年轻一些,一定会到中国来,从学中文开始,了解和研究这个国家。因为当今中国,已经成为整个世界经济和社会变革的核心。如果未来中国能继续引导经济增长体制的平稳转型,探索出可持续发展的新模式,赢得其他国家的尊重和信赖,共同应对全球治理的大问题,中国就有可能带领世界走向一种全新的发展模式,并创造出更具稳定性、前瞻性、参与性的新一代国家治理体系。

本书用英文写作于2010年至2011年这两年间。法文版在2012年底出版,英文版在2013年出版。中文版由于翻译等原因,时隔四年,终于面世。尽管这个时间差意味着书中的一些数据和信息已经需要更新,为了真实呈现我们当年政策建议和预测的准确度,我们决定还是保留它本来的样子。作为用中国视角观察中国改革的新探索,本书抛砖引玉,希望更多的学者以更开放的视角观察中国,观察世界,提出对人类社会有更好指导意义的理论构建。

白 果

2016 年夏至日

于上海

目　录

引言：从中华历史到自成一格的发展模式 / 001

0.1　资本主义：包括非市场社会制度的权力关系系统 / 002

0.2　历史视角下的资本主义多样性 / 005

0.3　中国：一个资本主义国家？/ 006

0.4　中国改革的辩证法：自成一格的发展模式 / 007

第1篇　历史视角下的当代中国

第1章　历史和文化对中国制度框架韧性的作用 / 013

1.1　中华帝国早期 / 014

1.2　基于家庭的社会结构 / 019

1.3　绝对中央权威与分权化行政管理并存的政治制度 / 024

1.4　社会声望与财富的垂直流动性 / 034

1.5　小结 / 040

第2章　资本主义历史中的增长体制 / 045

2.1　中国经济史的五个世纪 / 046

2.2　从中国经济史到增长理论 / 063

2.3　小结：改革前夕的中国 / 074

第2篇　理解中国过去30年改革

第3章　改革的政治经济学 / 077

3.1 改革的基础：1949—1978 年间的中国 / 081

3.2 中国改革第一阶段的政治过程 / 094

3.3 小结 / 105

第4章 中国改革的第二阶段 / 107

4.1 中央政府加强政治控制 / 111

4.2 经济的行政控制增加 / 119

4.3 以保持快速增长和宏观经济稳定来确保总体福利水平 / 128

4.4 出口对中国快速增长的重要性 / 138

4.5 小结 / 139

第5章 中国经济对外开放 / 140

5.1 贸易开放与外商投资 / 141

5.2 中国的外币政策与全球不平衡 / 153

5.3 小结 / 169

第3篇 面向可持续性的改革新阶段

第6章 可持续增长的起源 / 173

6.1 可持续增长：中国新阶段包罗万象的概念 / 175

6.2 劳动力和服务市场改革 / 186

6.3 城市发展与环境保护相结合 / 198

6.4 经济发展与气候变化 / 212

6.5 小结 / 218

第7章 中国经济结构转型的路径 / 220

7.1 解决改革第二阶段(1994—2008)的核心矛盾 / 225

7.2 中国经济再平衡关键在于服务业的发展 / 235

7.3 继续推进未完成的财税改革 / 248

7.4 社会福利：强化社会归属感 / 280

7.5 小结 / 295

第8章 从政策到政治 / 297

8.1 民主与社会福利 / 298

8.2 伦理与好政府 / 300

8.3 中国的政治学 / 305

8.4 中国与世界 / 308

8.5 小结:从霸权到国际制度 / 314

参考文献 / 316

引言：
从中华历史到自成一格的发展模式

自中国经济改革于 1978 年正式开始以来，西方主流经济学家就一直对中国持续的经济增长感到迷惑不解。因为随着 20 世纪 70 年代主张有效市场理论的理性预期学派兴起，以及 20 世纪 80 年代里根和撒切尔政策的推波助澜，经济自由主义在英美学界和政界独占鳌头，被认为是一种放之四海而皆准的社会制度模型。然而，基于这一模型，经济学家们却无法有效地衡量和解释中国的成就、矛盾、不平衡以及强烈的社会张力。

在经济自由主义看来，资本主义就是市场经济，两者完全等同，并在概念上武断地认为，无论在哪儿，市场都是协调社会互动最有效的方式。通过假定人都是理性的并对未来具有完全预见力，经济自由主义自以为是地认为市场协调一定会带来最佳结果。因此，政府应尽可能少地介入市场，一旦介入，也应该像市场那样尽可能地确保其可预测性。

柏林墙倒坍和苏联解体进一步推动了这一思潮。在 20 世纪 90 年代初，乔治敦大学（华盛顿特区）的政治哲学家弗朗西斯·福山（Francis Fukuyama）曾预言"历史的终结"。全世界都将信奉英美市场制度：私人产权、法治、灵活市场、完全开放，等等。这一整套范畴被贴上了"华盛顿共识"的标签。许多发展中国家采纳了这套政策路径。直到 1997—2002 年间亚洲、俄罗斯和拉丁美洲爆发一连串毁灭性的危机，人们才开始反思"华盛顿共识"的普适性。

在这一思潮流行的时候，中国特立独行。中国显然没有接受自由主义处方，却继续保持着令人惊愕的增长。面对这一怪象,受过新古典主义思想训练的西方经济学家分为两派:乐观派和悲观派。乐观主义者用市场魔力去解释增长绩效,认为中国正在推行市场改革,因此正在向市场资本主义收敛。中国将会越来越类似于西方市场经济,并会逐渐采纳西方政治制度,包括代议制民主(representative democracy),亦即代表议会制政体(representative parliamentary regimes)。在悲观主义者看来,中国的现行政治制度与市场经济不自洽。一旦中国在各个发展阶段之间的转型中出现问题,他们就预言中国将面临社会和政治崩溃。这些厄运守候者在1989年政治风波后盛极一时,在亚洲危机之后又再次流行。现在,他们再一次抬起丑陋的头颅,妄言中国不可能找到可持续的发展道路。

与有关中国改革的这两种对立观点截然不同,本书拒绝新古典经济学的基本教义。我们的论述基于不同的理论前提:资本主义不等于市场经济。

0.1 资本主义:包括非市场社会制度的权力关系系统

资本主义与市场经济密切相关,但不可等同,因为劳动力市场和金融市场不同于标准的商品市场。在一个标准的商品市场,市场经济基于人类活动的分工。分工造成个体间相互分离,事先毫不知晓其他人的需要和欲望。货币作为一种社会媒介,外在于所有个体,产生于公共信任,它使交换成为可能。货币创造了所谓价值的共同标准,并通过他人以货币表达的购买意愿,对个体活动的产品加以度量。能够获得货币这一普遍的购买力并能够以特定的方式花出去,共同决定了价值。在商品市场,个人在地位上是平等的,在交易选择上是自由的。数量差异源于个体欲望强烈程度的调节,不会导致系统性不平等。

而资本主义基于本质上完全不同的第二种分离,它造成了资本家与劳动者之间的权力关系。资本家是有权用货币购买生产资料的那些人。劳动者是出租劳动能力以赚取货币的人。这种分离关键性地改变了市场经济体系的基本理念

(rationale)。资本家的目的是为自己积累货币,因为货币意味着对他人的权力。可动用的货币越多,对社会的权力就越大。相反,劳动者的身份不是纯市场交换经济中的市场参与人,因为他们被剥夺了生产资料,不能成为市场中的私人生产者。从理论上讲,劳动者个体可以选择任一资本家自由地出租其劳动能力。这是为什么存在劳动力市场的原因。但是,相对于拥有生产资料的那些人,整个劳动者群体处于从属地位。面对生存压力,劳动者在很大程度上,并没有决定是否出租其劳动力的自由。因此,工资不是劳动者所完成劳动量的价格,而是出租劳动能力一定时间的货币价格。

我们现在可以理解,劳动合约与交换合约是两个截然不同的概念。在执行交换合约的过程中,个人完全独立自主。因为收入依赖于生产活动的有效性(是否能通过市场换来货币),独立生产者承担由消费者需求不确定性带来的经济风险。成功的技术创新提高需求,扩大利润空间,这使幸运的发明家可以利用市场地位而获得超额利润。相反,在履行劳动合约的过程中,劳动者处于从属地位,因为劳动者已经将劳动力使用权出售给了资本主义企业,企业经理以最大化资本家利益的方式来指挥劳动。劳动者出售的是给定时间的劳动量,而不是实际完成的劳动量,后者价值超过工资,形成了企业利润。劳动强度取决于管理者单方面决定的劳动规则,有助于增加给定工作时间内的劳动量。劳动报酬基于劳动时间,并根据劳动激励进行调节(所谓效率工资)。技术创新通过改进生产率、增加劳动强度来减少劳动成本、增加企业利润,通常会加深劳动者的从属地位。为了扩大利润,资本主义企业往往热衷于金融杠杆,以加速资本积累。

金融是资本主义协调的核心,因为每个企业都必须以融资方式积累资本,扩大雇佣量。但是,金融市场与普通市场不一样,它们是未来承诺的市场,不可避免地受到不确定性的困扰。价格不是决定于有效分离开的供给和需求。在普通市场,比如汽车市场,供应商和消费者是完全不同的人。价格波动客观上受生产成本惯性和潜在购买者购买力的影响,并最终受汽车使用的边际效用递减的限制。在金融市场就不是这样,价格取决于人们对其他人预期的预期,任何人在任何时间都可能成为买方或卖方。价格可以在零与无穷大之间波动。这时货币不仅是交换的媒介,而且是交易的目的。贪婪驱动需求,需求推动价格上涨,而价格上涨又进一步刺激所有人的贪婪和需求,直至整个市场进入疯癫的盛宴狂欢。市场参与者之间的相互依赖决定了短暂的集体情绪(collective mood)。因此,金融市场就是一个货币游戏场,经常退化为投机泡沫乃至崩溃。在金融市场,资本主义暴露出其本来面目:用货币创造货币。因为货币不会饱和,所以贪婪也就没有了内心的限制。这就是金融市场不能自我调节的原因。它们必须由政府机构来加以限制。

因此,要让资本主义可行,社会就必须发展出一整套社会制度,以调节这些作为资本主义关键要素的市场。必须有社会制度去调节劳动力市场,制定劳动法,保护劳动者权利,缓和权力关系中固有的暴虐,组织雇员与雇主之间的集体利益谈判。政府直接或间接介入非市场的社会关系,不仅是为了提供市场基础组织,而且还在于收入分配的调节,因为劳动力市场协调远远不能实现社会凝聚力。正如道格拉斯·诺思(Douglas North)在其不朽著作中所阐明的那样,社会制度的纽结(nexus)在历史长河中不断演化,在不同的国家,以不同的方式影响经济主体的行为,形成市场机制。然而,市场经济的福利观点非常不完善,因为根据阿罗(Arrow)的不可能性定理,没有什么方法可以把个人偏好汇总为某种社会福利函数。如果缺乏共同利益,任何社会都无法持续。而这种共同利益,源于与市场过程不同的政治协商过程。

一个国家的社会凝聚力起源于它的制度连贯性,这些制度决定了特定时期内的调节模式(mode of regulation)。在不同的国家,即便抑制劳动力及金融市场内生的社会矛盾的制度是类似的,两者互补性也各不相同。调节模式始终与资本积累所产生的潜在破坏相互作用。只要调节模式能疏导这些张力,推动权力博弈从一种妥协发展至另一种妥协,那么便可以形成具有某种稳定性的增长体制(growth regime)。由于对资本积累的追逐赋予资本家无穷的创造力,他们借助金融这一媒介,往往能够在这种暂时稳定的增长体制中找到进一步增强自己权力的方法。而当利益的天平长期严重地偏袒资本家时,张力再次出现,现有制度不再能够维持增长体制的一致性。调节模式步入歧途,危机爆发。结果,制度开始重构和转型，直到资本积累的新创造被重新纳入新的增长体制。因此，资本主义体现于不同的增长体制，这些体制不仅在国家间各不相同，而且具有历史路径依赖性。

总之，调节模式是一套调节方法，它们确保资本积累造成的扭曲保持在一定限度内，与每个国家内部的社会凝聚力是相容的。在特定历史时刻的特定背景中，这种相容性始终是可观测的。对资本主义所经历变化的分析进行检验的方法，就是要看这种分析是否可以用当地证据（local manifestations）来描述这种凝聚力。这种分析有助于理解为什么这种凝聚力在国家的生命中既不是普遍的，也不是永久的，为什么某种调节模式的功效总是日渐衰退。并且，它要求掌握危机发生的过程以及行为模式变化。最后，它还要求能在旧模式瓦解的危机中敏锐地窥探到新调控模式的雏形。

0.2　历史视角下的资本主义多样性

由于基本的社会制度、行为的文化基础可以长期存在，所以，即便调节模式一致性维持的时间较短，长期历史也能够最好地指明未来趋势。大历史可以检验调节理论（regulation theory）的分析原理，让学者们了解资本主义模式的多样性及其路径依赖。

上述调节理论的基本分析原理与费尔南德·布罗代尔（Fernand Braudel）的教义是一致的。布罗代尔对理解 13—18 世纪欧洲资本主义的兴起作出了杰出贡献，并在其博大的历史研究中总结了五项原理。第一，资本主义始终既是全球性的，又被嵌入社会结构。类似地，社会学家卡尔·波兰尼（Karl Polanyi）明确强调将经济关系嵌入社会结构是他们研究的关键特征。这种嵌入导致资本主义模式呈现动态的结构性差异。第二，市场经济与资本主义存在固有联系，但两者不可以相互混淆，如我们在前文中界定资本劳动关系时所主张的那样。资本主义是某种积累动力，其逻辑在于用货币创造货币，而不在于社会福利。这就是为什么资本主义不能自我调节,也不会收敛于任何预定的理想模式的原因。资本主义具有路径依赖性,不平等是它的本质。第三,市场不是独立的,更不是首位的,因为货币是一种公共产品,有偿劳动也远远不是普通商品。资本主义是各种非市场制度与市场结构共同演化的总体社会现象。第四,在长期的历史中,制度成功是因为它们可以指导社会的整体调节。最重要的制度是非正式的集体信仰,因为它们延续的时期更长。在人类的文化中,它们体现着包括归属感(together-ness)在内的社会共同财富。文化信仰因社会而异,并渗入主权国家制度。这是政府允许这种公共产品存在的原因。只有通过共同信仰(无论以什么方式来表达)获得人民的支持,才能确保国家权力的合法性。第五,世界资本主义是一种非对称强权政治的对峙,与一般竞争均衡模型无关。各民族国家间的相互依赖是分等级的(hierarchical),并以金融为媒介。这是支配性金融中心成为价值攫取特权所在地的原因。

0.3　中国:一个资本主义国家?

21 世纪资本主义诞生于亚洲金融危机,它打破了西方资本主义具有普适性的幻觉。在 2007—2008 年全球金融危机之后,初始的分歧(incipient bifurcation)持续扩大,就像不时中断资本主义历史的许多危机所起的作用一样,

我们切不可把全球金融理解为资本主义均质化的过程。事实上,始于 2007 年的金融危机随后波及整个西方世界,其严重程度驳斥了这种错觉。金融是政治权力的工具,中国可以用它来保护国内经济,确保供给渠道,获取关键技术。本书将着重分析中国如何让国内金融系统基本免于世界市场波动的影响,如何在香港建立强大的金融中心,在全球范围规划其金融实力。

因此,必须在调节理论的分析框架内理解中国近 30 年的崛起。为了揭示自我维持性增长过程的根源,我们必须探索中国过去令人敬畏的文化及政治遗产。必须面对和回答一些真正困难的问题,这些问题从中国改革的市场奇迹角度是

得不到答案的。如达尼·罗得里克(Dani Rodrik, 2011)和其他学者所证明的,对于发展中国家来说,采纳市场制度远不足以启动持续的增长过程。其实,中国历史提供了一个生动的反例。1911年,清朝灭亡,中华民国取而代之。自由资本主义的所有要素都已具备:占统治地位的资产阶级、1913年的议会选举、资本开放以及建设现代化国家的愿望。然而,所有这些都无助于启动深刻的工业化变革。广大农民群众对此漠不关心。他们从内心深处已经习惯了传统的帝国秩序,以至于大量的农村资源无法被调动去启动全国性的工业化进程。本书必须回答一个在无数有关中国改革的经济学著作中从未得到回答的重要问题:为什么20世纪最初几十年没有出现的动力在20世纪80年代出现了?

其实,该问题以另一种形式困扰了历史学家很长时间:尽管中国文化博大精深,中国技术进步持续到18世纪中期,中国政治制度长期稳定,但为什么中国在18世纪末、19世纪初没有卷入工业革命浪潮?罗森塔尔和王国斌(Rosenthal and Wong, 2011)在其新著中用政治经济学方法比较了中国与欧洲,从政治学和经济学两个层面提出了有说服力的解释。我们将基于类似方法重新考察所谓中国工业化"延迟"和在20世纪80年代取得突破的历史疑问。在第2章,通过假定一个以紧密连结的家庭结构(tightly-knit family structure)为基础的自给自足的农村经济,我们建立一个正式模型,解释为什么这种社会结构严重阻碍了劳动力大规模地从农村向城市大工业转移。

0.4 中国改革的辩证法:自成一格的发展模式

遵循布罗代尔创立的方法论,本书揭示经济结构与社会制度的共生演化。出于以上所解释的理论原因,我们将中国1978年以来的改革放入大历史的框架下进行分析。不但追溯改革的历史根源,也将分析扩展至对未来20年的展望。在以下概要中,我们提出阅读本书的中心思路(Ariane thread),特别说明这场改革的基本原则和逻辑,总结迄今为止改革的各个阶段,简述有关可持续增长未来方向的假说。

中国两千多年来最根本的原则是保证帝国统治的延续性。历朝帝国都是中央一元政府(unitary state)。共产党恢复了中华帝国的合法性基础,它必须保持对政治系统的绝对控制。为了实现这一总体目标,共产党必须在稳定性的共同政治利益上统筹官僚们的利益,并且必须让人民的实际收入日益增长,生活条件逐步改善。因此,政府必须是战略家,必须有发展意识。政治领导必须让经济运行能更有效地产生越来越多的财富。这便导致了两个方面的结果:第一,市场经济是工具,而不是最终目的;第二,开放是效率的条件,并将导致有实效的经济方针——"赶超西方"。

第1章解释在中国人的文化中传统与现代的融合,这有助于理解社会制度的韧性(resiliency)。纵观帝国历史,以家庭为依托的社会网格与以官僚系统为依托的中央集权结构始终相互作用。广泛分布的政治及行政结构能够提供基本的公共产品及服务,把分散于农村的无数社区连结在一起。

第2章重新审视了一个长期困扰历史学家们的问题:是什么阻碍了中华帝国的工业化进程。本书认为,正是中华帝国特有的社会结构,削弱了工业化的驱动力。我们提出了一个正式的宏观经济模型,以阐明为什么这种社会结构阻碍劳动力向城市集中——这是工业资本主义兴起的前提条件。

在帝国灭亡之后,一元政府受到侵蚀,导致20世纪前半叶中国社会陷入混乱和总体经济急剧下滑,平均实际收入在绝对意义上倒退了50多年。随着毛泽东领导的共产党在国内战争中获胜,中国重新恢复了主权。第3章研究和重新评价1949—1978年的中国。与肤浅的经济分析所主张的相反,第3章将证明,1950—1978年对理解改革的政治经济学和20世纪80年代第一阶段改革的成功是至关紧要的。在共产党统治和中央计划体制下强有力的资源集中,能够调动劳动力,强行推动中国工业化进程的起步。这一阶段对20世纪70年代的农业生产率提高,以及20世纪80年代改革的正式启动,具有极其重要的铺垫作用。

第3、4、5章研究改革的逻辑基础、改革的矛盾以及这些矛盾如何得到克服。如上所述，我们的理解与标准的经济学大不相同。改革是经济结构与制度的联合转型，是多元化的，它产生矛盾又以矛盾为动力，是一个无止境的过程。改革没有任何理想模式可供参考。改革的内涵不是目的论的，它天然要付诸实践。由于政治领导的持续性，改革可以有一个长远的眼光，但却可以以社会实验的方式渐进式推进。战略规划的目标是和谐，即平衡各方力量使之有利于强化国家政权。于是，资本家利益将永远不能强大到足以威胁政府至高无上的权力。这就是为什么中国政府在许多领域保持国家所有权并严格金融管制的原因。

由于要以自身矛盾为动力，改革屡次经历了危机，从一个阶段过渡至另一个阶段。改革措施在各个阶段是变化的，但其政治目标的合法性始终没变。改革的发展是螺旋式上升的。在特定阶段，现行增长路径促进了内生的潜在矛盾，并且，这些矛盾还可能被外部冲击放大。当加深到一定程度时，他们所带来的社会张力会浮出水面，令增长放缓，并危及和谐。在拥有 8 400 万党员的共产党内部，这些矛盾引发政治上的冲突，促进不透明的协商过程，直到达成妥协，最终实现权力交接。整个过程之所以得以实现，得益于对保持一元政府完整性这样一个共同目标的追求。

第 3、4、5 章展示了中国改革进程中两个截然不同的阶段。我们尤其着力论述了这两个阶段的过渡时期，也就是从 1989 年到 1993 年期间，改革所经历的困难和冲突。第 3 章和第 4 章分析国内经济。第 5 章分析贸易开放及随后的金融开放。加入 WTO 之后，第二阶段改革压倒性地偏向大规模积累，内生矛盾增加，导致过度积累和社会矛盾加剧。2008 年秋季全球金融危机放大了现行增长体制的内在矛盾，导致中国改革进入新一轮危险的过渡时期。由于每次过渡都具有未来不确定性，所以对中国改革前景的研究，只能基于现阶段社会矛盾运行的动力来构建。第 6 章和第 7 章展望这些前景。第 6 章从整体上概括了可持续增长模型对未来宏观改革的框架性意义。第 7 章在此基础上对接下来的政治变革进行了系统分析。没有人可以预知未来。我们在这里，只是尽我们所知，进行一种原创性尝试。它将有助于我们全面理解中国本世纪及未来二三十年战略规划的走向。

　　向可持续增长体制转型要基于资本节约和能源密集型增长,以及缩小不平等、提供全民健康保险的社会契约(social compact)。公共产品供给和环境友好型城市化的驱动力,是未来二十年转变增长体制的战略规划的关键。明确政府结构的政治含义,强调需克服的利益冲突,同时也不应低估价格结构、税收体制、土地所有权和社会转移支付等方面有待完善的改革范围。

　　最后,第8章回到本书开头,再次论述资本主义模式的多样性及其这些模式对政治制度的依赖性。我们认为,中国的改革进程并不是一个单纯的向西方资本主义模式靠拢的过程。基于强大的民间社会网络对党内政治机制的监督和压力,中国民间社会的发展将持续加强,并促进社会和谐。中国将很有可能建成一种独树一帜的社会形态。

第 1 篇

历史视角下的当代中国

第1章
历史和文化对中国制度
框架韧性的作用

在改革30多年时间里,不了解中国的大多数西方经济学家反复声称中国必定崩溃。他们或者预言中国将回到国家计划,或者预言中国会像苏联那样走向政权的分崩离析。这些经济学家对中国政策和绩效的评估,通常是基于新古典主义无限个人理性和完美可预见的市场均衡模型。然而,过去30多年中国蓬勃发展的现实对这些有缺陷的观点提出了强有力的挑战。事实证明,中国改革并不是一个向理论化标准概念中最优经济均衡收敛的过程,而是一个持续的经济结构与社会制度共生演化的过程。

与目前主流经济学理论强调市场无所不能的协调作用不同,资本主义调节理论认为:介于市场和政府之间的公民社会及其制度安排,通过与经济动力不断相互作用,对经济和社会发展的许多方面起到重要作用,比如一些公民社会制度安排能够缓和经济主体之间的张力,确定行为惯例和非正式规则以促进信任和减少不确定性,等等。市场、公民社会、政府三个方面制度安排之间的一致性和冲突,推动着经济增长模式的形成及其动态演化。公民社会制度植根过去,以民众文化为支撑,代际相传。它们促进信仰和行为模式的生成,并对缓解冲击具有重要贡献。因此,要理解和探索中国今天的路径,就必须认识中国历史轨迹的特殊性,以及中国的社会结构和集体记忆。它们源于远古文化基因,但至今仍对人们的行为和社会的结构有着重要影响。

以中华帝国国家形成的特殊过程为出发点,这一章试图识别中国传统中一些具有基本重要性的社会制度。它们不但对稳定社会秩序起着显著作用,同时也促进了创造性和持续变革。这些社会制度随时间而演化,与此同时,也形成了一个有条不紊的系统,大大促进了中华文明相对不间断的延续。这些制度对于我们理解以下问题非常重要:中华文明的认同感来自何方,这种认同感又如何表达为一种完全不同于西方民主国家的政权合法化模式,以及基于欧洲经验的经典增长模型所无法解释的经济动力逻辑。

1.1　中华帝国早期

在人类历史上,中华文明远不是最古老的,埃及和美索不达米亚文明都比中国更早出现。中华文明的特殊性,在于她超强的生命力。从公元前到今天,中华文明虽然不断变化,但始终保持其清晰可辨的传承。特别是漫长的中华帝国。她始于秦国统一中国(前 221—前 206),在汉朝(前 202—220)得到巩固。之后两千年的政体一直保持着汉代的制度基础。许多所谓“中国的”文化、社会及政治特征都形成于这一漫长的中华帝国时期。这些特征甚至在今天仍对中国人的行为具有深远影响。本章所总结的这些特性也大多基于这一历史时期。

中华帝国不单是一个中央集权的统一帝国。她的独特性基于对某些社会及政治秩序的维持和再生。这些秩序的形成是一个复杂的、持续演化的历史进程,受给定历史环境和各种偶然因素的共同影响。本章将概述西周(前 1122—前770),特别是东周(前 770—前 256),到汉朝(前 202—220)初期的这段历史。这是中华帝国基本秩序的早期形成阶段。在这一历史时期,特别是在秦始皇统一中国(前 221 年)的转折点前后,中华文明取得了十分重要的社会政治发展。这些发展改变了中国人之间互动和协调的方式,并最终促成了我们今天认定为“中华文明”的宏观秩序的出现。

1.1.1　封建制的衰落

西周时期的中国与封建欧洲很相似。西周的国王们将土地分封给儿子和兄弟,并授予他们类似于公爵、侯爵和伯爵的头衔。国王(亦称作"天子")拥有强大的封建帝王权力,可以把新征服的领地分给他最忠诚的追随者或男性亲属。

但是到了东周时期,这种封建体制开始瓦解。有些诸侯随着其权力的增长而变得越来越独立。他们吞并较小的封地,发动与其他诸侯国之间的战争,公然挑战"天子"的权威。那是一个政治分裂的时代。东周的前半叶被称为春秋时期(前770—前404),在这一时期,周天子继续保持着名义上的统治。后来,军事冲突越来越激烈,越来越频繁,以至于东周的后半叶被生动地称为战国时期(前403—前221)。到了战国时期,周天子完全失去了权力,所有较小的封地都被七个最大的国家征服和吞并,这七个国家的统治者于公元前335年开始自封王号,标志着周朝统治的彻底完结。

1.1.2　战国

中国在战国时期展现出与后来的帝制时期截然不同的行为方式。事实上,把战国时期称为"中国"是牵强的,因为"中国"意味着统一的国家身份,而这种身份在当时却被有目的地废除了。连续不断的残酷战争要求每个国家的人民严肃考虑究竟谁属于"我们"的问题。各个诸侯国都努力营造强烈的国家归属感。这种归属感是对诸侯国,而非对周王朝的。因此,基于其特定的历史和文化,每一个主要诸侯国都有其独特的身份。强调身份的独特性是为了激发强烈的爱国情绪,促进更紧密的军事团结。在特别好斗的国家(如秦国),自然家庭关系被有意识地割裂或削弱到最低程度。连年战事要求政府对人民和土地拥有绝对的控制权。基于家庭的社会组织太松散,不足以实现这一目的。强大的家族甚至会经常阻碍国家向个人直接发布命令,从而降低军事及经济动员的效率。战国时期削弱家庭关系最著名的例子是商鞅(前390—前338)在秦国推行的改革。他不仅对每一个秦国居民实行严格而直接的住所登记制度,而且有力地打破家族谱系。任何两个男性成年人（比如父子或兄弟）不可以生活在同一家庭。违反这一政策的人要缴纳双倍税赋。战国时期各国通常都积极推动贸易和其他商业活动，以便攫取更多财政收入去供养军队，建造结实的防御城墙。政府主导型铸币业的出现可以证明当时鼓励商业的态度。在政治上，中央集权式官僚控制开始受到欢迎，从而创造了对职业行政官员的需求。对于已经失去了封地和地位的贵族来说，这些职位的开放使他们有了社会晋升的重要机会。他们当中许多人发起了不同的学派，带着各种各样的社会政治建议，从一个宫廷游说到另一个宫廷，寻找明君以施行他们的理论，或者至少得到一份工作。哲学思想和政治理论兴旺繁荣。在那些云游学者中，有中国历史上最具影响力的哲学家孔子（约前551—前479）、孟子（约前370—前290）、老子（约前600—前470）、庄子（约前369—前286）等。

不管在中华帝国时期儒教和道教如何深刻地烙入中华文明，但在战国时期它们并不具有压倒性的优势。孔子早期的竞争者主要是墨子，墨子的出生时间在孔子逝世前后或刚逝世之后。在墨子的理论中，我们很容易发现类似于基督教甚至清教教义的要素。孔子赞成"差等之爱"（graded love），它依赖于人际间的特定关系。而墨子与此相反，鼓吹"兼爱"（universal love）。在墨子看来，如果"爱人若爱其身"（《墨子·兼爱上》），所有人的利益都将得到更好地满足。墨子也是一个地道的功利主义者，提倡采取措施让国家富裕，增加人口，有序治国。他设想了纪律严明的组织，每一级在所有事务上都要服从上级的领导。有学者认为墨子思想可能曾经一度比儒教更加流行（Fairbank and Reischauer，1979：51）。

另一个学派是法家，首先流行于秦国，在秦始皇统一中国后扩散至整个中国。这些法家相当强硬，他们唯一关心的是如何建立一个富裕的、军事强大的民族国家。在他们看来，实现该目标的唯一途径就是严刑峻法。生活的所有方面都应该被管制，以便生产最多的财富，建立最强大的军事力量。指望人们的伦理德性是一种天真的幻想。在秦国刚刚统一中国之后便发生了著名的"焚书坑儒"事件，除法家之外其他学派的所有著作均被销毁。法家学派风光一时无两。

如果中国历史和文明继续沿着上述趋势演化，可以合理地设想，中国（更可能是复数形式)也许就演化成为类似于欧洲式的民族国家。持续的外部威胁激发出统治者强大的政治野心和民族情感。国内社会组织绝不会是基于小农家庭的松散结构,而更可能是紧密而多元的。核心的社会关系不会是自然家族成员关系,而应该是明确制度化了的组织关系,如宗教团体、城邦或民族国家等。由于城市的城墙高大厚实,而农村则几乎没有防御能力,前者将在国家建设中起核心作用。在市民与农民之间会出现明显分工,很可能产生一个由勇士组成的上层阶级。政治权力可能会向地方武装或经济集团寻求支持,以强化其统治,但同时也会被这些地方豪强的意见所挟持。正式规则(如成文法)很可能成为规制人们行为的主要机制,而不会像中华帝国时期那样,更多地依赖人治的调节机制,譬如权威命令、"关系"(社会网格)和道德规范等。当然,如果历史按照这个方向发展下去,儒教也许永远都不会成为主流思想。因为在召集人民去抵御外部威胁时它完全不切实际。组织性更强的学派,如墨子学派,也许可以成为很好的主流意识形态。又或者在历史某个时点上,中国也会出现自己的"文艺复兴",或者产生自己的孟德斯鸠(Montesquieu)。

然而,事实情况是,中国历史并没有那样发展。

1.1.3　秦汉时代的统一

公元前 221 年,秦国国王嬴政(前 259—前 210)统一了中国,自称始皇帝。采纳法学家丞相李斯(?—公元前 208 年)的建议,秦始皇决定不再分封国土。他推行严厉的改革以促进统一的国家认同和中央集权化的政治结构。所有诸侯国都被废除,通过郡县制度,皇帝直接管辖地方。秦始皇统一了铸币,统一了度量衡。他甚至规定了马车轴长的全国统一标准,并统一了中文的书面表达形式(即"书同文,车同轨")。他以首都咸阳为中心,铺设了覆盖全国的道路系统,击退北方游牧部落,并修建长城作为秦朝北部边疆的明确标记和永久防御工事。他远征岭南地区,将广袤的土地纳入中国版图。尽管秦始皇的残酷统治最终断送了王朝,但中国在其统治 11 年内实现了根本转型。

秦始皇去世短短 3 年的时间,秦王朝就灭亡了。经过 5 年内战,刘邦(其谥号汉高祖更为人熟知)建立了汉朝(前202—220年)。这是中国统一后第一个长久的朝代,中国历史开始了一个新的时代。中国人民,无论是统治者还是农民,都发现他们自己处于完全不同于祖先所面临的环境。数量庞大的人口(公元2年人口普查报告为59 594 978人)共同使用一种语言,共同居住在如此广阔的疆域,这是前所未有的。

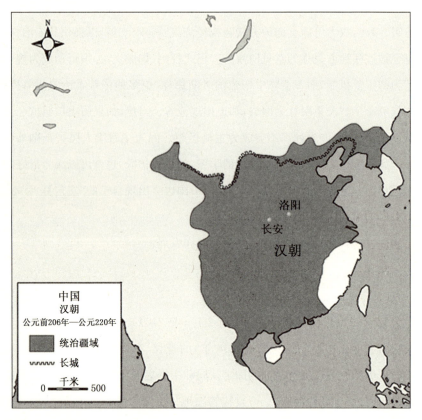

资料来源:Minneapolis Institute of Arts. Accessed from http://www.artsmia.org/art-of-asia/history/pdf/china-han-dynasty.pdf(February 2012)。

图1.1 中国汉朝地图

在普通中国人的日常生活中,曾经频繁出现的生死战斗突然消失了。中国唯一危险的邻居——游牧鞑靼人——被集中到北方边界。中央政府借助长城之类的防御工事,调派重兵守卫北疆。西部有喜马拉雅山天然屏障,居住在那里的部落没有恶意,也比较弱小。东南漫长的海岸线自然风平浪静,因为那个年代人类还无法航行通过太平洋。中国人向南方扩张至现在的越南,沿途吞并较小的部落。

当战事远离、身份统一、政府单一的时候,中国社会及政治构建的逻辑改变了,于是文明便有机会沿着完全不同的路径演化。

决定帝国存继和皇家政权延续的最重要因素,不再是军事力量的强大,而是国内秩序的稳定。汉朝继承了秦朝中央控制型官僚制度。大批官僚①被择优任用,英雄不问出处。对于这种庞大的官僚人事系统,皇帝拥有直接的、绝对的权力。把受过教育的精英纳入中央集权式官僚系统可谓一箭双雕。皇帝不仅在统治上获得巨大帮助,而且也剥夺了地方精英集团的人力资源和政治独立性。在中华帝国的大部分时期,中国皇室努力并成功地建立了对人口的直接政治控制,同时也限制了其他制度化集团的权力,有效地阻止了这些集团发展独立政治身份的可能性。政治组织的极端中央集权化,消除了政治分割的根源和多元社会的基础。不像当时欧洲的君主那样寻求与贵族、教会和财团的妥协,中国封建皇帝更喜欢且能够直接依靠农民——非常分散的、小规模的、自给自足的农村家庭。农业税始终是中华帝国财政收入的主要来源。除了少部分士大夫之外,中华帝国绝大部分人口是农民。地主手中掌握了更多的私人财富。但是,没有世袭阶级制度或基于血统的贵族制度决定谁该是农民,谁该是地主。所有这些都取决于市场自然秩序、劳动、美德以及命运之神的垂青。

1.2　基于家庭的社会结构

不论汉朝皇帝雇用了多少士大夫,由于公元前 200 年的技术局限,要在像中国如此广袤的疆域内管理每一件事,简直就是痴心妄想。因此,汉朝的政府机构

---

①　在公元前 1 世纪,官僚机构据说有 130 285 名官员,分为 8 个等级(Fairbank, 1979)。

不可能提供像当今这样完整的公共管理和服务。除了维持皇家的统治和生活之外，汉朝政府只集中资源提供对国家有重要意义的公共产品和服务。更具体地说，官僚机构主要负责税收（大多为人头税和农业税），国防，一些民间纠纷的仲裁，安排典礼，以及从事大规模公共工程，如治水、主干道路、渠道建设。广大民众与政府的唯一联系是纳税。对农民来说，还要每年为政府提供一个月的劳役。在这样的环境下，中国社会的微观组织多少有些自发性。由于国家之外的正式制度化组织受到严格控制，基于非正式制度自生组织（特别是家族谱系组织）的强大民间社会繁荣起来。因此，理解传统中国社会的关键在于理解家族和宗族制度在社会组织和日常生活中的作用。甚至在当代中国，这些非正式制度对地方治理仍然有着不可或缺的作用（Tsai, 2007）。

换句话说，中华帝国有两个主要层级。汉朝以及随后两千年的王朝，实际上是由广泛的自我组织性地方农耕社会，以及浮在这个农耕社会海洋之上的中央集团这两个层级构成的（Fairbank and Reischauer, 1979：61），这个农耕社会的组织大多是基于家族，或者更具体地说是基于父子关系主导的父权宗族制度。显然，这种社会组织不同于欧洲传统下发展起来的任何"现代"民族国家的结构。因此，根据欧洲经验来考察中华帝国的经济结构、政治安排和合法性，将会误入歧途。

1.2.1 为什么是父权家族？

为什么父权家族成为汉朝中国人自发的社会组织方式？原因是多方面的。我们上文中已经提到，统一后的中国政府对私人生活干涉较少，而且庞大的中华帝国面对相对较小的外部威胁（由于中国的地理及政治特征），明确地为家庭制度（family system）的发展创造了空间。另外，父权家族的发展，可能还有经济结构方面的原因。汉朝文明比欧洲文明更加深远地以种植业为基础，畜牧业和商业在整个经济中的作用更小，这意味着中国人口地理迁徙的机会更少，因为种植业把人口固定在土地上。如冯友兰先生所指出的，"农民必须依靠不能移动的土地为生，作为士的地主（scholar landlords）也是如此。除非他有特殊才能，或者特别幸运,否则就必须生活在父辈或祖辈生活过的地方,他的孩子也将继续生活在那里。也就是说,在更广意义上家族出于经济原因而必须生活在一起。于是便发展出了中国式的家庭制度……"(Feng,1948:21)。虽然我们不认为经济结构是社会组织的唯一决定因素,但我们不能排除这种影响。

在基于家庭的制度上组织整个社会,与东周时期出现并在此后一直影响中国文明的几个主要哲学学派的社会政治理想是一致的。最极端的可能是道家创始人老子,他倡导无为而治,家族能够在没有任何其他社会或政治集团压力的情况下控制自己的生活。然而,在中国对巩固家庭制度影响最大的学派是儒家,它精心构造了父权家庭秩序与社会乃至政治秩序之间的联系。

与历史上许多其他的中国哲学家一样,孔子的最高政治目标是天下太平与社会稳定。孔子认为不尊重人类天性,便不能实现长期的社会稳定。因此孔子认为"仁"("同情心")是把人们团结在一起的关键的人性倾向,并将其作为理想社会的基础。通常是在最亲密的人(如家族成员)当中感觉到最强烈的同情心。人们相隔越远,越不熟悉,相互间的感情就越淡薄。因此,儒教社会可以被想象为无数的重叠圈子,每个人都处于某个圈子的中心。他所感觉到其他人同情的强度(社会纽带)随着相隔距离增大而递减。这就是我们以上所述的"有等级的爱"。乍一看来这是极端利己主义的,但这一概念实际上也意指了利他主义目标,因为没有人在这个世界上是单独的,每个人都身处某种社会关系当中,其中最基本的社会关系就是家庭关系。《论语·颜渊篇》第二十二中讲到樊迟问仁,子曰:"爱人"。如果每个父亲对儿子都表现为一个有爱心的父亲,每个儿子对父亲都表现为一个敬爱父亲的儿子,如果兄弟、夫妻、老少、君臣等都真正爱着自己关心的人,为所爱之人做应做之事,那么人们便能够履行其在社会中的所有义务,成为有价值的社会成员。再者,由于每个人身处不同的社会圈子,扮演着不同的社会角色,周围有不同的人,所以这种有等级的爱可能织造一个缠绕整个社会的复杂网络,作为人们之间的普遍纽带和社会稳定和平的基础。

因此,在孔子看来,构建理想社会的逻辑基础在于家族,更具体地说在于父权家族。家庭之外的社会关系也经常被转变为私人关系。中国人经常把老师比作父亲，称最好的朋友为兄弟姐妹。政治制度也是家庭秩序的一种体现。皇帝对国家就像父亲对家庭一样，拥有最高权威。这也许是汉代最有影响力的皇帝之一汉武帝（前156—前87）把儒家原则作为选拔官员标准的原因，尽管汉武帝本质上其实是法家。令人惊异的是，在不到一百年的时间内，中国历史如何完全改变了潮流。一些法家官僚在秦朝享有唯我独尊的权力，但到了汉武帝时代，这些人被剥夺了所有职位，而儒家文化则被确立为汉朝帝国的官方教育宗旨。这种意识形态及政治安排，进一步促进了父权家庭作为中国社会组织主要结构的合法性和流行性。在中国，儒教的优势和父权家庭制度的盛行是两个相互强化的历史过程。儒家确定的道德基础强化了中国家族制度，使其成为最有韧性的社会组织，而基于家庭的社会组织结构则使中国独特的文化在儒家伦理理想的基础上发展成熟。

以上冗长的描述只为解释一件事：为什么中国的社会建构是基于家庭而不是基于其他组织形式。诚然，我们无法列举这一现象的所有成因。历史无法用纸笔重建；任何文化的形成都不是线性或机械的过程。很多事情都是机缘巧合。但不管是哪种机缘的作用，中国文明在东周时期之后日益形成于家族及其他血缘制度的基础之上。在中国，完整的儒家式道德制度为这种社会组织提供了理论指导，并将其扩展至经济、法律和政治组织等其他领域。特别是宋朝（960—1279）以后，这种文化及其社会制度是如此根深蒂固，以至于蒙古族和满族统治也没有撼动这种文化和社会组织的根基。这种社会形态的延续性，直到19世纪中期前后才开始被打破。正是中华帝国这种独特的社会组织结构，使中国走上了一条属于自己的历史轨道。

1.2.2　基于家庭的社会组织结构的影响

这种基于家庭的社会组织结构具有深远的影响。接下来三小节内容详细考察这种基于家庭的中华帝国社会的关键特征，涉及政治结构、社会流动性、经济单位（economic units）以及相关的产权观念。但在论述之前，我们想再次提醒读者，构建中华帝国的逻辑和机制与我们通常认可的欧洲范式截然不同。由于家庭是每个人生活的中心，个人、教堂、行会、城市甚至民族国家这些对欧洲传统极为重要的社会组织大大衰落了。相反，由层叠的经济及社会关系紧密编织的市民社会（civil society）逐渐扩张，成为中国社会组织的主要形式。

这首先意味着家庭的功能更加广泛。它不止是私人领域的范畴，还包括我们现在所谓"公共的"或"社会的"服务。于当今流行的"核心家庭"（nuclear families）不同，理想的传统中国家庭是扩大化了的。如果父母还健在，那么子女无论多大年龄都不可以离开他们独立生活。如果祖父母还健在，那么三代人全部要生活在一起。在这种大家庭内部，几乎所有财产都共同所有。一个家庭成员遇到困难或需要帮助，其他成员要义不容辞地帮助解决问题或满足需要。在直系家庭以外还有其他亲戚，这些亲戚可以回溯五代。中国的亲属称谓极其复杂。在最早的中文字典《尔雅》中，可以找到一百多个用来代表各种亲戚关系的术语（Feng，1948：21）。除了家庭，还有宗族和其他血缘制度，他们经常维持着宗祠、共同产业、施善粮仓和宗族学堂。生活在中华帝国时期的中国人，正是通过这些血缘系统及嵌入其中的人际网络（而非教堂或国家），获得基本经济安全保障，以及教育、医疗等必要社会服务的。这些血缘体系还可以提供社会关系及心理支撑，并起到缓解冲突、帮助弱孤的作用，甚至可通过祭祖仪式，满足大众的一部分宗教需求。

第二，在许多情况下，家庭代替个人成为最小的社会单位[1]，因此模糊了单个人的独立身份。个人与正式的制度化组织（如国家）之间的直接联系被最小化了。这改变了个人的行为，也改变了国家的性质，导致了相对欧洲的差异。不像古雅典的市民，生活在中华帝国时代的中国人无须参加城市集会并对立法和行政法案进行投票。帝制时期的中国人不习惯制度化组织，因此通常羞于主张其社会权利。政治决策被留给士大夫。哪怕在家庭内部，"多数人的专政"也不是一个受欢迎的决策机制。

家庭制度也使中华帝国的社会协调逻辑不同于与欧洲传统。对于生活在帝

---

[1]　这一点在财产所有权和法律意义上显得尤其真实。

制时代的中国人来说,人际关系(尤其家庭成员之间的关系)是生活的中心。每一个中国人生来就处于由极其复杂的私人关系编织的网络。在这种网络中,和谐是至关重要的。家庭成员间的协调是通过商谈、妥协,更重要的是通过道德操守来实现的。这要求每个人都"恰当地行动",也就是说,根据出生或婚姻所给定的家庭地位履行对家庭的义务。这种行为倾向就是孔子所谓的"礼"。正如费正清和赖肖尔所观察到的:

> 在类似于现代西方社会那样的多元社会,教会与国家、资本与劳动、政府与私人企业等多方力量在法治下得以平衡。然而,在中国人的生活中,正直和忠诚、诚挚和爱心等个人美德通过家庭制度来谆谆劝导,提供了社会行为的规范。法律是一种必要的行政管理工具;但是个人道德是社会的基础。中国社会没有由于法律观念淡薄而陷入无政府状态,相反却被儒家文化牢牢连结在一起。占主导地位的,在中国是这种最伟大的伦理制度,而在西方社会则是法律和宗教。
>
> (Fairbank and Reischauer, 1979:16)

即便现代中国经历了重大转型,父子关系也许不再是占支配地位的社会关系,但盛行两千年的家庭制度以及中国社会的这种人际网观念,仍然影响着中国人对自我、价值、政府、权利和社会不平等的理解。理解这一制度是理解中华历史和当代中国的基础。

1.3 绝对中央权威与分权化行政管理并存的政治制度

稍微回顾一下欧洲历史,我们很可能得出结论,独裁政体与分权化是不可协调的。自公元5世纪以来,欧洲历史一直困扰于无数政治实体(贵族系统、教会团体以及后来的城市资产阶级)的权力斗争。所有这些在制度上不同的组织,都能够为维持和扩张自身力量而挑战国家权威。他们有能力削弱王室对土地的权利主张,通过征收地方税来侵蚀税收基础。他们还成功地将其对国家权威的影响力纳入政治过程本身。通常,君主依靠某些权力集团的支持而建立统治,并通过一些原则使自己的政治合法性得到认可,比如容许那些支持集团的政治代表参与政治过程,发出其声音,维护其利益。在权力格局的迷宫中,一旦独裁政体与其他不同实体之间的精巧平衡被打破,要么这种政体由于缺乏合法性而毁灭,要么所有实体之间的权力关系被重组。从这种角度看,中央集权政体与其他制度上不同的地方集团是竞争者,君主不愿意更多地授权地方精英,尤其在中央政府可得的资源由于军事开支而已经非常有限的情况下。

然而,在不同环境下,中央权威与分权化不一定就不相容。如果社会不是多元的,如果政治权力的合法性有其他的基础,如果中央权威足够强大且不容挑战,那么中央权威与分权化就能以相互强化的方式共存。若管理得当并辅之以特定制度,向地方下放一些政治权力可以激发地方经济动力,从而扩大税收基础,增加财政收入。同时,这样还可以让地方集团帮中央政府分摊一部分行政负担,前者更了解当地情况,能够提供高品质的社会服务。改进的人民福利水平反过来提高了中央权力的合法性。中华帝国(尤其是帝制的后半段)可以作为这种替代模式的案例之一。

接下来,我们将详细考察中华帝国的政治制度。尽管该制度在两千多年的时期内有重大的发展和变化,但其政治逻辑和制度设计的关键特征保持了相当的一致性。通过这种考察,我们发现,中华帝国的政治合法性和统治机制的基础迥异于欧洲传统。至高无上的皇帝权威和有效的集权化官僚等级制度,逐步使官僚系统之外不再存在具有独立政治身份和权威的任何正式实体。正是由于终极权威的这种竞争者缺失,使中央政府得以与地方精英建立完全不同于欧洲的关系。中国中央政府可以越来越放心地授权地方执行部分社会职责。

1.3.1 唯一且绝对的中央权威

中国皇帝的绝对权威首先是基于家庭安排的中国传统观念。家庭内部的父权等级秩序也会外溢到政治领域。就像家庭秩序以父亲为中心一样,理想的政治秩序以独裁统治者为中心。不容置疑，皇帝是万民之父，位于等级的顶端。由于传统中国家庭中最基本的道德观是孝道，所以中华帝国的政治道德必然是忠君，皇帝可以像在家里一样制造等级合作。在重要的儒家哲学家董仲舒（前179—前104）的宇宙论中，皇帝的地位得到进一步提升。根据那些理论，皇帝是万民之中唯一能够联系天地的人，天象征着宇宙的自然秩序，地象征着世俗社会。即便皇帝不直接介入日常事务，农业丰产、人民福祉和连年太平也要归功于皇帝。然而，如果皇帝昏庸无道或履职不力，那么天与地之间的平衡就会被打破，从而发生洪水、干旱、地震等自然灾难。自汉朝以来，皇帝作为万民之父和天地之桥的双重角色，变成了中国帝王意识形态的内在部分。这两个角色将皇帝置于万民之上，使其拥有至高无上的权威。

现在的问题是，为什么汉朝皇帝能够培育上述使他威仪天下、唯我独尊的政治意识形态？为了回答这一问题，我们需要从以下几个方面着手：国家内部的权力重新分配；帝国秩序的逻辑与合法性；维持国内社会秩序的机制。

首先是国家内部的权力重新分配问题。如上所述，在欧洲，贵族、教会与城市精英三大集团共同分割政治权力。为了保持合法性以及对土地和税收的权利主张，国家缔造者必须与这些集团竞争，或者向他们妥协。中华帝国的情形完全不同。自秦始皇统一中国以来，中国统治者便没有了国家权力的合法竞争者。在等级制度中，士大夫和军事将领显然是皇帝的下属。贵族衰落了。宗教团体从未完全摆脱世俗权力①，甚至入侵的外族在大多数时期也被招安同化。皇帝对整个疆域的权威是绝对的。并且，中华帝国的疆域没有边界：普天之下，莫非王土。在中国人的观念里，无论什么时候，只要政府把某块领土成功地纳入了中华帝国的政治及文化秩序，它就是中国的一部分。并且，一旦这块土地被纳入，皇帝就是它的最终所有者。在中华帝国早期，中央政府仍然面临地区强权的严重威胁。在这些地方权力当中，有些甚至得到了中央政府的承认。例如，汉高祖把大块封地的治权赏给他的开国功臣。在唐朝，军事重镇也享有很强的自治。

① 中国有史以来，世俗领导也通常兼任祭司的角色。因此，宗教与世俗权力之间较少发生斗争。

但随着帝制的演化成熟,这样的情况越来越少。在公元 969 年的一次宴会上,宋朝开国皇帝"杯酒释兵权",废除了当时自治军事重镇所有将领的权力。此后,独立的地方政权在中国整体上逐渐消失了。在中华帝国后期,任何地区拥有自由独立权力的可能性已基本完全根除。

皇帝对税收也拥有全面的控制权。任何其他个人和组织都没有征收正式财税的合法权力。纵观中华帝国,财政收入主要依靠农业税和人头税。在帝制后期,盐业垄断也带来了大量的收入。财政收入的组合反映了中华帝国的农耕经济和皇室的政治意图。锁定农民为财政收入的主要提供者,可以最小化皇权所面临的政治威胁。相对于财富和权力集中的大家族,分散的、自然组织起来的、拥有土地的小农家庭不大可能挑战中央政权。为阐明这一点,欧洲国家可以作为一个很好的反例。由于大规模军事开支而面临持续的资金短缺,欧洲国家倾向于尽可能多地攫取财政资源。然而,由于地方贵族或神职人员通常拥有土地所有权,征收农业税并非总是有效。因此,欧洲王室经常依靠商业税或陷入公债困境。结果王室政权要么丧失政治独立性,让权于城市资产阶级和金融大腕,要么无止境地扩张新的无主资源。中国统治者基本没有这两方面的问题。哪怕面临财政危机,中国政府仍然可以基本维持财政收入结构。由于中国皇家的军事开支负担相对较少,通常能以缩减开支来解决财政不足的问题。最常用的措施包括削减行政费用和皇室家族津贴,以及延缓大规模的工程建设。在财政困难时期还可以增加税收。由于有效的官僚制度和严格的土地控制,在中华帝国的大部分时期,这种基于土地的税收体制,或多或少成功地满足了政权的财政需要。宋朝可能是一个例外。面对来自北方不断的军事威胁,宋朝政权一半以上的财政收入依靠商业来源(Wong,1997:95)。整个中华帝国时期,尽管税收结构没有明显变化,但具体的征税机制却随时间而演化。关键变化主要涉及税率、税收清算类型以及征收形式。总体而言,整个帝制时期农业税税率保持在较低的水平,以保护税收基础。在汉朝,农业税为年产出的一定比例(1/15 或 1/30);后来的朝代通常根据土地面积和质量征收定额税。税收清算类型随着商品经济的发展而演化,总体趋势是从劳役到初级产品,再到手工艺品,最终在 16 世纪税收改革之后发展到货币形式。征税对象可以是个人、家庭或其他类型的地方团体,取决于具体政策。

通过以上分析,欧洲国家与中华帝国的根本性质差异应该显而易见了。处于不同政治权力的复杂网络,又面临无休止的邻国竞争,欧洲国家必须与贵族、宗教和城市集团寻求妥协,通过谈判来获得最大的财政收入去实现核心目标,即增强军事力量,保持对某一疆域的统治。于是,国家政府的合法性依赖于上述强势精英集团的认可。这些集团必然互相竞争,要求表达自身的利益和政治诉求。这种模式是许多现代政治原则(尤其是代议制民主)的根本。然而,中华帝国建立在完全不同的原则上,其关键目标是维持和复制特定社会秩序。"皇帝努力发展和维持一套能够完成日常行政任务并对危机反应快速有效的官僚体系"(Wong, 1997:102)。中华帝国的政权合法性不是来自关键政治群体的政治代表,而是直接基于它是否为人民,特别是作为财政收入主要提供者的农民,提供了基本福利。在大多数帝制朝代,皇帝和士大夫都反复强调农业的重要性。农业保护有些时期甚至通过牺牲其他行业(尤其商业)来实现。在汉朝,为了让农村地区实现战后恢复,农业税税率被降至1/30,而产生的财政赤字则通过提高商业税税收来弥补。国家垄断了关键的营利产业,如铁和盐。为提高农业部门的绩效,改进农民的福利水平,维持社会稳定,中华帝国政府比同时期的欧洲政府倾注了更多心血去建筑和维缮大规模的公共基础设施工程,其中最显著的是灌溉系统、防洪工程(尤其黄河沿岸)以及连接肥沃的长江三角洲与北京的大运河。帝制政府还会主动调节对人民生活和社会稳定具有极其重要作用的商品市场。大规模官营粮食交易起源于汉朝,在清朝取得了巨大发展,并建立起一个相当大的国家粮储系统。在清朝鼎盛时期,这种国家粮储系统能够存储几百万吨粮食(Will and Wong, 1991)。

为加强这种集权化的至高权威,中华帝国的最高统治者设计了精巧的统治机制,以便被认可的国内政治及社会秩序能够得到维持和复制。秦始皇的教训生动地向后世统治者证明,行政权力极端集中、决策的独裁化、过分将主权置于人民福祉之上,实际上增加了帝权的脆弱性,危害皇室的长期统治。一旦魅力领袖去世,整个系统即面临崩溃。汉朝统治者吸取了前朝君王的教训。他们认识到,在中国这样一个疆域如此辽阔的国家建立可持续的政治秩序,不能只依靠严格的自上而下的命令和平民百姓的无条件服从,还需要这样一个政治制度体系:它授予中央政权在行政、财政和司法上的绝对权威,但同时在可控和可监管的前提下,对公民社会放权,以充分利用民间自治分担社会治理压力。国家政权的合法性,建立在对基本社会福利的提供上。国家治理要以百姓谋福利为号。为了达到上述目的,中华帝国的政治秩序由以下三个相互交织的主要统治机制构成:

（1）人事管理权由中央严格控制的单一且广泛的官僚系统;

（2）对官员和百姓进行广泛的儒家道德教化;

（3）有力的强制手段,确保中央权威和现有社会秩序。

中国政府的正式结构在整个中华帝国时期变化不大。与欧洲国家不同,中国很早就发展出一套完备的官僚制度。中华帝国由 1 万多名职业官僚的等级科层来运行。这些官僚与欧洲世袭贵族不同,他们没有先天的血统优越性。皇帝位于金字塔顶端,每一个官员都服从于他的直接安排。虽然各朝各代中央政府在具体部门设置和称谓上有很大不同,但基本都由行政、军事和监察这三个主要职权部门组成。行政部负责处理所有日常行政管理事务;军事部负责军事部署和军事行动;监察部负责向皇帝传达地方官员意见,以及监督官员和皇帝自身行为。中华帝国早期只有两个层级的地方行政,国家以下最高级别的政府是"州"①,然后每个州进一步划分为"郡"或"县"。州县的数量和地理区划在各个时期有所不同,但这种两级地方政府结构延续了很长时期,直到唐朝在州之上增加了一级"道"。在县级以下有无数的城镇和村庄,它们没有任何正式的政府形式,因此很大程度上是自治的。

除了一些日常工作任务,没有哪个官员(不论是中央的还是地方的)有权单独作出重大决策。事实上,甚至皇帝自己,虽然可能拥有最终决策权,也不能在政策制定过程中独断专行。然而,每一个官员都有义务和权利提出建议、批评政

---

① 　在秦朝,有 36 个州。

策。那些政策建议和批评通过各种正规渠道一直上呈皇宫,每天早朝在皇帝亲自领导下展开集体讨论,直到达成一致意见。在决策作出之后,每个官员都有执行责任。中央基于综合的规章制度、约定俗成的行为规范和规范的汇报要求,对这些官员的表现进行密切监督。主要评价标准是他们的行动与中央的方针是否一致。考核结果关系到官员的晋升、调动、降职、免职甚至刑事处罚。中央政府(最终级的是皇帝本人)对官员人事管理的绝对控制,是确保中央政策得以贯彻实施和其他关键性国家职能(如军事行动和征税等)得以顺利执行的关键,因此也是中华帝国皇帝在这种庞大官僚系统中维护中央权威的关键。

将道德教化和国家主权广泛而深刻地结合在一起,是中华帝国统治机制的另一个突出特征。与当时的欧洲统治者不同,中国统治者能够利用意识形态来加强统治。这种区别的主要原因在于,中华帝国的宗教权力和世俗权力不是分裂开来的。皇帝是"地"的最终统治者,是"地"与"天"之间的唯一联系,也是唯一有资格在重大国家宗教仪式(如祭祖或祭天)中担任祭司的人。中华帝国同时对人民的实务治理与精神治理负责。因此,教育,作为一个维护统治长治久安的重要机制,被毫无疑义地纳入中华帝国的国家治理范畴。而符合维护世俗统治稳定这一要求的伦理体系,必然倡导稳定的等级政治及社会秩序,并要求每个人的行为都要与他的等级位置保持一致。在几代汉朝皇帝统治以后,儒家逐渐成为最恰当的伦理学派。汉武帝围绕儒家建立了国家教育系统和官员选拔系统,从而确立了儒家相对其他学派的支配性地位。具有讽刺意味的是,汉武帝骨子里是非常法家的。《易经》、《尚书》、《诗经》、《礼记》和《春秋》等5部儒家经典著作被选作太学——当时中国最高的教育机构——的官方教科书;在选拔官员的过程中,优先考虑具有儒家背景的候选人。由于儒家学习成为通往政治权力的仕途之路,该学派很快流行并扩散至全国每一个角落。在汉朝末年,官员应学过儒家经典著作的观念得到广泛认可,太学的学生数量从几十个增加到3万多人(Ebrey,1996:78)。

儒家对支撑中华帝国统治具有多方面的益处。儒家官员不仅勤勉用心、遵纪守法、忠于上级,还特别重视教育,从而为中华帝国的各个政府部门输送大量受过教育的人才,并培养大批热心的教育家去劝说广大民众遵守孝道、尽职尽责、勤奋工作。除了以上这些显而易见的益处,儒家还从一个特殊的侧面,帮助了中华帝国统治的长治久安。这个侧面,也许连汉武帝自己都没有想到。儒家劝说官员不能仅仅将任职看作与皇帝间的一种雇佣关系,而要将其视为一种为国家和人民谋福利的道德义务。因此,儒家官员对皇帝的忠诚是有原则的,意味着一种最高的尊重而不是盲目顺从。儒家官员的廉正在于他们能够站在皇帝的对立面,对统治者及其下属官员的政策和行为提出恳切的批评,并积极地寻求提高人民福利水平、强化政治稳定的措施。结果,儒家道德给看似无约束的帝权创造了一种抗衡因素,推动社会去保护看似没有政治代表的农民的福利。正是这种权力平衡最终维持了帝国政权的政治合法性。当这一平衡遭到破坏的时候,通常会发生政权的周期性更迭,以恢复平衡。

在中华帝国,道德教化是广泛的。除了太学,帝制政府还资助遍及全国的官学网络。每一个品质优良的青年男子都有权进入这类学校。那些对儒家经典学习优秀的人,将通过举荐和考试等机制选入政府任职。这种官学网络在明清逐渐衰落,而由地方精英或社团资助的书院取而代之。纵观整个中华帝国历史,精英教育都是严格儒家导向的。对于那些没有入仕理想的人,政府设计了通俗易懂的小册子,以阐述儒家美德,展示什么是一个家庭和社会成员的恰当行为。人们还被教导要尊重学识;于是,儒家学者被普遍尊为地方领袖,即便他们没有被正式编入政府机构。这些儒家学者有责任教育当地居民,指导他们的行为。总之,中华帝国政府成功地掌控了教育的内容,不论对精英还是对普通人皆如此;道德成为帝制统治的关键要素。

当然,中国皇帝不只是依靠道德标准之类的软实力去统治国家,他们还运用各种强制手段加强中央权威。类似于大多数其他主权国家,任何背叛或挑衅皇帝权威的行为将受到严厉惩罚,往往是被处以极刑。地理迁移和正式结社也被认为是不稳定因素,因为它们给强大在野集团的产生提供了土壤。由于法家传统,中华帝国有非常完整的成文法体系去调节经济、社会及政治秩序。中华帝国政府还聪明地利用基于家庭的社会组织加强对人们行为的监督。他们把最小法律单位锁定为家庭而非个人,从而扩大不当行为的惩罚后果。家庭中一个成员犯罪,整个家庭(甚至整个邻里)都将连坐。这种制度安排大大加强了政府对人民的控制。即便司法资源有限,来自家庭和邻里的压力也能有效地限制个人行为,从而大大降低了犯罪,以及任何可能削弱帝国统治和破坏其他既定的社会、政治秩序的行动。

1.3.2 分权化行政管理系统(正式和非正式的)

在中华帝国,集权化与分权化之间的关系就像通常所说"阴"与"阳"的概念。乍听起来很荒谬,然而权威和权力的极端集中反而给官僚体系内外的分权提供了条件。

在官僚系统内部,极端集权化的行政法规和政策给地方官员造成了实际问题。一方面,为了自身事业发展,他们必须遵照中央方针;另一方面,地区间差异通常如此之大,以至于许多中央政策在地方层面完全无法操作。尽管地方官员无权在集权化的官僚系统中正式调整政策,但他们懂得发展非正式的行为规范。中央政策和规定通常只被当作一种形式指导,实际操作取决于中央命令与地方惯例之间的妥协,尽量让皇帝与当地居民都能接受。只要地方官员的态度是合作的,监察机关对全国各地各种政策"解释"也就睁只眼闭只眼。因此,中华帝国的地方行政绝不是统一的,事实的政策制定是分权化的。

乍一看来,中华帝国的财政制度也是高度集权化的。地方政府只是国家税收的征集者,对税率或财政收入的用途没有话语权。在开支方面,地方政府的运行预算也由中央政府决定,并由中央财政统一支付。然而,这只是正式制度。实际上,中央提供的资金甚至不足以满足地方政府包括征税在内的基本行政开支,因为这一预算只包括官员的名义收入、个别衙役的工资和祭祀开支等有限的条目(Ch'u,1962:193—199)。结果,各级地方政府都严重依赖于名目繁多的收费。在中华帝国各朝各代,这种预算外收费制度广泛存在,导致实际的公共财政制度也是分权化的。

即使是被认为最集权化的人事制度,分权也以非正式的形式广泛存在。由于中华帝国的地方政府实际上是"一把手政府",正式雇用的职员和衙役往往不够用。大多数地方官员雇用了幕僚和侍从,帮助他们完成行政职责。由于这些幕僚和侍从不是政府雇员,他们与地方官员之间的关系是私人的、非正式的。这一群体的人事管理权在地方官员手中,因此是分权化的。然而,他们是中国地方政府不可或缺的组成部分,他们的专业服务对许多地方政府的平稳运行起着重要作用。

如果把视线从正式官僚系统转向整个中华帝国,就会发现中国行政管理的进一步分权化。尽管城镇和乡村没有政府,但它们实际上是由非正式组织来运行的,如祠堂和其他蔡晓莉所谓的"休戚相关的团体"(Tsai,2007)。在一些极端情况下,地方的管理集团根本就没有任何明确的组织。在微观层面,中国地方的实际领导者,是那些德才兼备,在当地颇受尊重的儒家精英。这种领导地位并非产生于选举制度或任何法律程序,其合法性来自类似于中华帝国的政治逻辑基础,并得到儒家道德的背书。虽然是非正式的,但这些地方精英的威望得到当地政府和人民的认可,在当地社会执行着广泛的行政职能。他们对当地冲突有裁断权,负责管理地方集体慈善资金,创办并监督地方公共产品和服务的供给,领衔地方宗教仪式。他们是地方政府与人民之间的联络人。一方面,地方政府把一些行政职能委托给地方精英,以尽可能缩减行政开支。例如,地方税收通常由这些精英代为征集,然后再交给地方官员。另一方面,地方精英对地方官员的行为进行监督和制约,敦促他们提供恰当的公共产品和服务。随着中央权威的强化和儒家道德劝导的深入,中国帝王越来越多地把行政权力下放给这些地方精英,中华帝国的行政分权化程度相应地也日益加深了。

总之,中华帝国的政治结构并不是通常所认为的那样严格纵向型的。毫无疑问,中央权威非常强大。然而,中华帝国正式的政治制度或多或少地只锁定于宏观稳定性目标,其职责是维持和复制国家层面的某种社会秩序,减弱重大危机的负面效应,而这些任务是小规模团体无法胜任的。在微观层面,融合正式和非正式制度的分权化的行政自治,是帝国治理的中流砥柱。中华帝国的实践表明,非正式制度和人际关系网络对国家平稳运行具有不可替代的重要作用,它们与正式官僚机构的关系可以是互补的而不是矛盾的。这些分权化的非正式机构不仅在中华帝国被广泛使用，而且一直延续至现代中国的政府治理。

1.4 社会声望与财富的垂直流动性

从以上讨论中可以想象，中华帝国时代皇帝最大的噩梦并不是来自政治结构的内部。在皇族、各级士大夫与地方精英当中，尽管存在着各种各样的张力，但维持现有社会及政治秩序的稳定性是他们共同的基本利益。帝制政权最严重的国内威胁来自农民。当农民积怨到一定程度，一个人振臂一呼便可能激发大规模的造反行动，帝制统治会真正地遭到严重破坏。当中华帝国历史上第一次农民起义的领袖陈胜在公元前 209 年吹起战斗号角时，他大喊"王侯将相，宁有种乎？"这一口号是个反问句：人的命运难道应该由血统（出身）来决定吗？如果一个人自己很努力，而且比周围的同伴更优秀，那么无论他出身如何，都应该有机会去获得更大权力和更高威望。这一口号立刻响彻全中国。尽管陈胜集团仅在 6 个月之后便宣告失败，但随后的暴动最终推翻了秦朝，一个叫刘邦的农家子弟登上皇帝宝座，建立了汉朝——一个持续了 400 多年的强大君主国。

陈胜的口号至少让我们对中华帝国社会产生了两个重要洞见。这种质问及其在中国的长期盛行，意味着中国人深信人的真实价值并不依赖于出身。德才兼备决定了实际的高贵，应该赏以相应的社会地位、政治职能和物质财富。人类社会分类的主要标准应该是个人品质，而这种品质的形成虽然与成长环境有关，主要还是取决于勤奋、自律和教育。因此，任何人只要给他机会，再加上自身努力，都有可能上升到更高甚至最高的社会地位。关于陈胜的质问，更有意思的地方在于它引起了帝国统治者的注意和回应。中华帝国从封建年代（这里指秦始皇统一中国之前）继承了非常等级化的社会和政治秩序。这种等级化的结构是中华帝国的统治者希望维护的。然而，陈胜的大声质问向统治者生动地证明，如果这种强大科层内在的不平等和不公正不能被恰当地表达，那么这种秩序就没有自我复制的活力，从而不可避免地要走向灭亡。要说服社会的每个成员都恰当行为（即尊重权威金字塔），那么社会就必须为这些权威提供正当理由。如果这些权威唯一地取决于出身，那么类似陈胜所感觉到的那种挫败感就会越发浓烈，最终变成威胁帝国等级秩序稳定的地雷。像秦始皇那样以严刑峻法来压制这种受挫感，需要一个魅力领袖。长期来看，最佳解决方案是建立制度化渠道来疏导这些受挫情绪。

统一的官僚系统和集中的权威为发展这种制度化的渠道提供了非常好的条件。为了实现有效且可持续的统治，官僚系统在选拔干部时需要基于候选人的道德和知识，而不是他们的家庭威望或财富。对于中华帝国的皇帝来说，这种择优选拔标准至少有三大好处。第一，胜任且忠诚的官员能够提高帝国的治理能力；第二，没有家庭或其他社会集团可以独立于皇帝而享受无条件的优越性；第三，这种择优选拔标准与儒家道德教化结合在一起，共同证明了官僚权威的正当性，让普通老百姓有机会通过学习和努力工作来提高社会地位。士大夫的存在意味着中华帝国的所谓"统治阶级"不再是一个固定的阶级，而只不过是一种每个人都有平等权利去追求的职业。在某个静态的历史时点上，会发现中华帝国社会充满了尖锐的社会及物质不平等。然而，从纵向历史角度看，如何炳棣（Ping-ti Ho）教授在有关晚期中华帝国的全面研究中所说，实际上没有"针对个人和家庭改变社会地位的有效法律障碍"。"促进流动性的制度化及非制度化因素，在社会和经济上削弱名门望族的长效机制，以及有益于社会流动的社会观念和神话"广泛存在（Ho，1960：xii）。恰恰是财富和政治地位高度的垂直社会流动，给帝制下的等级制度的不公正提供了公正的理由，同时也鼓励底层老百姓对美好生活的向往和为了实现这个向往而付诸行动，从而创造一个新的韧性极强的等级政治及社会秩序。

1.4.1　政治权力垂直流动的机制

以德才兼备的标准来选拔官员的机制随时间而演化。中国许多统治者和哲学家对此有过深入思考，但这里要着重强调三位作出过重要贡献的人。首先就是孔子。为了确保对德才兼备的人的选拔，孔子提倡严格平等的教育机会，不管其家庭的经济和社会条件如何。遵循他的观点思路，后来的儒家学者敦促政府在各个层级建立学堂，国家出资教育有潜质的孩子，不管他们出身如何。许多学者还创办了私立学堂，或像孔子一样亲自执教。那些自发的教育机构，成为帝制时代晚期官学衰落之后教育供给的主要来源。这种广泛的教育系统成为所有选拔机制的基础。

对官员择优选拔机制的发展起重要推动作用的另外两个人是董仲舒和汉武帝，前者是一位儒家学者，提出了几项重要的人事选拔技术，后者是一位皇帝，采纳了董仲舒的建议。在汉武帝统治以前，汉朝的官僚选拔过程很简单，仍然带有封建时代的特征。官员的来源主要包括三大类。第一类是皇帝身边的人，如皇帝的亲戚、侍从、秘书等；第二类是现任官员的子孙，有些类似于世袭贵族制度；第三类是买官者。在汉武帝时代以后，买官卖官逐渐受到限制，只有在王朝衰落或国家经济困难时期才死灰复燃①。汉武帝采纳董仲舒的建议，实行制度化的人才荐举制度。在一定级别以上的官员，有义务每年推荐两名青年人才到政府部门供职。那些受举荐的人才要参加皇帝亲自设定的考试，然后委派次要官职以检验其真实的行政管理能力。一旦展示出令人满意的绩效，他们将会被正式委派到政府部门就职。尽管荐举制度不能排除滥用和偏袒的可能性，但一些道德和法律规章有助于尽可能避免此类现象。在道德上，官员被认为是有能力和忠诚的人，推荐一个无能之辈到政府供职，会让推荐人和被推荐人都感到很丢脸。在法律上，这些年轻的被推荐人的能力对评价其推荐人的行政绩效至关重要。这样就把推荐人和被推荐人的政治生涯联系在一起，一方必须对另一方的行为负责。因此，推荐无德无才者意味着巨大的个人损失和风险，从而通常不会这样。这种荐举制度以最小的交易成本把官员选拔扩展至全国范围，在中华帝国早期起着重要作用。

---

① 例如，在明朝末年，卖官盛行是为了弥补财政收入，以满足抵御满族入侵的巨大国防开支（Ho, 1960）。

　　也是出于董仲舒的建议,汉武帝建立了一所国立学校——前文所提到的太学——以招揽和培训更多更好的人才为其所用。太学的学生是汉朝及以后王朝人才的主要来源。这些学生的提拔是基于其儒家研究的笔试成绩和道德行为。

　　在中华帝国中期,科举制度成为最盛行的官员选拔办法。每一年举办全国考试。考试中的上榜者将被提拔至某些政府职位。这一制度起源于隋朝(581—618),在唐朝(619—907)得到了进一步发展。这种考试制度在唐朝早期每年产生的人才不到 10 个(Kracke,1964),但在女皇武则天(624—705)的统治下其规模大大扩张,因为武则天发现这种方法能有效地从新臣服的地区招揽人才。到了宋朝全盛时期,平均每年来自科举制度的人才超过了 250 人(Kracke,1964)。这些考试具体的科目、形式和组织,在各个时期有所不同,有时候甚至因皇帝的个人偏好而改变,但主要内容始终包括儒家的经典著作和思想。这种考试制度延续了长达 1300 年(605—1905 年),是中华帝国最普遍的制度化官员选拔方法。

　　一旦被选入官僚系统,个人及其家族便从普通百姓升格至统治阶层,在社会上享受大量的特权。社会声望和物质财富均向这些成员倾斜。然而,这种声望和财富要用巨大努力来维持。由于士大夫的政治权力唯一地来自他们的能力,所以任何时候失去这种能力就会失去政治权力。儒家的一个关键原则是“正名”,是指任何社会地位(名义)必须对应于某些社会权利和义务(实际)。它适于所有人,包括皇帝。为了名副其实,身处某一职位的人不仅享受该职位所赋予的权利和特权,而且也必须履行该职位所要求的责任和义务。不能履行所要求的职责就说明当事人不能正名,于是他就会失去享受特权的资格。例如,皇帝享有不可挑战的至高权威、声望和权力。上天派他来治理天下,因此他的职责是凭借其能力和影响力去促进人民的福祉。如果皇帝做不到这一点,不仅上天将通过自然灾害来惩罚他,而且人民也因此有了推翻其政权的权利。因为他不能正皇帝之名,所以能够更好地履行这些承诺的其他某个人就应该取代他而正皇帝之名。类似的逻辑也适于中华帝国的官员。作为皇帝的助手,帝制时代的官员忠于职守,为了人民福利而向皇帝提出深思熟虑的建议和批评。在履行这些职责的过程中,任何错误或失败不仅危及官员们享有的政治权力和社会声望,而且危及其家族的物质福利甚至生命。

即便官员能够保持整个政治生涯一帆风顺,其家庭的声望和财富仍然面临来自各种方面的严峻挑战,这些因素可能导致他向社会下层流动。家庭的政治地位缺乏世袭机制,从而无法确保它的可持续性。如果父亲曾经是一个杰出的政治人物,儿子当然会有更好的机会接受高质量的教育以及更有利的人际关系,从而更容易得到其他官员的赏识和保荐。然而,这些只能促进而不能确保儿子的政治成功。如果儿子不能展示出优秀的知识才能,或者不能通过科考,也大都不会被委以任何重要官职。"荫"的观念——父亲的成功可让儿子获得不太重要的官职——的确存在,但仅局限于级别非常高的官员。通过这种机制所给予的职务不会拥有实际的政治权力,而且通常也不能无限地代际相承。

1.4.2 阻碍财产长期积累和持有的因素

在中华帝国,物质财富的集中也特别容易受到损害。这种脆弱性的核心原因在于财产权利界定模糊且缺乏保护,以及长嗣继承权的缺乏。如前文所述,中华帝国不是一个多元社会。它主要由两个层级组成:由皇帝以及围绕在他周围的官僚组成的统治阶层,和分散无组织的拥有少量财产的普通家庭。这种结构导致无论在微观还是在宏观上,都难以清晰地界定私人财产权利。在微观上,财产从来不归个人所有,而是归整个大家庭所有。这在识别财产所有权时会造成法律混淆。在宏观上,这种两级社会结构意味着没有实体强大到足以与政府抗衡。因此,尽管土地私有化且可在市场上自由交易,但分散的财产所有者无法组织起来保护其财产权利不受国家权力的侵害。

在某种意义上,政府成为万物的最终所有者。赠予家庭的万物都是皇帝的恩赐。为表示皇帝的最终所有权,人民要无条件地向皇帝缴纳租金。在法律上,自汉代以来,包括土地在内的大多数财产都可以在市场上自由交易,并被注册为私人财富。但是在实际中,财产权利的保护仅限于不受其他个人/家庭的侵犯,帝制政府作为最终所有者则完全有权索取土地税,或为了"公共"用途而征用私人土地,甚至为了惩罚而直接剥夺私人财产。在西欧法律体系中,私有财产保护处于核心位置,然而,中华帝国的法律体系很难界定"私有"的确切含义。中华帝国的法律体系完全集中于刑法。对于中华帝国的统治者来说,维持政治稳定和秩序是重中之重,而保护私有产权免于政府侵犯在他们的议程上是最无关紧要的。

事实上,模糊且缺乏保护的财产权利符合中华帝国统治者的利益,因为这样就更容易拆分集中了的物质财富。中华帝国统治者在政治上偏好小规模所有权,不喜欢财产过度集中。从他们的政策选择中可以看出这种倾向性。在帝制早期和中期发明了各种机制去把公共土地分给无地农民。改朝换代也经常被作为重新分配财富的机会,一般会变得更加公平。同时,政府从未停止过打破财富过度集中的努力。惩罚官员的政治错误通常也导致其家庭财产的全部充公。在极端的情况下,政府甚至流放有势力的地主及其家族,唯一的理由就是消除潜在的政治威胁。即便有一些极其富有的家族能逃脱政府干涉,但长嗣继承权法律的缺失终将成为打破财富集中的固定因素。在中国人的传统中,父母去世前整个家庭必须同居一处,财产和开支都是共同的。然而,在父母去世后,家庭财产要在所有儿子当中平分,而不是仅由长子一人继承。这种制度安排具有很强的离心效应,无论对富裕家庭还是对普通家庭都是如此。

与农业活动相比,从事商业活动的人更容易在较短时期内积累财富。中华帝国的商业资本能逃脱向下流动的厄运吗? 一些经验例子表明答案是否定的。这种双层权力结构不仅不容许出现强大且长期延续的地主,而且还严重阻碍了商业资本的发展。在中华帝国主要有四种职业:士、农、工、商。商居末位。如前文所述,大多数时期,中华帝国并不依靠商业活动提供财政收入。相反,商人被当作社会的不稳定因素,因此经常受到歧视。中华帝国的商业与农业家庭一样,一般也非常弱小,没有足够的力量与政府议价。择优选拔方法进一步阻止了富裕商人用金钱赎买政治权力①。再者,如果经营利润丰厚,帝制政府可以随时没

---

① 在朝代没落或政府财政困难时期,可以用财富来获得官职。何炳棣教授的研究表明,明朝末年和整个清朝都盛行买官卖官。

收企业,形成垄断控制。自汉朝以来,无数的行业被政府垄断控制,涉及食盐生产和分销、白酒交易、炼铁、水上运输和金融等各个领域。在这种政府垄断的过程中,中国商业资本遭到严重破坏,从未发展壮大到足以避免财富积累的下降螺旋。

值得澄清的是,尽管中华帝国表现出较强的垂直社会流动性,但这种运动的实现是以分散的和个人的方式进行的。也就是说,这种运动从未涉及整个阶级,而只是个别家族的运动。因此,社会流动性对个人行为的影响比对社会秩序转型的影响要大得多。这种社会流动性实际是一种和中华帝国统治紧密结合的制度,它把人民的注意力从等级制度的社会不公正转移到个人获得更好社会及物质地位的渴望,从而促进帝制政治秩序的稳定而不是灭亡。这与西方形成了鲜明对比,西方世界在资本主义形成和发展中是通过阶级斗争来实现社会流动。事实上,在中国,高度的垂直流动、分散的所有权以及基于家庭的生产单位,使得利用规模经济优势变得非常困难。资本主义生产制度无论在农村还是城市都难以得到发展。在农村地区,中国村庄没有像许多欧洲村庄那样的集体生产组织,没有垂直一体化,只有一群相互类似的基于家庭的生产单位。这种结构不利于农业技术进步。并且,基于家庭的农业生产使得单位土地所能容纳人口的弹性非常大。只要土地的产出仍然可以养活家庭成员,就不会有人背井离乡到城里谋求生计。这种结构限制了城市地区集中化商业生产的劳动力供给,从而也损害了中华帝国发展集中化大规模商品生产的机会。农产品和商品的生产都是在农村以分散的方式进行,只有贸易活动在城市地区进行。中华帝国没有出现内生性的工业革命,与这种社会安排有密切关系,下一章将更详细地解释这一点。

1.5 小结

1.5.1 特殊的双层社会结构

特殊的国家形成轨迹,导致中华帝国有着非常独特的双层社会结构。其中一层是统治阶级,即围绕着绝对中央权威的士大夫们。另一层是广大民众,他们相互间极少有正式联盟,但通过人际关系紧密连结起来形成一个庞大的社会关系网络。中华帝国的这种社会结构与西方国家典型的社会结构的主要差别在于缺乏贵族、教会、城市等有影响力的集团与政府权力抗衡。这种差别导致中华帝国的政治合法性来源和维持政治秩序的机制与欧洲国家大相径庭。

双层社会结构使政府不必与抗衡集团进行持续谈判。因此,政府权力的合法性不依赖与各方政治权利代表达成的妥协。相反,政权的合法性直接基于人民对普遍社会福利的满意度。中华帝国的政府不受其他权力集团利益的劫持,理论上应该更有利于公平制定政策以改进人民福利。然而,由于缺乏制度化的抗衡力量,导致政府的权威和权力过度扩张,并能够严重介入私人领域。独立于政府之外拥有重要社会地位和物质财富的任何集团,都将被认为是威胁,因此可能被政府废除。这种政府行为严重损害了私人资本主义积累的发展,导致了官商结合的逐利模式。

在中华帝国,对政府权力的唯一最大挑战是农民的集体行动。当人民的基本福利得不到满足时,起义将展示出超强能力推翻政权,或者至少将破坏政权的合法性,从而削弱整个统治阶级的利益。为避免这种严重的后果,甚至在明显抗衡力量缺失的情况下,明智的统治者也会发展出一些自我监察机制。在中华帝国,最重要的约束是官僚系统内部的道德规范和监察机关。这些自我监察机制通常在一个朝代初期运行得更好,因为那时的皇帝比较英明,也更尽职尽责。而当王朝衰落时,这些机制的作用便会大大减弱。

由于在这种双层社会中缺乏多元竞争,即便起义成功,推翻了旧的政权,"革命家"也只不过是把自己提升为统治阶层,而社会及政治结构的总体模式仍然保持原样。这就是为什么在两千多年时间里中华帝国周期性盛衰变化的关键原因之一。在两千多年的时间里,尽管中华帝国的制度有了巨大发展并逐渐走向成熟,但是这一历史时期的政治制度或社会结构并没有发生真正的革命。

尽管如此,但这并不意味着中华帝国没有创造和变革的强烈活力。与一般印象相反,中华帝国并不是一个极端集权化的独裁国家。正式的官僚系统往往只负责处理国家层面重要的宏观问题。由各种各样的家庭、社会网络和自然组织组成的欣欣向荣的市民社会，代表着这个国家的真实动力，在人民日常生活中是最有影响力的。汗牛充栋的历史研究证明，中华帝国大部分时期的市场是非常活跃的。灵活的垂直社会流动性让个体家庭有足够激励去努力工作、投资（尤其孩子教育投资）和提高生产率。这些传统一直延续至今，对中国始于 1978 年的改革成功具有巨大贡献。

1.5.2　21 世纪的中国、西方国家与民主挑战

关于民主的基础，中国与西方有一个共同的信念：人民是政权的最终来源。也就是说，与神权政治不同，政权合法性不来自神的意旨；和贵族政权不同，政权的合法性也不来源于基于血统的统治智慧。政权的合法性来源于该国所有公民的意愿。然而，这个大的政治原则始终不可避免一个极难解决的问题：人民的集体意愿应该如何得到代表？在一个人口数量众多且类型各异的国家，不可能通过一次集会就形成统一的共同意愿，而必须通过某种委托关系，使有效政府合法化。这种委托关系的不同，正是中国与西方政治形态分野的原因。

如本章所述，中国皇帝的中央权威有两千年传统，使统一的政治代表得以合法化。国家主权的合法性直接来源于民众对社会福利水平的满意度。而在西方，国家权力来源于人民的政权原则并没有这么长时期的传统，这个原则的确立是通过 18 世纪法国和英国自由哲学家长期的思辨才逐步建立起来的。他们宣称共同意愿的基础在于个人的自由和平等。在美国和法国的流血革命之后才建立了这些原则。但是政权整体性与个体化主张之间的张力，只是在程序的层面通过多数规则下的选举原则得到解决。通过定期多元化选举程序，多数原则自以为可以代表全体人民的意愿。这是代议制程序民主的先天缺陷。随着社会变得越来越复杂，各种不可协调的政治观点长期争论不休，将这一先天缺陷放大了。以美国民主为例，由于人们对福利观念的严重分歧，政策制定越来越困难，从而导致民主逐步陷入瘫痪；在欧洲，签署了联盟协定的主权国家，由于各种激烈的利益冲突，完全无法兑现自己的承诺，使整个大陆陷入柏林墙倒塌后未见的

危机。

　　为了从根源上克服程序民主这种"以多数混淆全体"的缺陷,西方在 20 世纪发展了一种行政权力以代表共同利益,并通过基础设施和公共服务的提供实现这一共同利益。公共行政体系的人员选拔,建立在才能之上,并越来越独立于政治机制。行政的独立确保了共同利益的持续性,从而成为调和整个国家与多样性社会之间矛盾的必要部分。如本章所述,这种行政体系,在中华帝国是具有漫长传统的。正是这种基于能力、美德选拔的官僚行政体系,成为中华帝国社会凝聚力的关键,也是当今共产党合法性建立的关键。无论在西方还是在中国,公共行政的有效性都是人民福利的重要支撑。有力的公共行政使这些国家不同于大多数发展中国家,后者往往陷入国家分裂、行政无能甚至无政府的状态。

　　然而近 20 年来,调节资本主义发展的公共行政之合法性却受到资本主义发展的质疑。全球化促进了新自由主义意识形态的广泛流行。它大肆贬损政府,鼓吹市场是实现全体利益的最佳工具。全球化动摇了国家主权,公共权威的碎片化随着以下两类西方制度的建立加剧了:一类是以中央银行为代表的独立公共机构,另一类是欧洲宪法法院。中国还没有类似机构,只有在某些特定的社会活动部门(尤其是金融业)建立了一些独立于行政等级结构的监管部门。

　　可是,还是没有任何一个机构可以代表社会全体的利益。现代社会仍然在矛盾中进一步撕裂。全球化的冲击加剧了西方国家以及中国的社会不平等,同时削弱了旨在降低不平等的公共机构的权威。全球化放大了全球不平衡和环境恶化问题,从而加剧了西方与中国的竞争,而对于这些问题的起因、责任,大家各执一词,争执不下。因此,促进民主、维护国家主权的合法制度,在次国家和超国家层面都受到了挑战。

　　在次国家层面,挑战在于如何进一步深化公民社会的参与性民主。还没有明显的证据表明哪一种政治体制——西方的还是中国的——更适于让社会网络合法地介入社会治理。然而,这种介入对于未来的可持续发展,具有至关重要的意义。本书第三部分将展望随着"十二五"规划而开始的改革新阶段。在那里,我们将证明中国有完成这一转型的政治资产。

在超国家层面,中国作为一个世界强国的崛起使得她对国际治理参与程度的问题被提上了日程,而中国的参与,对于正日益恶化的原油资源枯竭、气候变化、不平等扩大、金融及货币不稳定等全球性威胁意义重大。要回答这一问题,必须深入理解迄今为止的改革在国内和国际层面取得的成就。而对改革成果的客观评估,必须和中国的特定政治社会结构(这一点我们在本章已有论及),以及新中国成立以前中国长期的赶超努力付诸东流的历史相结合。这段历史将在下一章得到讨论。

第 2 章
资本主义历史中的增长体制

自大约 1820 年以来,直到 1950 年,中国发生了什么,是一个在历史学家和经济学家当中引发许多争论的谜团。为什么东方与西方,更具体地说就是中国与西欧,从 18 世纪早期到 20 世纪中期具有不同的轨迹? 为什么发生了促使英美国家经济领先的工业革命? 为什么中国错过了这一机遇? 对于工业革命的限制,一些社会无法超越,另一些社会却有效克服,这种限制的本质是什么? 这些显著差别是源于政府政策,还是源于形成激励、渴望和企业家精神的基本社会制度?

以上问题涉及对中国改革成功、矛盾及发展方向的理解,尤其是把改革当作一种赶超过程时,这些问题就更加相关了。然而,这种思考方式可能是一条错误的思路。第 1 章已经阐明,中国财产权力和财富分配的社会基础,完全不同于欧洲的自然秩序哲学以及 18 世纪末精心设计的人权法案(Bill of Rights)。中国特殊的国家形成轨迹不仅对帝制时代的经济行为有过持久影响,而且也深远地影响着后帝制时代的中国政治体制。所以,纯市场经济中最优一般均衡的理想模式不适于评价中国改革的成败得失。

中国 1978 年改革以前的经济增长、漫长下滑和极速恢复的长期历史,是正确看待改革的更好向导。对 1850—1950 年间中国与西方强国之间经济增长差异的粗略度量表明,19 世纪末 20 世纪初发展现代工业的尝试性改革没有取得效果。相反,毛泽东主义革命,尽管变幻莫测,并带来了社会剧变和人道悲剧,却播下了 30 年辉煌改革的种子,现在开始走向一个新的阶段。

分析和解释历史素材将我们引向了这样一个理论问题,即制度创新如何克服一种既定增长体制的局限并确定另一种体制的基础。对这个问题的回答,将成为我们在本书第二部分用来分析改革阶段的工具。

2.1　中国经济史的五个世纪

如第1章所解释的,中国传统社会几乎完全是农耕社会,90%以上的人口生活在农村。这是一种以家庭为基础的小规模农业,没有稳定的大规模地产或佃农耕种制度,同时也是一种非常有效的劳动密集型农业。农民实现了很高的单位土地粮食产出。他们使用三要素耕作技术:精选品种、有机肥料和密集的灌溉系统。这种生产函数的单位土地平均产量很高,但单位劳动平均产出却很低(Naughton,2007:34)。在18世纪,长江下游每公顷粮食产出是英国的2.7倍(Huang,2002)。这种农村经济不局限于农耕活动,还包括一些制造纺织品、皮革、食品和铁器等手工艺品的微型企业,在丝绸服装生产上甚至有垂直的劳动分工。养蚕、纺纱、织绸等活动分别由专业化的家庭或小企业来承担。然而,这些"工业"活动大多分散在农村地区而不是集中在城市。

这种密集的小商业经济由许多商人组成的市场网络来调节。全球历史学加州学派称这种高度市场化的农村社会为原始工业化经济(Wong,1999)。它对人力和物质资源的配置非常灵活。因为没有贵族,没有世袭阶级,也没有继承性财富积累,所以社会上下流动性便没有制度障碍。这种小市场经济广泛地使用银币和纸币,由书面合约、司法法庭和商人协会来规制,比西欧要早很多。早在9世纪,资金便通过类似信用证银票在全国范围流动。

因此,中国的农村社会是亚当·斯密(Adam Smith)自然市场经济最恰当的代表。在这种经济中,人口增长和资本积累推动国内贸易扩张,有更多和更专业化的工商企业。经济持续繁荣,直至农村地区吸收制造业产品的供给竞争和需求限制降低了利润率。这就是著名的高均衡陷阱,我们在本章后文中将详细论述。斯密认为,由于寻求新的贸易渠道以吸收手工业和工业的产量过剩而自然产生的国际贸易,是逃出这种陷阱的方式。

在手工业和制造业,小规模工商企业的零散活动阻止了生产率提高,因为缺乏集中化资本,土地的家庭所有权使农村工人不能转变为无产阶级。因此,没有出现马克思所谓的自由无保护劳动力屈从于资产阶级掌握的生产工具所有权(Wong, 1999)。即使棉花纺织活动几乎遍及全国,也没有出现大规模的纺织工厂。这种原始工业化经济,就其自身来看是有效率的,但缺乏制度推动,不能转型为发育完全的工业经济。中国不能从内部产生工业革命,也不能从西方进口工业革命。

2.1.1　中国、日本、印度与西方强国:比较定量分析

归功于英国著名历史学家安格斯·麦迪逊(Angus Maddison)的毕生研究,我们可以汇总世界大国和地区在人口、GDP 和人均 GDP 等方面的大致数据,从而有可能进行长期历史比较分析。表 2.1 所示的数据讲述了一个引人深思的故事。根据麦迪逊(2007)的研究,以人均收入为标准,1500 年以前中国是世界头号经济体,在技术水平、资源流动性、治理能力等经济绩效方面均超过西欧。在明朝(1368—1644)开国以后,人口以每年 0.4% 的速度增长了 400 多年,在1400—1644 年间翻了 5 倍,比西欧要快得多,结果导致中国在世界 GDP 中所占比重于 1820 年达到顶峰。但是,中国的人均 GDP 已经长期停滞,早在 1500 年就被西欧超越,1500—1820 年间保持未变。结果,虽然依据 GDP 总量,1820 年的中国仍然是全球最大的经济体,但人均 GDP 在那 300 年时期内无法与西欧媲美(见表 2.1)。中国与印度步调相同,印度的人均 GDP 也停滞不前。

此后,中国开始了长达 130 年的衰落。1820—1913 年间年均 GDP 增长极少,只有 0.06%,1913—1950 年间没有增长。到了 1950 年,中国成为世界最穷的国家,人均 GDP 约为非洲平均水平的一半,不到印度的 3/4。相反,19 世纪 30年代的英国和 19 世纪 40 年代的法国已经从拿破仑战争的破坏中恢复,工业革命如火如荼。总而言之,如果以不变 PPP 来衡量,整个 19 世纪到第一次世界大战期间,西欧的 GDP 平均增长高达 4.8%,人均 GDP 翻了近 3 倍。尤其是美国

表 2.1　GDP 与人均 GDP

国家或地区	1500	1700	1820	1913	1950	1973	2003
GDP(10 亿美元,基于 1990 年购买力平价)							
中　国	61.8	82.8	228.6	241.4	245	739.4	6 187.9
日　本	7.7	15.4	20.7	71.7	161.0	1 242.9	2 699.0
印　度	60.5	90.7	111.4	204.2	222.2	494.8	2 267.1
西　欧	44.2	81.2	159.8	902.3	1 396.2	4 096.5	7 857.4
美　国	—	—	12.5	517.4	1 455.9	3 536.6	8 430.8
人均 GDP(1 000 美元,基于 1990 年购买力平价)							
中　国	0.60	0.60	0.60	0.55	0.45	0.84	4.80
日　本	0.50	0.57	0.67	1.39	1.92	11.43	21.22
印　度	0.55	0.55	0.53	0.67	0.62	0.85	2.16
西　欧	0.71	1.00	1.20	3.46	4.58	11.41	19.91
美　国	—	—	1.26	5.30	9.56	16.69	29.04
GDP 比率							
中国/西欧	1.40	1.02	1.43	0.27	0.18	0.18	0.79
中国/美国	—	—	18.29	0.47	0.17	0.21	0.73
人均 GDP 比率							
中国/西欧	0.85	0.60	0.50	0.16	0.10	0.07	0.24
中国/美国			0.48	0.10	0.05	0.05	0.16

资料来源:Maddison, 2007:117, 174。

在国内战争结束到第一次世界大战的半个世纪内突飞猛进。尽管在 20 世纪 30 年代出现了大萧条,但归功于第二次世界大战,美国在 1950 年获得了绝对的优势,高居世界霸权的顶峰。在 1913—1950 年间,欧洲增长放缓至年均 1.5%,而美国为 4.9%,大大超过欧洲。

　　中国经济的这种长期趋势被某些西方经济学家较短历史时期的碎片化指标掩盖了。这些经济学家都尽力淡化 1911 年清朝解体之后的国家崩溃,而诋毁毛泽东时代。数据表明,尽管社会主义革命导致政治混乱,但阻止了中国经济在相对意义上的萎缩,如果不是在人均 GDP,至少在 GDP 总量上是如此。中国与西欧的 GDP 比率稳定在 0.18,与美国的比率从 0.17 上升至 0.21。由于 1950—1973 年间是西欧增长最快的时期,根据 PPP 约为 6%,因此从纯经济意义上讲中国在社会主义时期的表现并不差。就人均 GDP 而言,中国年均增长 2.8%,稍高于美国,但西欧正处于黄金时代,为 4.5%。然而,由于中国的这种增长并没有导向个人消费,使得在相对意义上,中国人均 GDP 水平在毛泽东时代达到最低点,是西欧平均的人均收入水平的 7%,美国的 5%。

再者,在那 23 年中国总体经济表现与其他一些东亚国家还是相去甚远。同一时期的日本年增长率超过 10%,人均 GDP 在 20 世纪 70 年代赶上西欧。新加坡、中国台湾和韩国等其他较小的东亚国家或地区也蓬勃发展。即使那些国家或地区与中国在规模上截然不同,但它们起飞和追赶先进国家的经验表明,强政府干预的政治独裁国家也能够在经济发展上获得成功。这些国家的经验对 1978 年的中国改革具有重要的借鉴意义。

2.1.2　中国为什么长期下滑?

上面已经提到,人口增长对有限的耕地造成严重压力。越来越多的劳动力不得不通过深耕细作以阻止生产率下滑。自 13 世纪以来,劳动密集的水稻种植在人口集中的长江流域得以发展。从 14 世纪到 18 世纪,面临人口的 4 倍增长,能维持稳定的人均收入已经是一个了不起的成功。与斯密的理论一致,中国转向国际贸易来扩大制造品的市场销路。在 13 世纪和 14 世纪的宋朝和元朝,皇帝就已经建立了海军。明朝太监郑和在 1405—1433 年间统领海军舰队进行了七次航海探险,扩大了国际贸易规模,这其中有六次是明朝第三任皇帝(永乐皇帝)下令发起的(Needham,1971)。

令人费解的是,在这些航海探险取得辉煌成功之后,明朝统治者最终决定解散舰队,关闭船厂,甚至全面禁止私人外国贸易。为什么晚期的中华帝国没有通过扩大海外市场、发展航海及军事技术去寻找机会突破斯密式陷阱呢?

我们可以从中国国家形成特殊轨迹(参见第 1 章)的视角,来解释明朝的这些战略选择。中华帝国以及后帝制时期的政府都有一个基本的政治主张:建立统一国家。中国对统一国家的定义,不仅要求统一的中央集权,而且要求对任何地方及非政府组织拥有绝对的最高权威。在唐朝以后,中华帝国非常成功地培养起了它的唯一权威,任何国内集团都没有能力或合法性去挑战中央政权。由于幅员辽阔和经济及技术绩效的长期优势，中华帝国在多数时期都很少面临直接的外部威胁。于是，中华帝国统治的逻辑并不基于与国内外利益集团在领土或财政资源上的对立或竞争，这一点跟同时期的欧洲很不一样。为了维持绝对的中央集权，中华帝国政府把政治结构建立在相对均等化的农耕经济的基础之上。财政收入主要是借助广泛的官僚系统直接向农民征收农业税。通过向分散的、有小块土地的农民提供安全、稳定和基础设施，统治阶级获得了政治合法性，也相应获得了财政资源。换句话说，为了维持统治，中华帝国统治者的主要任务不在于经济和军事扩张，而在于围绕农耕经济构筑起来的国内制度的可持续性。

结果，中华帝国政府并没有将海外探险和贸易扩张看作一种新的、有潜力的财政收入来源，也没有把它当作加快经济增长的一种途径。郑和探险的目标不是创造一个殖民帝国，也不是在海外打开永久的贸易港口，而是把外交朝贡关系从东方的韩国、日本扩展到西方的非洲东海岸，从而彰显中国软实力，或者说"仁慈的霸权"。这些探险之后的贸易被严格管制。郑和的船上也有一些私营商人，他们可以在访问地交换商品，但这种有限的贸易并不是独立自主进行的，而是受到帝国行政官员的监督。其实，这种贸易的性质本来就不是纯经济的，而是与外国统治者交换礼物和推动大使级外交的一种方式。这种贸易非常正式，是中国在广大版图中确立朝贡关系的宗主国地位的手段之一，服从于国家安全目标。

即便是这种对外政策持续时间也并不长。占统治地位的士大夫很快注意到这种探险与现有国内秩序之间的矛盾。一个潜在的问题便是一些经济实体，特别是商人，随着外贸的发展而兴起壮大。由于具有很强的地理流动性和在短时期内积累大量财富的能力，商业活动在整个中华帝国历史中都被当作农耕社会的不稳定因素，因而成为一元国家的威胁。士大夫们的另一个担忧来自外部威胁的增加。尽管1820年以前，中国主权都没有受到来自西方的威胁，但明朝和清朝官僚本能地反感越来越多的海盗行为和外国宗教进入。最激烈的争议涉及财政资源的分配。有关资助探险队的支出，明朝皇室与保守官僚看法相左。而且,与这些海外探险同时发生的重大决策,包括把帝国首都从南京迁往北京,并重新修建京杭大运河。这两个项目对维持国内秩序至关重要,而这种秩序被帝国统治者视为维持其统治的基础。迁都北京加强了北方边界的防御,当时中国的外敌主要来自北方。大运河对国内稳定至关重要,因为它把农业产出丰盛的长江下游与农业产出匮乏的华北平原连接起来(Naughton,2007:36)。这两个项目,特别是重建大运河,耗资巨大。为了减轻财政负担,永乐皇帝发行了许多纸币,并引发了纸币的恶性通货膨胀。这种做法摧毁了私人交易中纸币的价值,严重扰乱了经济,并且导致纸币在中国几近消失。自 15 世纪 30 年代以后,银本位在中国日益牢固,白银成为私人交易和税收征缴中的主流支付工具。财政和货币危机让保守官僚在对海外探险的争论上取得优势。如第 1 章所述,在面临财政危机的时候,中华帝国政府更多依靠削减开支,而不是积极寻求新的财政来源来解决问题。与维持国内安全和稳定相比,其他任何事情都是次要的。因此便发生了上文所提出的费解现象。中华帝国为了维持国内秩序而放弃了可增强财政能力的海外探险和贸易,并且,为了集中防御当时被认为更危险的北方敌人而向欧洲商人妥协,容许他们设立贸易口岸(trading posts)。

如果明朝皇帝有远见,也许后悔当时的决策。航海探险的终结是中华帝国晚期技术进步停滞的一个重要原因。并且,他们会意识到欧洲资本主义比鞑靼部落更具有攻击性,因为前者觊觎的不只是领土,而是要把中国强行纳入全球资本主义经济秩序。因此,这种外国力量不仅对中华帝国的独立主权构成前所未有的直接威胁,更重要的是,它将不可避免地持续摧毁现有的帝制社会秩序。不幸的是,明朝皇帝不可能预见未来。他们在当时作出了正确的选择,把国内秩序摆在首位。但是,由于他们不能对新兴欧洲力量作出积极回应,帝国最终衰落只是迟早的事情了。

早在 1557 年,葡萄牙人被容许在澳门建立基地。这一贸易口岸成为欧洲与中国贸易的主要地点;葡萄牙人主要进口胡椒粉和其他香料。他们的资金最初来自金银船运业务,后来主要来源于中国丝绸与日本白银的贸易利润,这种贸易在1550年之后持续了将近一个世纪。

葡萄牙贸易在17世纪开始下滑，荷兰以及随后的英国和法国商人取而代之，贸易商品种类从传统的胡椒粉和香料转向生丝和茶叶。到了1750年，英国接替了荷兰的位置。英国人从印度用船运输鸦片到广州，用卖鸦片的钱购买茶叶。中国没有对欧洲挑战作出反应。在鸦片大规模流入之前，中国在大多数时期都享有贸易顺差，因此这个中世纪帝国在那整段时期低估了欧洲人。中国的官僚对西方科学成就没有兴趣。中国精英挥霍了本可进行生产性投资的巨额收入。这是因为，在马克斯·韦伯（Max Weber）的资本主义精神中，作为企业家创新激励的货币收益，并不能提高人们在中华帝国的社会地位。

尽管如此，直到18世纪中期，中华帝国的秩序仍然得以成功地维持，政府牢牢地控制了领土和税基。直到晚清政府渐渐不能提供充足的基础设施满足人民福利需求的时候，危机才全面爆发。用来维持庞大帝国统一的必需基本公共产品不能得到恰当的维护。公共粮仓中的粮食储备在1790年以后逐渐减少。灌溉网络开始恶化（Elvin and Liu, 1998）。在人口增长的压力下，农村地区的生态脆弱性增加。随着公共系统的功效下降，农村人口成为洪水和干旱的牺牲品，爆发了可怕的饥荒。在1855年，由于忽视灌溉系统的维护，黄河决堤，导致灾难性的洪水。随着政府介入越来越少，经济再也无法支撑。农村经济变得更加脆弱，又面临持续的人口压力，社会矛盾不成比例地集中到贫困地区。农业的单位劳动力的边际产出太少，不足以维持最基本的生存需要，导致受灾最严重的几个省反复出现饥荒和人口下降。

对清政权造成最严重打击的是1850—1864年间席卷了半个中国的太平天国运动。这次反抗是一场典型的农民起义，把中华帝国拖入下滑轨道。它爆发于农民对政府不能维持人民物质需要的积怨。运动的目的很明确：推翻不再合法的政权。镇压太平天国运动成为清皇室的头号议程，这严重影响了国家的财政平衡。一方面，镇压这场运动需要庞大的军事开支。有记录的年军事开支在这一时期超过2 000万两白银，相当于国家财政收入的一半。据估计，从1850年到1875年，用于军事用途的总开支高达85 000万两白银（Peng, 1983：137）。

另一方面,太平天国运动大大缩小了清政府的税基。在运动的巅峰时期,太平天国领导人占领了超过 18 个省,包括最富庶的长江三角洲。为了弥补这些省的损失,满足日益增长的财政需要,清政府在其仍然统治的地区征收苛捐杂税。农业税率至少增加了 50％。在四川省,农业活动的税赋在 1850—1877 年间增加了 4—9 倍(Li, 1957:306)。从 1853 年开始,清政府开始榨取一种所谓"厘金"税的商业税。这种税最初只是为了应付镇压太平天国的一次性军事开支,税率较低,只有 1％,但不久以后就被制度化了,税率也大幅上升。对于某些商业活动,税率可以上调至 20％。1870 年之后"厘金"税构成了总财政收入的 25％。沉重的税赋进一步恶化了清王朝统治下的国内秩序。

随着国内危机升级,外国入侵也变得更加持久,接二连三地出现了灾难性的失败。首先是 1840 年与英国的第一次鸦片战争,起因是英国人想确保印度鸦片能自由通达广州交换中国茶叶。英国几乎没有遇到抵抗,1842 年强迫中国签订了《南京条约》,割让香港,开放五个通商口岸给外国控制。1858—1860 年间英法第二次入侵摧毁了北京的圆明园,强制签订的条约在中国内陆打开了帝国主义自由贸易,远伸至东北,直到哈尔滨,沿长江一直西达重庆。中国被迫维持低关税,鸦片贸易合法化,外国人享有治外法权。

侵犯中国主权的除了西方列强之外,在 1860 年之后又出现了新的贪婪入侵者。中国的朝贡体系被完全废除,大片领土损失让中国饱受欺凌。俄国窃取了太平洋海岸的一大片土地,建立了符拉迪沃斯托克(海参崴),同时在中亚实行帝国扩张。此后,中华帝国崩溃加速,1884 年越南沦为法国保护国,1886 年缅甸成为英属印度的一个省。1895 年中国在中日甲午战争中战败,签订《马关条约》,日本接管台湾,并成为韩国的保护国。

19 世纪 90 年代的义和团运动成为西方列强发起惩罚性联合军事行动的借口,八国联军占领了北京,强迫中国政府签署了《辛丑条约》。清政府所有涉及财政收入的实际事务都被置于外国监控之下。税收榨取变得极其残酷。财政收入在清朝初期每年白银约 4 000 万两的基础上翻了一倍,1886—1896 年间增加至每年超过 8 000 万两,1908 年超过 2 亿两。然而,所有这些都不足以支付庞大的军事开支和巨额赔偿。①在这种情况下,清政府土崩瓦解就在意料之中了。1915年俄罗斯把势力扩张到外蒙古。1931—1933年间军国主义日本占领了东三省,建立了"伪满洲国"傀儡政权。最终在1937年,日本军队入侵中国,犯下了滔天罪行,直到它在太平洋战争中战败。

在清政权结束之后,中国完全被持续战乱破坏,没有充足的喘息时间去恢复经济和重建政权,中华民国宣布成立以后又开始出现激烈的权力斗争和国内战争。从1911年到1927年,中国陷入政治分裂和军阀混战。1927年国民党——蒋介石领导下的民族主义独裁政党——接管和统一部分国土。

2.1.3　共产党革命以前现代化的混合遗产

简短解释中国历史之后,1820—1950年间中国实际人均收入绝对意义上的下滑和相对意义上的跳水(如表2.1所示)就不足为奇了。然而,在经济学角度看,这种下滑趋势不符合全球化有利于后发国家经济发展的理论推断。19世纪30年代之后,工业革命大力推进,欧洲资本主义扩张导致工业资本主义经典时代的全球化如火如荼,一直持续至第一次世界大战爆发。由资本流动带来的国际劳动分工,理应将收益通过外国投资扩散到外围国家。然而,中国不是外围国家,而是一个庞大的中土帝国。外国列强的干涉削弱了帝国的基本制度,引发严重的社会危机。在贸易领域,以强制性的鸦片贸易所得来支付中国的出口品,掠夺了中国的货币金属,并造成了严重的鸦片成瘾。这些残酷事实完全无法证明贸易始终是互利互惠的! 更进一步,中国多次试图以战争来阻止领土损失,但每战必败,并且由于太平天国及随后的义和团运动而在国内失去了合法性。中国失去的还有财政收入,她被迫支付赔款,最有利的经济地区沦为外国列强的"经济飞地",即完全在外国控制下的所谓通商口岸。上海是其中最重要的地区。

问题是,在清王朝终结之前,在共和政体宣布之后,特别是在1927—1937年

----

① 日本和义和团赔偿加总65 000万两白银,还不算利息。

间国民党领导下,有过什么样的工业现代化尝试? 这些尝试为未来播下了增长的种子吗? 这一问题的意义远远超越了事实认定,对于这个问题的回答,将为中国资本主义本质的定性提供关键洞见。而这种洞见,有助于更好地理解本书第二部分将要描述的中国当前改革的动力。

中国现代化的动力来自哪里? 它在 1895 年战败之后才开始来自中央政府。在此之前,动力一方面来自一些省的高级官员、亲王以及创办军事工业的地方长官,另一方面来自开放港口的买办商业精英。两股力量结合起来导致地方政府官员与私人资本的联合创业(Bergère, 2007)。这是一种由始于 1860 年自强呼声所激发的初始的官僚资本主义。现代化运动的领头人是汉族地方精英,他们由于成功地镇压了太平天国运动而声名显赫。因为各省都可以征集贸易税,所以把持开放港口的地方长官能够通过财政手段为他们发起的工业项目融到资金。他们资助建立造船厂和军械厂,但这些军事工业由于得不到采矿、钢铁和机械工业的支撑而发展受限。中国工业结构的脆弱性暴露无遗。

自强驱动力的失败让路给当时唯一可行的路线:通过接受外国资本技术转移和出口生产在开放港口内部实现工业化。现代城市文明出现在以天津、广州和上海为先锋的东部沿海地区。这种工业活动与广大落后的农村地区完全没有联系,属于异军突起,没有能力唤醒整个国家的经济活力。一方面,外国企业遇到强烈抵制,无法成功地渗透至中国内地。另一方面,中方买办被认为是可恨的外国人的走狗,遭到社会鄙视,更何况这些人还通过中介活动积累了巨额私人财富。

尽管如此,在 1872—1895 年间还是发生了一场知识分子运动(Bergère, 2007)。这就是想从自强的失败中汲取教训的洋务运动。这场运动带着洗刷外国渗透所带来羞耻的民族主义动机,想通过政府官员与私人股东的联合,在重工业、运输业和金融业培育混合企业。新企业在技术和组织上应该效仿西方公司,以便在相同基础上竞争。要做到这一点,就需要在现代专业化的学校培养商界精英。为了被接纳为传统知识精英的成员,受过新式培训的专家必须在认同现代化思想的高级官员那里受聘为技术顾问。这些官僚确定企业的总体方向、委派主管、争取政府特权，但不介入经营管理、资本募集和股东对盈利性的控制。

尽管洋务运动的理念很好，但最终还是失败了。很少有企业存活下来。他们无法在中国社会中输入现代性。股东要求确保高额红利，损耗了盈利性和投资能力。裙带关系和腐败普遍扩散。其中最大的发展障碍是政府太软弱。各省逐渐脱离中央权力，结果导致现代化过多地依赖于各省长官之间的竞争，并受制于他们仕途的反复无常。换句话说，中国工业现代化的早期尝试仅局限于沿海城市地区。由于饱受外国羞辱，城市精英们怀着强烈的民族主义情感。然而，中国内地广大农村与外国影响接触有限，仍然遵循着古老帝国的逻辑和传统。不仅农村贵族对这些"现代"企业持有投机态度，而且在传统帝制秩序根深蒂固的中国内地农村与城市新兴资本主义之间存在着明显斗争。晚清政府不仅没有能力或"技能"（know-how）把农村资源纳入工业化过程，甚至也没有一个清晰的立场。毕竟，清朝统治者接受的教育就是当皇帝。在混乱复杂和穷兵黩武的国际环境中，重建一元国家于工业化经济之上是一件非常费劲的事情。只要政权仍然可以有力地控制领土的主要部分，清朝中央政府是不愿意变革的。

1895 年中国在甲午战争中的失败，以及接下来的《马关条约》，给中国人带来的冲击和刺激是前所未有的。这次失败让中央政府决定推行改革。但这种现代化的愿望来得太晚，无法挽救清王朝。

受到日本明治维新的鼓舞，1901 年 7 月皇帝下旨发起新政。但是政府太软弱，太贫穷，无法实施这些新政。政府所有职能都受到这次改革的影响。最重要的制度之一——科举考试制度——在 1905 年被废除。然而，改革的核心在于政府权威的再集中（recentralization），政府需要对经济进行强有力的干预，通过中央政府权威，协调和控制地方政府的利益冲突。但是，彼时的中央政府完全没有资源去强制推行改革。恶性竞争此起彼伏，导致新公司的经营无以为继，许多公司缺乏必要资金。终于，延续两千年的中华帝国秩序在 1911 年土崩瓦解。新的混乱时代拉开序幕。此后，虽然私人资本主义从无到有，但也只是在沿海地区昙花一现。

1911—1927 年间是一个奇怪的年代。成立于 1912 年的中华民国从来没能建立统一权威,早在 1916 年便消失了,国家分裂为北方和中部的军阀与南方孙中山领导的革命政府。统一政府的缺失促成了一段时期自发的、有活力的私人资本主义,它们全部集中于出口,与中国农村经济腹地没有任何联系。

1927 年 4 月,蒋介石通过"清党"把中国重新纳入国民党统治之下,直到 1937 年日本侵华战争爆发。在此期间,首都转移到南京。国民党蒋介石集团向毛泽东领导下的共产党发起了长时期的内战,一直持续到 1949 年。从 1945 年 8 月日本投降之后,到 1949 年 10 月 1 日中华人民共和国成立,这一冲突变成一场全国性的政权争夺战。因为国民党的意识形态不同情私人资本家,而 1932 年大萧条又开始损害中国经济,所以,官僚资本主义在混合经济中卷土重来,严重限制了私人企业的自由发展。

让我们概括这两个对照时期最突出的经济特征,指出它们对当代改革的遗留影响。

1. 无政府时期私人资本主义的增长(1912—1927)

双重工业系统得以发展,但关联和溢出效应不大。在东北,煤和铁矿石的开采导致重工业化,以及密集铁路网的构建,这些都是为日本军事利益服务的。设备和经理均来自日本,转包给中国企业的业务非常有限。在开放港口内部和周边,第一次世界大战为创造轻工业领域私人企业集群提供了大量机会。

由于这场战争,外国竞争急剧减小。之前在不平等条约下不能为国内市场生产的中国企业,现在忙于纺织和食品工业中的进口替代品生产。同时,出口也得益于初级产品和轻工业商品的国际需求。因为亚洲国家(主要是中国和印度)实行银本位,外国采购的跃升增加了白银的世界需求。白银相对价格上升,提高了银两(中国货币)的真实汇率,增加了它对外国商品的购买力。

中国私人企业的蓬勃发展一直持续到第一次世界大战之后,辉煌了 20 年。这是一种儒家资本主义,一种扩大化家族的成功,通过组成中国社会的关系网络,吸引资源、技能和顾客。此次"黄金时代"的企业家能够把传统与现代化有效地结合在一起。家族提供了资金和人力资本,企业保密工作一定要做好。大多数企业没有注册,如果注册,它们也会采用合伙制,而不是股份公司的形式。最终权威是家长式的，由家族首领拥有。他们在少数幕僚的协助下，严格控制敏感的商业信息和资金。在企业内部，社会关系基于儒家原则。雇员要有等级和相互义务、忠诚和服从，雇主要仁慈和保护下属，这是一种把企业和家庭文化相结合的关系。

这种类型的资本主义如何影响农村地区？除了大型沿海城市周边的农村地区，影响其实不大。即便有一些影响，由于农村人口单位产出极其有限，农业生产缺乏弹性，中国农村根本无法向城市人口提供足够的食品，向企业提供足够的初级产品。事实上，工业的发展加剧了农民生存的艰难。新的纺织机器驱逐了手工纺织。只有城郊农民才能因为工业的发展获得更多就业机会，并受益于城市对农产品的更大需求。内陆农村的实际收入持续下降。由于传统经济占GDP比重更大，所以中国整体实际收入进一步下滑，如表2.1所示。

这类企业另一个脆弱性源于资金短缺。财富所有者谨慎放贷，而且需要利息担保和高额分红。融资成本吸收了大部分利润，导致企业容易受到需求下降趋势的攻击。企业现金流依靠短期银行贷款。在通商口岸普遍的投机活动扰乱了商业周期。实业家和商人无法在外汇收入和成本开支之间实现平衡。他们更倾向于投机白银的国际价格波动，并在第一次世界大战刚刚结束之后获得了短期收益，但在1923年遭受了毁灭性的损失。这种金融环境根本不利于中国发展最需要的长期战略。

另外，政治体制完全是不确定的。不仅军阀之间常年混战，而且新成立的中国共产党领导了强有力的劳工运动。中国共产党1921年创立之初就参加了反帝国主义联盟，与商会联合起来在外国企业实行罢工，联合抵制外国制造的商品，以此作为经济民族主义的一种手段，旨在削弱外国竞争，最终废除丧权辱国的条约。民族主义运动在政治上由国民党领导。1926年，共产党发动劳工联盟和农民组织帮助蒋介石打败了地方军阀，征服了华中各省，实际上统一了中国，除了被日本人占领的东三省。然而，在1927年4月12日，蒋介石突然背叛了共产党盟友。在银行家的资助下，蒋介石在上海从地下黑帮招募流氓谋杀了工会领导人，镇压罢工。企业通过资助蒋介石政变一箭双雕：彻底击破极具威胁的起义式罢工,同时帮助重建具有一定政治稳定性的统一国家。

2. 国家资本主义与日本侵华(1927—1949)

世界经济危机是中国资本主义"黄金时代"走向终结的直接原因。1928—1931年间世界市场上白银价值崩溃,导致银两价值下滑。在这场危机的最初几年,意外的大幅贬值(约50%)使中国外贸没有受到世界贸易直线下降的影响。然而,1932年出现了惊人的大萧条。在1931年9月银本位制取代金本位制之后,白银价值恢复,使银两在最坏的时期得到重新估值。同时,政府政策不支持私人企业。国民党政权是一个被迫与地方军阀共存的局部统一政府。政府大多数资源来自城市(Wong,1997:164),这是他们唯一能有效控制的地方。再者,国民党不能提出,更不能执行适当的全国统治机制。他们的领导缺乏采纳议会规则的意愿,也不能在儒家传统中注入新的活力。统一的局部性导致了最坏的结果。一方面,政府太软弱,无法抵抗外国影响和国内敌对,因此军事目的仍然摆在首位,从而绑架了经济。另一方面,统一逻辑挤压了已经步履艰难的私人经济。为了严格的政治控制和全面的经济资源掠夺,国家资本主义成为最佳选择。

面对抗日战争中不断恶化的局势,国民党决定集中经济资源。1932年成立了一个计划机构(国防设计委员会,后改名为资源委员会),旨在建立国家控制下的重工业。银行在1934年实行了国有化。在其他产业,政府强行把私人企业转型为混合企业,派官员监督执行。1934年废除银两,结束了货币与白银的挂钩。货币系统转为一种不可兑换的纸币(法币)制度。政府可以用通货膨胀式的货币扩张自由地实行赤字补偿。

日本入侵始于1937年夏季。淞沪会战持续了三个月,11月沦陷,年底南京沦陷。国民政府撤退到中部省份,但日军攻势不减,于1938年10月占领了武汉。蒋介石被迫迁都至西部边陲重庆。即使这个遥远的城市也未能幸免于日本人的破坏性轰炸。到了1945年,中国实际上已经被一分为二。资本家的命运也是如此。一些企业仍然留在沦陷区,自愿或不自愿地与日本人合作。另一些企业花巨额成本转移到国统区。战争期间,国统区的工业完全依靠公共部门。在日本投降之后,上海恢复了主导地位,在帝国主义飞地被清除之后更是如此。然而，国民政府面临两大致命威胁：恶性通货膨胀与 1946 年夏季再次爆发的国内战争。

在国内战争后期，长期的通货膨胀进一步加剧，导致经济活动完全陷入混乱。所有投资都让位于囤积贵金属或可立即变现的稀缺商品。战场离上海越近，通货膨胀率越高。垂死挣扎的政府于 1948 年 8 月开始尝试货币改革。毫无价值的纸币退出流通，一种新的通货金圆券取而代之，300 万法币兑换 1 金圆券。国民党政府承诺，新流通的纸币发行要受到严格控制，同时采取措施去打压投机，控制价格。然而，政府很快背信承诺，10 月底就放弃了改革。从那以后，信用完全崩溃了。大约几个月之后，国民党全面失败，中国共产党接管了中国政权。新时代的曙光破晓，将展示一种完全不同的经济体制。

2.1.4　毛泽东时代：政局不稳下的强制性工业化

尽管在政策主张上有多样分歧，但共产党领导普遍接受两个观点：中国需要开启资本密集的重工业化进程；中国必须发展与外界交换最小化的内向型增长。一些学者称之为"大跃进工业化"（Naughton，2007：55—59）。它基本上属于一种命令经济，市场力量被大大压制，在某些阶段甚至完全消失。农业与工业被区别对待。尽管 1956 年才把农业家庭纳入合作社，1950 年，一场激进的土地改革导致了全国范围的集体化农业生产。农产品市场消失，政府成为唯一购买者。对一些基本商品确定了强制性收购定额。农民必须以垄断性低价销售规定数量的商品给粮站，以维持城市低水平和稳定的工资。只有零星的非正式交换仍然在计划经济的边缘，依靠小商小贩勉强存在。

在共产党接管国家的时候，中国经济处于最低点。工业产出下滑 50%，农业产出下滑 25%。东三省的工业设备在 1945—1946 年间被苏联人抢劫一空。在东部沿海地区主要城市，许多私人企业主和经理纷纷外逃。新确立的通货——人民币——没有被立即接受。面对这些困难，共产党设想了向苏联工业计划模式的漫长转型。毛泽东解释了人民民主专政指导下的统一战线含义。欢迎从前参与反帝国主义战争的民族资本家加入国家重建。确保愿意合作的私人企业能从中国人民银行贷款,能配置稀缺的初级产品,能进入政府采购范围。政府为了重组国民经济还缓和工人的权利诉求。委员会召集工人代表和企业主管,在共产党官员的仲裁下就劳动条件和产量目标进行谈判。

在 1949—1952 年间,政策运行效果好得出奇。投资占 GDP 比重上升至 26%,对于如此贫穷的国家来说已经很高了,80% 的投资在重工业,导致工业产出上升了 54%。同时,国营企业(state enterprises)增长速度还要快得多,导致私人部门相对下滑,在 1949—1952 年间私人部门占工业产出的比重从 63% 降至 39%(Bergère,2007:201)。受这种超预期绩效的鼓舞,以及中国 1950 年介入朝鲜战争之后对美帝国主义威胁的担忧,中共领导层决定加快向社会主义经济全面转型。从那以后,中国发展战略明显偏离日本战后增长模式(参见表 2.2)。

表 2.2　中国与日本的工业化战略对比:1952—1978

特　　征	中　　国	日　　本
政治制度	人民民主专政,但党内不稳定	整个时期都是一党执政(LDP)议会民主
总体战略	垂直一体化重工业优先	从消费品轻工业开始,后向一体化
农　　业	集体化和低价格政府采购	管制性粮食高价下的私人农业
主要需求来源	公共部门的政府投资项目	诱使高投资的国内消费需求和出口
家庭收入	缓慢增长	快速增长
开放程度	极低	低,但随着竞争力而增加
经济协调	共产党指导下的中央计划	财务省、通产省与商会高度合谋的市场

1952 年中国共产党发起了五反运动(反行贿、反偷税漏税、反盗骗国家财产、反偷工减料、反盗窃国家经济情报)。这场运动在 1956 年结束于私有企业的完全国有化。在此期间,私人企业必须转型为混合企业。因此,国家对经济的控制全面增强。在所有实际事务中,中国资产阶级不再扮演重要的社会角色。同时,中国共产党在 1953 年启动了第一个五年计划,目标是建立真正的国家资本主义。巴里·诺顿(Barry Naughton)认为这是一个显著成功,尽管增长还非常不稳定。在 1953 年和 1956 年出现两次投资浪潮,但期间也出现了两年紧缩。1955—1956 年间的"大跃进"在农业与工业之间反复造成张力。数百万人从农村背井离乡来到城市,导致农业生产跟不上需求的迅猛增长。

1956 年 9 月,中国共产党第八次代表大会承认冒进的风险,提倡适度。这就是短暂的"百花齐放"时期，市场机制的辅助作用得到肯定，不同形式所有权的共存也得到允许。它是一次中国式的"新经济政策"（New Economic Policy）。然而，计划权力下放促进了非理性投资，激化了有限的农业产出与巨大的工业需求之间的矛盾。使得改革尝试最终演变为一场灾难，即从 1958 年持续到 1960 年的所谓"大跃进"。由于农村地区丧失了大量劳动力和粮食生产用地，以及公粮上缴的加强，毛泽东的左的错误导致了全国范围的饥荒。这段痛苦的历史从 1960 年一直持续到 1962 年。为应对这次危机，2 000 万工人在 1961 年被遣返回农村。此后，农村公社进行了一定改组，分成更小的生产队，无效的农村工厂得以裁减。大概从 1964 年开始，中共开始三线建设，也就是在内地省份创建工业基地，以满足军事需要。这一轮工业化一直延续到毛泽东 1967 年发动"文化大革命"时。在经济方面，"文化大革命"没有严重破坏农业生产，然而工业生产稍有下滑。在 1957 年八大结束之后，工业与农业增长再次出现不平衡。相对于刚性的食品供应能力，工业增长太快了。过多的人力被锁定在周期过长的投资项目上。

党内"左派"与"右派"在政策路线上的政治斗争继续进行，摇摆不定，左派建议大踏步快速进入共产主义社会，右派则认为要耐心经历更长时期的转型。后来，周恩来总理削减了三线建设的优先性，充分利用中美外交关系改善这个契机，批准工业设备进口，欢迎外国投资建造肥料工厂，于是右派重新占据上风。1974 年邓小平重新走上领导岗位。在 1976 年最后一次政治摇摆之后，9 月毛泽东去世最终打破了政治僵局。1978 年 12 月十一届三中全会不可逆转地扭转了经济政策的基本方向。根本性经济改革的时代最终到来了。

尽管人们经常把毛泽东时代作为 1978 年之后改革的反面进行对比，但前者实际上为后来辉煌的经济绩效打下了关键的基础。基于抗日战争时期的农村工作经验，共产党最终成功地动员了中国的农村地区。1949 年之后把中国农村全面重构为共产主义集体的尝试，完全破坏了农民的劳动积极性，导致了灾难，但它成功地搅动了中国农村，使农村制度展示了从千年帝制传统演化为混合模式的更大意愿，成为改革第一阶段（1978—1994）的引擎。

同时,通过严格的中央计划和重要的价格扭曲(尤其是农产品和劳动力),共产党成功地突破了低农业生产率给国家工业化动力造成的瓶颈。工业投资率一直很高,使大范围工业基础与三线项目一起得以建立,把工业现代化从沿海带入腹地。

然而,与从前的后帝制政权相比,毛泽东统治最根本的差异是政治。政府权力最终变得非常强大,足以把所有独立于中央政权的国内外实体消灭,无论他们是军事的、政治的,还是经济的。旧的一元系统被重新建立起来,并在儒家传统上结合共产党威信,形成了新的一元意识形态。人民民主专政是绝对中央权威的另一种说法,它把合法性建立在人民基本福利水平的提供之上。

具有讽刺意味的是,资本主义和儒家教化都是毛泽东毕生坚决反对的两大趋势。"文化大革命"是他废除中国儒家官僚传统和资本主义动力最后的也是最绝望的斗争,但没有获得胜利。相反,恰恰是毛泽东播下了两者在中国复活的种子。对市场机制的全盘否定一旦得到校正,中国就迸发出令人吃惊的动力,儒家传统与资本主义制度之间实现了完美结合。第 3 章将仔细阐述这种观点。

2.2 从中国经济史到增长理论

社会主义革命到 1978 年的遗产延长了长期以来中国经济史的主要特征。如巴里·诺顿所指出的,每一次系统开始加速的时候便会遇到根本性问题。绊脚石是农业不能产生充足的食品剩余供应给萌芽中的工业部门。因此亚当·斯密设想的增长动力——由于劳动的社会分工产生生产率收益,增加了收入和新的市场需求,反过来又推动劳动分工的细化(参见图 2.1)——在早些时候受到阻碍。如果农业中劳动生产率收益上升得不够快,不能向城市提供日益扩张的剩余,释放出人力到新兴的工业中就业,那么真实收入就会停止增长,经济仍然跳不出高均衡陷阱,这时经济增长速度等于人口增长率,真实人均收入停滞。

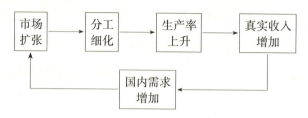

图 2.1　亚当·斯密的增长动力学

　　什么阻碍了可持续的增长？中国陷入了欧洲曾以工业革命所避免的陷阱吗？为什么 19 世纪初期欧洲打破了戈耳迪之结（Gordian knot），而中国却原地踏步？我们在前文中指出了一些中国特有的制度性原因，以下将集中于经济动力，从全球历史学派研究的新发现中吸收洞见。

　　彭慕兰（Kenneth Pomeranz, 2000）证明，晚至 18 世纪东亚和欧洲均没有为工业革命的发起做好准备。工业革命是历史进程中一个明显的分水岭，因为贸易扩张至美国新大陆，有效地消除了初级资源上的障碍。彭慕兰令人信服地阐明，在非洲奴隶被贩卖到美洲、欧洲殖民者大量迁移至新世界以前，欧洲国民经济的耕地和木材（当时的唯一能量来源）供给都非常有限。西欧甚至比中国更加天赋不足。然而，通过进口大量廉价土地和奴隶劳动生产的粮食和棉花，英国能够突破农业生产中的成本增加。再者，英国能够在曼彻斯特和利物浦等新工业城市附近开采煤矿，而中国的煤矿离长江下游很远，运输成本非常高。把燃煤与蒸汽机联系起来是第一次工业革命的关键所在。

　　除了生态障碍之外，高均衡陷阱还受到制度约束推动，这一点亚当·斯密也曾提及。在中国，商人不处于社会精英的顶层。即便市场是活跃的，货币财富在中国不是一种受赞扬的社会价值。在布罗代尔（Fernand Braudel）颇有见地的欧洲经济史研究中，他指出了市场经济不等于资本主义经济（Braudel, 1985）。资本主义只在体现新兴资产阶级利益的国家权力背后诞生和发展。在西欧，君主们发动反封建地主的战争，并通过相互间无休止的战争来确保疆界，从而实现政治上统一的国家版图。技术现代化首先从军事领域开始。为了资助强大的军队，这些君主愿意举债。他们开始持久地依靠金融家，于是后者便获得了特权和政治影响力。在君主的公众威望与金融家的私人利益之间形成有冲突的联盟，取代了 17 世纪 90 年代英国政治革命及 18 世纪 90 年代法国大革命期间贵族与君主之间的古老关系。早在 1215 年的英国，《大宪章》(Magna Carta)就已经把国王的财政置于国会控制之下。

苏吉哈拉(Sugihara, 2003)评论道，东亚存在一个不同的国家类型。在中国，一个分权化的市场经济由官僚精英松散地协调，精英阶层的形成和复制机制阻碍了明确的资产阶级的兴起。中央政府开支占 GDP 比重很低，主要来自国内税收和国外进贡。在航海探险结束之后，军事就不再是技术创新的刺激力量。

分析到现在，我们可以说，打破斯密的高均衡陷阱，开始工业化的两个支柱在 18 世纪晚期的中国都是缺失的。一个支柱是政府筹集巨资建立军队，刺激技术创新；另一个支柱是长途贸易和投资，使市场全球化。接下来，我们将进行更正式的分析，以便更好地理解农业与工业之间的联系。要理解为什么 1978 年之后中国最终打破了农村经济几个世纪以来对增长的限制，就必须了解农业与工业，特别是工业化之间联系的理论知识。

如本书第二部分将要证明的，中国的改革没有停止，而是出现了严重的非均衡。20 世纪 90 年代初以来采纳的资本主义增长模式存在问题。为了更好地理解这种非均衡状态下的发展，我们首先通过正式的模型分析回顾亚当·斯密的有限国家增长理论，然后考察马克思—熊彼特的无限全球资本主义增长理论。他们的内生增长模型不能解释生态约束的影响，在初级资源耗竭和气候变化威胁下，这种约束在全球范围内再次出现。这种挑战引出本书第三部分将要讨论的可持续增长概念，这是未来 20 年改革新阶段的指导。

2.2.1　比较资本主义发展的不同动力：亚当·斯密国民经济中有限土地和初级资源障碍

主流的增长理论是索洛模型(Solow, 1956)。它认为所有生产活动都可以用生产要素组合来表示，这些要素可替代，也可从一种活动流动到另一种活动。它们全都保持固定规模报酬，生产要素上的边际报酬递减。在这一框架中，增长是资本密集型的。资本积累提高了单位工人的资本,从而提高了劳动生产率。由于资本的边际生产率随着资本积累而下降,所以净生产性投资下降,直至资本净利润(边际生产率减去折旧)为零。在那一点上,资本与产出的比率是最优的。如果长期增长得以维持,那么它肯定是外生的,是由于劳动力的增长和假定的无成本技术进步。

在一个自由贸易的世界,生产要素的所有组合随处可得,资本完全流动,贸易将产生唯一的相对均衡价格体系。这就是著名的萨缪尔森-斯托尔珀定理(Samuelson and Stolper, 1941)。结果,每一个国家将实现相同的最优资本/产出比率。由于外生技术进步是免费的,所以人均 GDP 将在全世界范围稳定地收敛。

历史发展的实际数据完全不支持这种增长模型。麦迪逊(Maddison)的统计显示了 20 世纪人均 GDP 的绝对水平和相对于美国的水平(见表 2.3)。

表 2.3 世界发展差距与有条件收敛

	人均 GDP(1990 年美元,PPP)				人均 GDP(美国的%)			
	1900	1950	1990	2000	1900	1950	1990	2000
西　欧	2 893	4 579	15 966	19 256	70.7	47.9	68.8	68.9
美　国	4 091	9 561	23 201	27 948	100.0	100.0	100.0	100.0
日　本	1 180	1 921	18 789	20 683	28.8	20.1	81.0	74.0
拉丁美洲	1 109	2 506	5 053	5 811	24.4	26.2	21.8	20.8
中　国	545	439	1 858	3 583	11.0	4.6	8.0	12.8
亚洲其他国家/地区	802	918	3 084	3 997	19.6	9.6	13.3	14.3
非　洲	601	894	1 444	1 489	14.7	9.3	6.2	5.3

资料来源:Maddison, 2003。

非洲在整个 20 世纪不但没有出现不断进步的收敛,反而经历了持久的衰退。在 20 世纪上半叶,世界所有地区除拉丁美洲外增长都落后于美国,后者早在 1900 年就已经是最发达的地区。然而,拉丁美洲在 20 世纪下半叶开始出现衰退。西欧和日本从 1950 年到 1990 年出现了收敛,但随后这一过程在西欧停止了,在日本逆转了。20 世纪下半叶只有中国和其他亚洲国家出现了持续的追赶,尽管它们的起点非常低。收敛显然是有条件的,那么是什么条件呢?资本主义为何生根于世界一些地区而不是另一些地区?

标准的经济增长理论无法解释发展的两个基本特征。第一,生产是异质性的,生产活动更具有互补性而不是替代性。第二,工业发展早期最重要的异质性是农业中的边际报酬递减和工业中的报酬递增。这些特征导致不可逆转的动力,经济系统的状态具有历史路径依赖性。与传统生产函数表达不同,没有办法逆转已经长期采用的生产要素组合。

因此,让我们考虑两个部门:农业和工业。工业中存在规模报酬递增,所以真实工资是劳动的递增函数。农业中"土地"要素固定不变,存在两个子部门。一个是外生的,产出和价格水平固定不变。生产的生存必需品(subsistence good)主要满足农村人口自身消费,剩余部分"出口"到城市经济。根据单位劳动力对生存必需品的需求来固定农村经济中的实际工资。另一个子部门生产可交换的商品,"出口"到城市工业经济(参见框 2.1)。反过来,农村经济进口工业部门生产的制造品。假定工业部门是同质的,所以农村经济进口的制造品可以部分地作为消费品维持生活,部分地作为投资品。可生产性地用于土地的劳动量是有限的,部分地源于自然资源约束,部分地源于土地利用模式。前文已经论述过,中国家庭所有权的支配地位所容许的劳动密集度,比佃农耕种和租赁耕种大得多。框 2.1 列出了城市和农村经济结构方程,并进行了化简求解。

框 2.1　城乡分割的斯密主义两部门模型

结构方程:

城市经济中的工业:

$$Py = (wl + kPy + jP^*y)(1+r)$$

$$y = l^\alpha$$

$$\frac{w}{p} = (l^{\alpha-1})^\sigma$$

$$sy = ky + b\left(\frac{P}{P}\right)(1-s^*)y^*$$

农村经济中的农业:一种外生的必需品,一种"出口"到城市经济的商品,后者可作为工业投入品,也可作为消费品

$$\overline{P}y^* = \overline{P}\bar{x} + P^*x^*$$

$$x^* = l^{*\beta}$$

$$\bar{x} = \left[1 - b\left(\frac{P}{\overline{P}}\right)\right](1 - s^*)y^*$$

$$x^* = jy$$

$$P^* x^* = (w^* l^* + k^* P x^*)(1 + r^*) + R$$

$$R = P^*(1 - \beta)x^*$$

$$\bar{w} = \bar{\tilde{\omega}}\overline{P}$$

城市与农村经济之间的"支付平衡"均衡:

$$P^* x^* = k^* P x^* + b\left(\frac{P}{\overline{P}}\right)(1 - s^*)y^*$$

结构系数与外生变量:

k 和 k^* 是投入系数, j 是从工业到农业的进口系数

α 和 β 是生产函数的因子弹性。由于工业边际报酬递增,农业是边际报酬递减,所以 $\alpha > 1, \beta < 1$

s 和 s^* 分别为城市经济和农村经济中的储蓄率

σ 为工业中实际工资对产出的弹性

必需品部门的产出、价格和生存工资都是外生的:

$\bar{x}, \overline{P}, \bar{\omega}$

内生变量:

人均产出: y, x^*, y^*(农村经济中的总产出)

人均劳动投入: l 和 l^*

名义价格: $P, P^*, \overline{P}$

我们引入三个相对价格的变量:

$\tilde{\omega} = \dfrac{w}{P}$ 是工业中的实际工资

$e = \dfrac{P}{\overline{P}}$ 是城市与农村经济之间的实际交换比率

$\tau = \dfrac{P^*}{P}$ 是"可出口"到工业生产中的农业产出的贸易条件

r 和 r^* 分别为工业和农业中的报酬率

简化方程:

消除名义变量,可得 9 个方程的结构模型,包括 9 个内生的实际变量: $y, l, x^*, l^*, \tau, e, \tilde{\omega}, r, r^*$

$$y = (\tilde{\omega}l + ky + j\tau y)(1 + r)$$

$$y = l^a$$

$$\tilde{\omega} = (l^{a-1})^\sigma$$

$$sy = ky + b(e)(1 - s^*)(\bar{x} + \tau e x^*)$$

$$s^* = l^{*\beta}$$

$$\bar{x} = [1-b(e)](1-s^*)(\bar{x}+\tau e x^*)$$

$$x^* = jy$$

$$\tau e x^* = (\bar{\omega}l^* + k^* e x^*)(1+r^*) + \tau e(1-\beta)x^*$$

$$\tau x^* = k^* x^* + b(e)(1-s^*)(\bar{x}+\tau e x^*)$$

消去 y、l、l^*、τ 和 $\bar{\omega}$，剩下 5 个方程：

(1) $\dfrac{1}{1+r} = \left(\dfrac{x^*}{j}\right)^{-\frac{(\alpha-1)(1-\sigma)}{\alpha}} + k + j\tau$

(2) $\beta\tau e = (\bar{\omega}x^{*\frac{1-\beta}{\beta}} + k^* e)(1+r^*)$

(3) $\bar{x} = [1-b(e)](1-s^*)(\bar{x}+\tau e x^*)$

(4) $\tau x^* = k^* x^* + b(e)(1-s^*)(\bar{x}+\tau e x^*)$

(5) $\tau = \dfrac{(s-k)}{j} + k^*$

求解：

可以看出，τ（农业对工业的贸易条件）是驱动变量，因为它仅依赖于结构系数。它们随着城市经济中的过度储蓄（$s > k$）而改进，随着工业生产中节省的农业初级投入品的技术（$j\downarrow$）而改进，随着生产一单位可出口农业产出的工业投入品增加（$k^*\uparrow$）而改进。

把 τ 值代入方程（1）可得，r（工业中的报酬率）是 x^* 的增函数，因为更多来自农业的投入品意味着更多工业产出，导致更低的单位劳动成本（由于边际报酬递增）。但是很明显，它是 τ 的递减函数。

方程（3）和（4）共同决定 x^*：

$$x^* = \frac{[s^* + (1-s^*)b(e)]\bar{x}}{\tau(1-s^*)e[1-b(e)]}$$

x^* 依赖于相对价格。它是 τ 的递减函数，也是 e 的递减函数，如果 $s > k$。

最终，方程（2）决定 r^*：

$$r^* = \frac{(\beta\tau - k^*)e - \bar{\omega}x^{*\frac{1-\beta}{\beta}}}{\bar{\omega}x^{*\frac{1-\beta}{\beta}} + k^* e}$$

工业中与农业中的资本家利益具有明显冲突。R 是 x^* 的递增函数，r^* 是 x^* 的递减函数。可出口农产品产量增加所得的收入通过租金上升而被攫取。更进一步，工业工资是 x^* 的递增函数。

$$\bar{\omega} = (l^{\alpha-1})^\sigma = y^{\frac{(\alpha-1)\sigma}{\alpha}} = \left(\frac{x^*}{j}\right)^{\frac{(\alpha-1)\sigma}{\alpha}}$$

如果 x^* 随着国际贸易而扩张，那么 $\dfrac{\bar{\omega}}{\bar{\omega}}$ 将随着 x^* 增加而上升。出口导向型增长诱致了以农村经济为代价的城乡工资不平等。

主要结果如下。农业经济中外生的生存工资与"可出口"农产品的边际报酬递减结合起来,导致"资本主义"农业中利润率为生存工资的递减函数。相反,由于工业享受着规模报酬递增,所以城市实际工资和工业报酬率均为工业产出的递增函数,因而也是出口至工业作为投入品的农产品产出的递增函数。因此,以农业经济中必需品来确定的最低生存工资必然对工业生产施加约束。可能出现的情形是,工业中可得劳动力充分就业,将导致工业品相对可得的农产品供给出现生产过剩。这是亚当·斯密的高均衡陷阱,也是阿里吉(Arrighi,2000)所说城乡严重分割的根源。

我们可以从理论上理解为什么它是一个陷阱。框 2.1 给出了一个正式的证明。针对这种非均衡的市场调整是农业对工业产品的相对价格上升。存在某个价格可以把一定数额租金转让给土地所有者,使他们能够吸收工业品的过度供给。然而,这种解释忽视了劳动力的具体特征,劳动力价格不能下降到最低生存水平以下。再者,必需品子部门不是市场导向的,而是农村社会内部一种维持相互关系社会网络的生产模式,不受市场影响。

彭慕兰令人信服地证明,西欧晚至 18 世纪仍然处于同样的陷阱。然而,民族国家相互竞争,强调军事力量,金融利益的驱使,促进英国,某种程度上也促进法国,改进航海技术,以更低成本更安全的方式发展长途贸易。这些国家严重依赖于殖民,为了开发广阔肥沃的新大陆而把奴隶从非洲出口到美洲。在美国独立之后,欧洲与美国之间的贸易加速发展,大大降低了欧洲进口食品和纺织原料的成本,并把工业制成品出口到美洲。这就是经济全球化的兴起,它为欧洲工业化创造了一个必要条件。

因此,国际贸易和投资扩张至新大陆,相当于农业中的快速技术创新,为英国突破了农业边际报酬下降的瓶颈。1844 年的自由贸易法宣告了工业及商业资产阶级对土地所有者的全面胜利。从使用奴隶劳动的美国工厂进口廉价食品和棉花,成为一种降低租金的机制,减少了英国纺织和食品加工厂的成本。

在美国通过销售初级产品而产生的收入,大大增加了对英国工业品的需求。由于生存工资确定了农产品的最低价格,所以横跨大西洋的贸易产生了针对英国制造品的对外贸易乘数,提高了工业中的利润率。英国实业家能够在提高投资率时尽可能地获得递增报酬。一种基于工业中持续积累的新的增长体制开始快速发展,开创了工业革命的时代。在毛泽东时代,中国无法对外扩张,因而不得不把改革的第二阶段推迟至 20 世纪 80 年代土地改革成功和国际贸易进一步开放之后的 20 世纪 90 年代和 21 世纪的前十年。

2.2.2 比较资本主义发展的不同动力:全球经济中的马克思—熊彼特主义持续增长

在描述资本家积累时,马克思在一个关键方面不同于斯密:货币转变为资本。对斯密来说,市场被模拟为简单交换 C(商品)—M(货币)—C(商品)。他没有把货币当作某种不同于交换中介的东西。而马克思则阐明了资本主义如何把市场转变为 M—C—M,由此揭示资本主义的本质。资本主义本身就是一个货币形式的抽象价值自我增加的过程。这一过程的目的永无止境,因为对货币财富的追求永无止境。原因在于货币是金融家手中掌握的权力。因此,这种无限增长的一个必要(但不充分)的社会条件是,货币权力也是国家权力,或者货币权力决定性地影响国家权力。补充条件是自由资本市场发展涵盖整个世界,因而容许管理垄断金融机构的金融精英利用政府规制和(或)向政府政策中渗透自身利益。在这种社会,资本主义受到阶级斗争的威胁,而不是自然资源的限制。

在无边界世界市场中,劳动本身完全被切断了农村根源。从资本家的角度看,理想的情况是劳动逐渐变成自由商品。当这种情况凭借市场扩张力量而实现的时候,企业内劳动分工便取代了企业间分工,成为生产率收益的主要来源。马克思称之为通过专业化劳动和用机器协调琐碎工作来索取相对剩余价值。19世纪末在美国合并浪潮中出现的大规模工业企业中,企业内规模报酬递增推动美国成为最有效的资本主义模式(Aglietta,1980)。"科学"管理作为泰勒主义的基本原理,从根本上改变了资本—劳动关系,在劳动力市场上引起反弹。一个双重劳动力市场得以确定:一个熟练工人的内部市场,享受着高工资和相对受保护的岗位,另一个是无产阶级化的非熟练劳动力的外部市场,两者相互隔离。公司规章和熟练工人的利益代表,就工作条件和工资方案与劳动生产率进步的联系进行集体合约谈判。结果导致劳动关系制度化,进一步强化了劳动力市场的分割。

尽管如此,但马克思认为大量的非熟练工人被剥夺了社会权利,将变得更贫困。他们在国际上联合起来进行有力的阶级斗争,发展到与资本主义同样强大,最终征服整个世界。因此,马克思不赞同斯密所说的源于初级资源的资本积累限制将在全球范围再次出现,而认为在自然资源稀缺性阻碍飞速增长之前,反资本主义力量发动的阶级斗争将促发全球革命,废除资本主义。马克思保持乐观主义是缘于这样的理解,即增长是内生的,与索洛模型中所描述的外生增长相反。最流行的内生增长理论是熊彼特提出的,他同意马克思关于资本积累的自我实施逻辑,这能够产生递增报酬,而不会受阻于自然限制。然而,他不认为这会导致贫困工人数量增加和最终的全世界革命。

在马克思看来,阶级斗争恶化是资本家通过剥削劳动来增加剩余价值所产生的负效应。为了攫取更多的剩余价值,企业必须越来越多地引入资本密集型技术。剩余价值产生于劳动过程,在这一过程中,劳动确定了运转中的固定资本,而固定资本只是通过折旧逐步将价值转移至产品中。因此,更高的剩余价值意味着 GDP 中更高的利润比重。但是,由于资本家之间的竞争,导致利润被积累而不是用于消费。在资本积累的过程中,固定资产投资增长要快于利润,导致资本增加快于利润,利润率垂直下落,促发了固定资本过度积累的危机。由于大多数资本积累依靠融资信贷,以期有更高的资本投资报酬,所以自生的稳定增长障碍促发全面的金融危机。在随后的衰退过程中,固定资本大大贬值。在资本过剩的破坏之后,利润率逐渐恢复,又开始新一轮的资本积累。然而,每一次经济周期之后资本积累规模都大幅增加,所以金融危机也变得越来越具有破坏性,导致许多人陷入赤贫,为下一步更激烈的阶级斗争奠定了基础。

熊彼特对技术创新的看法不同。他认为创新的领域非常广泛,不仅包括提高生产率、促进利润比重上升的过程创新,还包括消费模式、组织方法和社会规则等方面的创新。劳工阶级不会被排除在外,而是共享创新成果,得到更高的实际工资、更好的工作条件和社会福利。真正的创新既有创造性,也有破坏性,但总体上冲击不必然导致利润率下降。体现知识变化和人力资本密集型的新过程和新产品,可以节省固定资本和非熟练劳动力。这样看来,创新大大改进了全要素生产率,从而可以保持总的资本/产出比率固定不变(参见框2.2)。

框2.2　内生增长的基础

内生增长:AK模型

如上所述,生产过程随时间而改变,但在任何特定时点上它们都是互补性的而不是替代性的。一旦选择了生产要素的某种组合而放弃了其他组合,是不可逆的。

互补性可以在以下生产函数中得到理解:

$Y_t = \min(AK_t, BL_t)$。K是资本存量,L是可得劳动的数量。只要资本相对平均生产率A和B是稀缺的,那么这一函数便为$Y_t = AK_t$

资本积累依赖于折旧(δ)和总储蓄率(σ)的储蓄投资均衡:

$$\dot{K}_t = -\delta K_t + I_t$$

$$I_t = \sigma Y_t$$

潜在增长率为:

$$g = \frac{\dot{Y}_t}{Y_t} = \frac{\dot{K}_t}{K_t} = \sigma A - \delta,\ 只要\ AK > BL$$

这就是内生增长的AK模型。它是路径依赖的,因为更高储蓄率由于非下降的资本边际报酬而导致持久的更高的增长率。

熊彼特主义创新可以维持资本的边际生产率

技术创新是一种社会现象。它来自知识交换和学习,在企业间形成网络外部性。它是制度组织的混合,促进研发和非正式交换。

这种影响表现为参与企业间的网络外部性。从个体上看,每个企业都有一个边际生产率递减的生产函数:

$$Y_{it} = A_t K_{it}^\alpha,\ \alpha < 1$$

但是网络中每个企业的资本边际生产率被技术提高,这种技术是整个企业集群的资本,知识技术企业总体累计的增函数:

$$A_t = AK_t^\beta$$

结果,每个企业的产出依赖于自身资本和整个网络中积累的资本:

$$Y_{it} = AK_t^\beta K_{it}^\alpha$$

在这个简单的例子中,所有企业规模相同,整个企业网络的总生产函数是:$Y_t = AK_t^{\alpha+\beta}$

如果$\alpha + \beta = 1$,那么资本的边际报酬固定不变。这就是AK模型。

表 2.4 总结了外生增长与内生增长的对比。内生增长把资本积累当作一个过程，不是自动对立于索洛模型。创新来自企业家头脑，被正式和非正式的社会制度鼓励或阻碍。于是，后发国家可以吸收新知识，通过像领先国家学习而收敛，也可能被落在后面。熊彼特主义所教导的是条件收敛的条件。再者，只要创新可以抵消自然资本的稀缺性，那么全要素生产率、实际工资与消费增长之间的良性循环便可以导致可持续增长。

表 2.4　外生增长与内生增长

外生增长	内生增长
随着积累总量增加，资本边际生产率下降	随着积累总量增加，资本边际生产率不变
在长期均衡时，单位劳动生产率增长仅依赖于外生技术进步	增长是路径依赖的：持久更高的投资率导致持久更高的增长率
外生技术进步的扩散导致所有国家的全球收敛	是否收敛依赖于吸收可得技术和提高生产性投资的社会过程

2.3　小结：改革前夕的中国

社会主义革命迫使中国走向工业化。然而，只要上述农业产出对工业产出的约束持续存在，中国就无法走上工业化的动态路径。在 20 世纪 70 年代，中国悄然酝酿着一场"绿色革命"，从而有可能最终缓解农业中的低生产率陷阱。一种新型增长体制的机会正在出现。

在城市经济中，社会主义时代大多数投资流向重工业。轻工业和服务业消费受到抑制。然而，全体人民的健康和教育改进是未来增长的资产。尽管政治不稳定，但国家统一得以维持，国家制度仍然很强大。于是，相对于 20 世纪初期对现代化失败的尝试，现在已经有了起飞的基础。

第 2 篇

理解中国过去 30 年改革

第 3 章

改革的政治经济学

在过去 30 年,世界对中国的经济成就越来越感到惊奇。30 年里中国经济一直以超高的速度增长。在 1978—2009 年间,GDP 年均增长超过 9.7％。由于限制了人口增长,人均 GDP 也增长飞快,同期年均增长 8.5％。投资率一直很高,生产率也稳步改进。绝对贫困人口占总人口比重从 1980 年的 75.7％下降至 2001 年的 12.49％。在改革这些年,中国经济几乎每个指标都显示了显著进步。

这 30 年最突出的成就是经过一个多世纪的努力之后,中国最终成功地开始了长期动态的工业化进程。因此,要分析中国改革真正的"魔力",关键不在于比较 1978 年之前和之后的差异,而在于分辨到底这种动态进程的引导机制是什么,以便相继回答以下两个问题:中国如何最终在全国范围内成功地踏上了工业化道路? 这种快速增长如何持续了 30 多年?

为了回答第一个问题,我们认为必须重新考察中国 1949—1978 年间的历史。回顾 1978 年,我们可能惊诧于它是多么的"平凡"。张五常(Steven Cheung, 2008)曾经这样总结十一届三中全会——被普遍认为是中国改革正式开始的时间——的决策:(1)中国将通过开放来推动经济发展;(2)邓小平将重新执政。然而,这两条主张在当时都无法预见中国随后多年不可思议的转型,因为中国从前也表达过发展经济的类似雄心壮志,而这已经是邓小平第三次重返政坛。谁也不清楚政策走向,谁也不知道随后几年在邓小平身上将会发生什么。没有证据表明中国共产党在 1978 年就发现了一种神奇的疗法。

当然,有人会争辩,中国的改革是一个渐进的过程。因此,1978年发生了什么不是最重要的。决定性的推动力来自政治方向的变化以及随后的政策涌流,带来或者容许越来越多的"自由市场"特征融入中国经济。有一种典型的观点:"中国社会主义使经济远低于生产边界,同时严重限制了边界向外运动……有限改革即便只是部分地割断了缠绕在激励、市场化、流动性、竞争、价格弹性和创新上的镣铐,也可以促进增长"(Brandt and Rawski,2008:8)。这种观点当然可以解释社会主义计划经济与市场制度之间的鲜明对比。然而,如果将历史视野放宽一些,我们就会发现诸多尚待解释的问题。如第1章和第2章所述,传统中国经济和1949年以前的中国经济都是完全市场化的。然而,中国既没能在辉煌的帝制时期产生工业革命,也没能通过1850年到1950年的持续努力"赶超"和实现工业化。

我们必须把市场经济和工业生产理解为两个不同的概念。尽管市场经济所提供的经济刺激有力推动了工业发展,但工业生产不是市场经济必然的、明显的产物,除非社会和政治制度展现了对资源(资本和劳动力)大量积累的需求,或至少放开了这种积累的可能性。然后,这种积累才可能与能创造资本主义生产和分配制度的新技术相互作用,冲破斯密主义模型的限制,发起工业化进程。同理,在中国启动自生的(self-generating)工业化动态进程,除了市场机制之外,物质资本和人力资源的集中以及工业创新的出现也是必不可少的。

不幸的是,传统中国制度严重阻碍了工业化转型,尤其限制了资源从农村向城市的流动。农业生产对城市工业化发展的约束,不是中国独有的。土地作为农业生产的关键投入,通常被当作给定要素。边际生产率递减限制了经济增长,导致斯密主义模型中的均衡陷阱(见框2.1和第2章)。与欧洲村庄的佃农耕种制度不一样,传统中国经济基于分散家庭——小土地所有者或者签有固定租金契约的佃农。在欧洲佃农耕种制度中,村庄是典型的组织单位,佃农必须把一定比例的农业产出交给地主。因此,地主攫取了生产率改进所得的大部分收益。农民不能获得更多粮食,农村人口保持相对稳定。但是,由于只支付固定地租和拥有土地所有权,中国农村家庭可以完全自主地进行生产性活动,通常能够保留大部分的生产率收益。在这种情况下,只要某一块土地的产出足以满足生存需要,中国家庭就会选择让所有成员都留在这块土地上,无论有多少劳动力剩余。这种安排意味着中国农村比欧洲农村能够容纳高得多的农村人口增长,因而更加容易陷入斯密主义陷阱。这解释了为什么中国在帝制时代晚期能够实现较高的单位土地生产率,而劳动生产率却保持停滞。从明朝(1368—1644)开始,人口一直保持每年 0.4% 的速度增长了 400 多年,在 1400—1820 年间翻了 5 倍。这种人口扩张给单位土地生产率改进提供支持。然而,人口与生产率的并肩增长导致人均 GDP 增长保持停滞。

中国农村对剩余劳动力超高的吸纳能力,从三个方面损害了中国的工业化机会。第一个涉及劳动力。在劳动力供给(甚至剩余)大部分分散在农村地区的情况下,城市地区便不能吸引大量集中的劳动力。第二是农业产出向城市“出口”的限制,因为农村人口增加吸收了单位土地生产率收益。在这种情况下,中国城市也无法实现物质资源的集中。大量剩余劳动力所带来的第三个效应是低劳动成本。这种情况没有激励去创造和采纳使资本密集型生产方法成为可能的技术。总之,传统中国的城乡关系是限制现代工业化的重要条件。要启动工业化的动态过程,这种关系就必须转型。

中国还缺乏有利于工业化产生的其他社会及政治制度。传统中国政治制度强调维持国内秩序。为了维持皇室家族的终极权威,没有空间留给强大资产阶级的产生。财富积累超过一定门槛后就会被认为威胁了皇权,被帝制统治者粉碎。为了保持政治合法性,明朝完全裁减了航海探险(参见第 2 章),以便中央政府集中有限的财政资源,进行对人民福利更加休戚相关的国内基础设施建设。这种向内的政治态度决定了,在中国,通过国际扩张去打破高均衡陷阱得不到充分的政府支持。

总之,传统中国的经济体制和政治制度都阻碍了中国的工业化进程。消除那些障碍并使中国摆脱斯密主义陷阱,单单依靠市场机制是不够的,政府的作用也极为重要。然而鸦片战争之后,中国陷入政治分裂。1949 年以前的政府都没有能力调动中国广大农村地区的资源,也不能统一全国在国际舞台上获得独立地位。即便在黄金时代(20世纪二三十年代),中国民族工业发展也仅限于少数沿海城市,并局限于某些轻工业领域。包括自然资源(如能源供给)和重工业产品(如钢铁)等关键资源的缺乏,严重限制了进一步的工业增长。

如果中国共产党1978年并没有提出什么神奇疗法,那么我们是不是可以猜想,一些关键的条件可能在1949—1978年间就已经扭转,进而允许中国1978年以后最终在全国范围内成功地走上工业化道路? 因此,本书仔细地重新考察了毛泽东时代的历史,并期望这种考察对理解中国工业化进程的启动和中国改革的性质大有裨益。

对于以上提到的第二个问题,即中国快速增长的持续性,我们也将采取实证方法来寻求答案。稳定的增长可能造成这样的印象,即中国改革是在开放和市场化之后渐进的线性过程。然后,对中国绩效的进一步细察表明,中国的发展轨迹不是一个朝着任何普世价值或西方理想模式收敛的过程,而是其自身经济结构和制度的联合转型。中国改革最突出的特征之一是经济转型是在社会主义科层官僚体制下推进。甚至在开始的时候,改革的意图在于完善计划经济(Gong, 2009)! 尽管市场经济的快速兴起最终造成了计划体制衰落,中国在各个方面都开始根本转型,但是很大程度上中国市场经济从未具备西方市场经济那样完整的制度特征,政治体制在改革过程中一直起着积极作用。如巴里·诺顿所说:

> 在经济转型期间,在其他所有方面都在改变的时候,共产党科层并非一成不变。这种科层政治制度影响市场转型过程,而政治科层本身也以新的形态来回应经济转型释放出来的力量。(Naughton 2008:115)

在改革30年中,经济动力与政府治理经历了一些不同的阶段,或者我们可以把它们称作不同的"增长体制"。每一种增长体制都是基于特定的人口、经济、社会和政治背景,证实其特殊的发展动力,并最终导致内在张力和危机,变成新体制诞生的催化剂。仅市场化不足以解释中国如何成功地对张力和危机做出灵巧反应,把如此庞大的经济体引入新的增长阶段,实现极其稳定的转型。研究过去 30 年不同增长体制中这些平稳转型背后的内生逻辑,将为我们理解中国长期改革的性质提供洞见。

因此在这一章强调中国工业化进程内生特征的独特路径。我们的讨论从 1949 年开始,把新中国成立以来 60 年分三个阶段来分析。每一个阶段的基本经济动力(或"增长体制")意味着为商品和服务的生产和分配调动人力物力资源的截然不同机制。虽然中国经济体制经历了从严格控制的计划经济体制(1949—1978),向土地密集人力密集的斯密主义模式(20 世纪 80 年代),而后又向资本密集和出口导向的马克思主义模式(20 世纪 90 年代中期到 2008 年全球金融危机)的多重转变,我们还是可以发现所有这些转变在内在逻辑上的延续性。分析增长体制间的这些转型,不仅对发展经济学有重要意义,而且对于理解社会结构和政治机制容许甚至推动这些转型的作用也很重要。这种理解有助于我们思考更具前瞻性的问题:中国改革是不是一个独特的过程?下一阶段改革将如何展开?中国未来可持续发展需要什么样的调整?

3.1　改革的基础:1949—1978 年间的中国

3.1.1　中国 1978 年以后改革成功的奇迹

人们通常将 1949—1978 年间的中国与 1978 年之后的中国进行鲜明对比。确实,如果从经济绩效和经济制度方面来评价,反差非常明显,无可争议。

在经济绩效方面,1949—1978 年间据估计的 GDP 年均增长约 4%;然而,1978—2005 年间增长率上升至 9.5%(Perkins and Rawski,2008:855)。生产率增长从 1949—1978 年间的年均 0.5%增加至 1978—2005 年间的 3.8%。最突出的是农产品和消费品供给方面的对比。在 1978 年以前,中国从未能充足地养活庞大的人口。这种短缺导致 1959—1961 年间发生了极端的悲剧。在"大跃进"之后,毁灭性的饥荒持续了三年,造成无数人死亡。从 20 世纪 50 年代开始,基本上所有主要消费品的购买,特别是食品和布匹,都实行定量配给。在1978年以后,这种短缺逐渐得到缓解。

对于经济制度,对比也非常明显。所有制从几乎统一由政府所有变成多种所有制形式并存。在2008年,中国企业57.7%是私人所有,95%不是国有的。严格计划价格制度转变为政府管制下的市场导向价格制度。尽管"户口制度"①仍然存在,但在过去的20年里,因工作和求学目的而流动的人数非常多,每年涉及1.5亿到2亿人。中国实际上越来越依靠市场机制去调动物资和人力资源。

快速的经济增长和渐进的制度自由化几乎同时发生,这自然让人猜想两者之间有很强的因果联系。然而,为什么这种有效的过程在1978年以前没有开始?经济制度变化是中国改革成功唯一的关键点,还是另有其他至关重要的条件?

如第1章和第2章所述,以及在本章导言中再次强调的,阻碍中国走向工业化的主要僵局之一不在于缺乏市场经济,而是不能打破劳动力和资源从农村"出口"到城市工业生产的限制。仅靠市场或商业经济的发展是不能打破这种"高均衡陷阱"的,通常还需要内生于特定社会的其他条件。关键条件之一是政府的支持。在欧洲,西班牙、英国、荷兰等许多国家,政府的海外探险和扩张努力,再加上最终发现美洲大陆,带来了无限的自然资源、劳动力和农产品。这种地理扩张是欧洲发起资本主义工业化的关键前提条件。然而,中国政府有其特殊的政治体制。没有与邻国之间直接的、不断的军事竞争,中华帝国把国内秩序放在高于一切的位置。在这种体制下,为了集中财政资源解决国内问题,中国在15世纪放弃了已经有所发展的航海探险。

在中国共产党成立中华人民共和国的时候,农业产出对城市工业化的约束达到巅峰。在持续12年的战争——8年抗日战争(1937—1945)和4年国内战争(1945—1949)——之后,中国已经成为全世界最穷的国家。

---

① 户口制度是中国的一种家庭登记系统,正式地把个人识别为某个地理区域的居民。甚至到今天,中国人仍然很难把户口从出生地向其他地区迁移。

持续战争严重破坏了农业基础设施，特别是灌溉网络。这些破坏损害了农业生产和生产率（Naughton，2007：50）。中国农村如此穷困，以至于几乎不能维持人口的生存，更不用说支持城市工业的发展。当时现存的工业条件更加令人绝望。沿海城市的早期工业发展仅限于轻工业领域。在日本入侵和国内战争导致毁灭性的中断之后，几乎没有了可经营的条件。重工业唯一可靠的核心在由日本人发展起来的东北三省。在第二次世界大战结束的时候，那些工业设备还都被苏联军队拆走了，1949 年之后才部分移交给中国共产党。

在国际上，1949 年是冷战最激烈的时候。对中国来说，依靠国际援助或国际贸易去缓解农产品短缺，或获取任何其他关键资源、技术或设备，是完全不现实的。事实上，作为一个共产主义政党，中国共产党的合法性不仅得不到国际认可，而且国家安全还面临着来自美国及其盟国的威胁。这种敌对关系在朝鲜战争（1950—1953）爆发之后达到巅峰。

尽管工业化的条件极其不利，但中国实现工业化的需要却非常紧迫。来自西方国家的潜在威胁要求新生的政府增加军事装备。完全被破坏了的基础设施（灌溉系统、运输系统、住房等）都需要恢复和进一步建设。没有国际援助，中国必须自己发展工业系统，特别是急需的重工业，而且越快越好。

除了发展工业，中国共产党还必须满足直接来自人口的其他需要。相关研究较少提到这些挑战。1949 年中国人口约 5.5 亿。尽管绝对数量还不到当前中国人口数量的一半，却已经占到了当时全球人口的 30%（当前中国人口只占全球人口的 20%）。为如此庞大的人口提供充足食品的压力已经非常大，更何况这些人的大部分还处于不健康、未受教育的状态。由于缺乏营养和卫生设施，以及严重的流行病，当时中国死亡率高达 18‰。平均寿命不到 40 岁，婴儿死亡率高达 130‰—146‰，文盲率高达 80%。持续战争和重大社会变革几乎完全破坏了医疗保健和教育供给的传统网络。为了改进中国人民的基本生活水平，建立新的医疗保健和教育网络成为燃眉之急。

在如此严峻的环境下，用市场机制和弱政府规制去启动中国的工业化进程，几乎是不可能的。在毛泽东时代初期，中国共产党计划用 10—15 年时间（所谓

"新民主主义时期")的市场经济与混合所有权去推动中国工业化,发展经济。问题立刻出现了。最严重的问题之一在农产品市场,尤其是粮食市场。大量的食品短缺诱致了投机。从 1949 年 4 月到 1950 年 2 月,短短 11 个月时间里,全国范围内农产品价格翻了 4 倍。为了维持社会稳定,新成立的政府快速作出反应。在 1950—1952 年间,中国政府向市场投放了大量的战略储备粮食(占市场总量的 30%—40%)。这一行动很有效。与 1950 年相比,1952 年粮食价格只上涨2.8%。然而,中国共产党为这一市场干预付出了高昂成本,事实上,这种成本是年轻的中国共产党政府很难负担的。据我们大致了解,从 1949 年到 1952 年,所有农业税都以粮食形式征缴。这些税收占总粮食产出的 7.5%,但占了当时总财政收入的约 40%。

通过市场从农村获取粮食以支持城市需求是有限的,这种限制在 1953 年之后变得越来越明显。随着第一个五年计划的启动,一系列大规模投资和建设开始了。城市居民数量急剧上升,从而导致食品需求也相应增加。同时,由于农业中单位土地生产率逐渐恢复,农民的生存问题得以缓解,他们自然开始期望更高的生活水平。农民开始多样化生产,从粮食转向更多的经济作物和家畜。由于经济作物和家畜的生产是更加能源密集型的,而且大多数产品被用于满足农村居民自身的消费,所以农业生产率的恢复并没有完全导致农产品向城市地区"出口"的相应增加。中国农村与城市工业化之间的矛盾凸显。这种矛盾在流通领域进一步加剧。分销商发现中国城市的食品短缺,于是开始囤积粮食,期望未来价格上涨,获得更高回报。

在城市里,中国共产党对私人所有权的沮丧也与日俱增。由于缺乏必要的制度去评估和征集商业及生产税,年轻的政府无法从私人企业有效征集财政资源。从 1949 年到 1953 年,商业和生产税收入增长还不到 20%,而来自国营企业的利润上缴增长了 171%(MoF, 1987)。在中国中部的大型商业城市武汉,只有两家大型企业采纳了复式记账。税务局无法获得私人企业准确的收益和利润信息(Zhang and Wu, 2010)。因此,从 1949 年到 1953 年,武汉市国有企业利润上缴增加了 180 多倍,而同期税收收入只翻了一番(Statistic Bureau of Wuhan,

1989)。

在这样的环境下,类似于苏联模式的"强制(Big Push)工业化"的支持者在政治争论中开始占据上风。在新中国成立仅四年的 1953 年,中国共产党突然结束了"新民主主义时期",推动整个国家——包括城市和农村——进入公有制和计划经济。在不到 5 年(1953—1957)的时间内,这种所谓的"社会主义改造"就完成了。于是,中国共产党全面控制了中国经济,准备不惜一切代价加速中国的工业化进程。

3.1.2 用看得见的手推进工业化

"强制工业化"——这里我们称之为"用看得见的手推进工业化"——关键是在全国范围对劳动力价格实行绝对控制。整个人口,包括城市和农村居民,都将得到接近于仅供维持生存的工资。通过管制农村和城市工人的工资,政府能够利用计划体制最大化对城市的农产品"出口",从而缓解农业生产率对城市工业化的约束。根据第 2 章框 2.1 中的模型,农业部门的生存工资是无弹性的,具有一个固定的基准。中国有大量的农村人口(以及基于家庭的组织传统所导致的庞大的农业剩余劳动力),因此很大一部分农业产出必须用于满足农村地区的生存需要。结果,向工业化地区"出口"的比例相当有限。为确保向城市部门的供给,中国共产党必须集中管理农业活动,令农村人口只种植亟需的和最节能的粮食,并将农民自己对农产品的消费将保持在最低可能的水平,以便最大化向中国城市的"出口"。

在城市地区,工资也被规定在极低的水平(生存水平)。在社会主义转型之后,几乎 80% 的城市雇员以这样或那样的方式为国家工作。这给剥夺企业对工资补偿的决定权提供可能。1956 年的工资改革规定,工人的工资及其他福利分配要根据基于职业、地区、行业、所有权(国有和集体所有)、行政级别(即中央和地方)以及工作场所类型(规模和技术水平)的等级制度(Bian, 1994)。工厂工人和技术员有 8 个不同的工资等级,行政和管理人员有 24 个等级。在这种计划制度下,行业工资不随生产率收益而上升,因此在新兴工业部门便可能出现大量的利润剩余。由于工业化焦点集中在重工业（1953—1958年间80%的新增投资投向了重工业），工业产出不必由消费来吸收。所有产出和利润都变成了资本积累（这在当时是极其需要的）。因此在宏观经济层面，工资与生产率不挂钩的问题便被掩盖了。然而，由于整个人口支付不起自由消费，所以轻工业和服务业的欠发展成为自然而然的结果。

这种工业化战略的结果引人瞩目。在中国历史上第一次，政府终于"能够调动财政和其他资源去资助一种持久的投资努力"（Naughton，2007:57）。资源开始稳定地向城市集中，用于发展工业。如图3.1所示，尽管由于政策不稳定而导致大幅波动，但在如此贫穷的国家投资率攀升至一个极高的水平，占GDP比重从1952年的略高于20%上升至20世纪70年代的平均35%。在1952—1978年间，工业产出年均增长11.5%。工业活动的这种快速增长转变了中国经济的结构。GDP总量中工业所占比重从18%稳定增长至44%，而农业所占比重从51%下降至28%。规模巨大的工业基础正在形成。然而，由于"强制工业化"的关键是在农村和城市部门严格控制工资，所以这种战略有两个主要的负面结果。一方面，没有价格机制，便失去了有力的经济激励工具。社会必须完全依靠非物质激励。这部分地解释了毛泽东为什么如此热衷于持续的"社会运动"。另一方面，为了维持政府对经济行为的绝对控制，就必须严格压制计划工资系统外的任何获利手段，如"家庭责任制"，甚至最小的私人生意。否则，强大的经济激励便可能使人民的行为偏离"强制工业化"战略理想的要求，搞垮计划工资制度。如果中国共产党放松了工资控制，整个计划经济就会被摧毁，从而破坏快速的工业增长，特别是重工业发展。这便解释了为什么1978年以前中国共产党的改革尝试都采用"行政分权化"而不是"经济分权化"的形式。[1]

---

① 受舒尔曼（Schurmann，1966）和伯恩斯坦（Bornstein，1977）的启发，一些中国经济学家（Wu，1986，1988，2010；Lou，1986；Zhou，1986）认为，1978年以前改革主要针对权力和决策权在中央与地方政府之间的分配。他们使用伯恩斯坦发明的词，称这种分权化为"行政分权化"。然而，1978年以后的改革采纳了"经济分权化"逻辑，意味着让经济主体有权作出经济决策。这种改革目的在于让中国转变为一种受管制的市场经济，根据这些经济学家的解释，这是实现长期经济繁荣的关键所在。

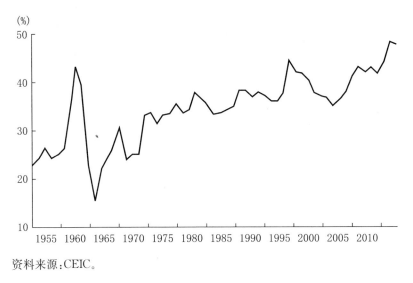

资料来源：CEIC。

图 3.1　中国总资本形成占 GDP 比重

　　与通常印象相反，1978 年以前社会主义中国也发起过几次改革。中国共产党充分认识到人民劳动缺乏经济激励的负效应，也想在计划系统中融入某些经济激励，但又担心中断以严格工资控制为核心的强制性工业化进程，所以不容许计划系统外的任何收入。一种妥协是在系统内部引入某种竞争和分权化，或者更具体地说就是下放计划权力。然而这种安排实际上造成了激励扭曲，因为它不鼓励公平竞争，而鼓励争夺经济租金或政治批示。同时还稀释了关键基础设施建设所急需的资源，中断了重要的工业发展。1956 年和 1965 年的改革努力就是遵循这种模式。以 1956 年开始的改革为例。那一年，毛泽东撰文《论十大关系》，他认为有"十种重要的关系"对中国经济的进一步发展至关重要，特别强调必须调整国家、企业和个人之间的关系。该文断言应该给企业和个人以经济激励，以便提高经济活力。1957 年，陈云牵头起草了三个文件，旨在改革工业、商业和金融系统的经营管理。思想是把决策制定和管理权力下放给地方政府和企业。这种变化是剧烈的。中央政府放弃了对 8 100 多家企业的直接控制，即最初控制企业数量的 88％。经济计划也放松了。地方政府有权调整农业和工业产品的生产目标。于是，财政、金融、人力资源管理和投资也被解除控制，下放给了地方政府和企业。

不幸的是,这些改革尝试变成了"大跃进"的悲惨闹剧。地方政府发起无数的重复和不合格的投资及基础设施建设项目,浪费了关乎国计民生的项目急需的有限资金及物资资源。由于人力资源管理的分权化,仅 1958 年国有企业雇员人数就从 2 450 万增加至 4 530 万。在 1960 年,城市雇员人数急剧上升至 5 970 万人,是 1957 年的 143.5%。城市居民总数增加了 3 000 多万,从 1957 年的 9 950 万增加至 1960 年的 1.3 亿(Zhou,1984:73—75)。由于工业企业雇用人数越来越多,农村地区的劳动力突然减少。从农村到城市地区的这种大规模劳动力转移,打破了中国农村与城市之间的脆弱平衡。中国农村必须在劳动力严重流失的情况下支持比从前大得多的农产品需求。这种不平衡是 1959—1961 年间爆发灾难性饥荒的重要原因之一。结果,在 1961 年中国共产党决定再次收回大多数经济权力,重新建立一个严格的中央计划经济。

1978 年以前不成功的改革经验表明,除非农业生产率大幅上升,或者有更温和的国际贸易环境,否则中国工业化道路除了"强制"战略别无选择。可是,只要中国坚持这一战略,就要对所有的人实行严格的工资控制,这样的话就不能提供有效的经济激励。这种内在矛盾是对计划经济的诅咒,解释了为什么 1978 年以前的"行政分权化"改革都失败了。在停止强制性工业化和接受市场分权化之前,中国必须等待主要条件的变化,即农业生产率明显提高,或者更加温和的国际贸易环境。幸运的是,这两个条件在 20 世纪 70 年代后期都已具备,"经济分权化"改革最终发生了。我们将在后文中详细讨论这一改革过程。

3.1.3 用革命逻辑来合法化强有力的一元政府

1949 年以后中国剧烈的经济变革得到了同样剧烈的政治变革的支持。其中最突出的是重新建立了独立主权下的科层官僚政体。在鸦片战争(1839—1842,1856—1860)爆发 100 多年之后,中国再次有了有效政府,能够在全国范围内调动经济和政治资源。尽管社会主义政府建立在完全不同的主张之上,但政治制度与中华帝国还是有许多类似之处。毛主席取代了皇帝,成为终极权威。只不过人民不再称他为"真龙天子",而是将他比作"太阳"、"舵手"或"伟大救星"。中国共产党和社会主义政府声称是所有工人和农民利益的忠实代表,在毛泽东统治下通过提供更好的国家安全、社会服务和土地改革来提高全民社会福利水平,从而获得其政权合法性。而社会主义转型彻底消除了所有地主或私人企业所有者。从某种意义上,中国回到了类似于帝国时代的双层社会。多元社会的基础再次消失了。

然而,社会主义政府也有其截然不同的特征。1949 年以后的官僚系统比中华帝国时期传统官僚系统更加广泛。国家权力第一次渗入私人领域,直接控制经济活动。乡镇以下的中国农村从前被排除在官僚系统之外,现在通过农村集体的形式融入集权化系统。另外,新的政府比传统帝制政府更加注重优先发展军事力量。在这一过程中,人民牺牲了许多本可享有的福利。因此,在 1978 年以前,中国共产党政府的合法性还必须严重依赖于革命逻辑。官方有意把国际环境描述为恶劣状态,激发民族主义情绪。毛泽东是发动政治运动和利用非物质激励的专家。1953—1978 年间发生了一系列的政治运动,并在"文化大革命"达到狂热巅峰。

本章后文将进一步评价这种政治系统对中国改革进程轨迹的影响,但这里只强调重建强大的、全国认可的政府对中国工业化启动的重要性。没有这一点,任何工业化努力都是徒劳的。

3.1.4　1978 年改革的其他准备

"强制工业化"不是也不可能是动态的工业化进程。但是,通过建立完整的工业基础,以及一个能给予有力和稳定政府支持的统一国家,有助于中国为其进入动态工业化进程打下基础。这两项成就在中国历史上是突破性的。然而,中国农村与城市之间的僵局仍然存在。1949—1978 年间还为中国摆脱斯密主义陷阱做了其他准备吗?

答案是肯定的。最关键的准备涉及中国农村生产单位的激进变革。在社会主义转型之后,大多数农业生产不再由分散的家庭来组织,而是由所谓的农业集体(又称"公社")来组织。这种安排不仅容许了更大规模的耕作,而且更重要的是提供了一个制度框架:(1)把中国农村纳入了一个能使关键技术成就快速扩散的全国网络;(2)建立了一个向农村居民提供社会服务的框架;(3)使中国有可能在广大农村地区组织更大规模的工业生产。在针对改革第一阶段的分析中,我们将看到这些变化对中国工业化的成功是多么至关重要。

另一个关键改进涉及人力资本投资。由于社会主义时期的医疗和教育资源分配相对平等,且免费提供,使得中国人口的健康和卫生条件得到了快速改进。男(女)平均寿命从 1950 年的 42.2 岁(45.6 岁)快速上升为 1982 年的 66.4 岁(69.4 岁)(Wang and Mason,2008:138)。全国范围内的预防措施根除了许多最致命的流行病。所有层级的教育都得到了改进,其中最突出的是基础教育的进步。1952—1978 年间,年龄在 16—65 岁之间没有完成小学的人口比重从 74% 下降至 40%(Brandt and Rawski,2008:5),文盲比重从 80% 下降至 16.4%。人力资本投资上的成就引人瞩目,尤其是和中国相同发展阶段的国家相比。

一个非常重要却很少被讨论的条件是,社会主义时期形成了相对公平的财富和生产资料分配。尽管工资维持低水平,但是社会产品和服务的供给是免费的。最值得注意的是,城市工人享受福利住房,农村农民确保能分得土地。因此,在社会主义时期,中国老百姓实际上享受了巨额隐性财富。财富和生产资料的这种平均占有是最初十年改革能得到"普惠"结局的一个关键因素。1994 年在城市地区发起的住房改革容许城市居民把隐性财富(福利住房)转变为显性财富(可买卖住房)。这种转型为第二阶段的改革注入了强劲的活力。农民对所使用土地的隐性所有权,目前还没有转变为显性形式,但是我们完全有理由相信,这种转型一旦发生,将再次推动中国改革和经济增长步入新的阶段。

总之,中国在 1949—1978 年间取得了巨大成就。尽管由"看得见的手"推动的工业化没有把中国带上动态的工业化道路,但它是中国当时的唯一选择。那

30 年实现了关键的结构调整,确定了制度框架。一旦农业生产取得技术突破或国际环境有所缓和,中国便可能发生重大转型。

3.1.5 20 世纪 70 年代末关键条件的变化

对中国来说,20 世纪 70 年代是一个充满张力、转型和机遇的十年。"强制工业化"战略导致了巨大收益,但源于这种增长体制的矛盾被积累,在 70 年代开始激化。由于缺乏工资激励、创新以及资源配置扭曲,导致计划经济的低效变得十分显著。在 20 多年的收入停滞之后,中国人民对生活水平的缓慢提高失去耐心。中国共产党政府面临越来越大的压力去提供更多更好的农产品和更加多样化的消费品。同时,"文化大革命"十年的狂热使越来越多的中国政治家对使用革命逻辑去运行一个国家感到反感。他们当中大多数本人就是变幻无常的政策和残酷政治运动的直接牺牲品,因此迫切希望把政府的合法性转向更加可持续的基础,即提高全体百姓的福利水平。超凡魅力领袖毛泽东 1976 年去世,这也使得这种转变的阻力进一步变小。另外,周边东南亚国家的快速增长刺激中国政治家认识到中国落后有多远,如果不开放,不追赶国际技术前沿,中国还将继续落后。

幸运的是,70 年代同时发生了其他突破性的积极变革。国际上,全球化正在快速进入一个新的阶段,社会主义与资本主义集团之间的紧张关系开始缓解。1971 年中华人民共和国取代台湾地区成为联合国安全理事会的常任理事国。1972 年美国总统尼克松访华。1978 年美国最终承认中国政府的合法性。在成立 30 年之后,新中国终于感到直接军事威胁的缓解,并且在维护主权独立的前提下参与国际经济和技术交流的条件终于具备。在国内,70 年代开始了一场静悄悄的"绿色革命",不仅使中国农村面貌一新,而且后来还转变了整个中国经济。从 1964 年开始,中国科学家在培养水稻高产良种(HYVs)方面取得了巨大成功。1974 年袁隆平教授开发了一种适于在全国推广的高产水稻,1975 年针对种植这些水稻高产良种的支持技术得到进一步发展,1976 年,新种子在政府推动下大规模使用。在 1973 年和 1974 年,中国中央政府郑重承诺发展现代氮肥工业,并在海外收购 13 家大型合成氨及尿素工厂。以这些项目为起点,中国逐渐建立了大规模的国内化肥工业(Naughton,2007:260—261)。随着 1949 年以后灌溉系统逐渐得到恢复,育种和肥料生产上的突破完全改变了中国的农业部门,农业生产率实现了爆炸式增长。在 70 年代以前,中国农业人均产出最高只有 300 公斤,70 年代改进之后,1984 年人均产出达 400 公斤,并且在随后一些年又进一步提高。

技术突破和高产良种的快速扩散与社会主义时期建立的农业制度框架高度相关。育种需要研究投入,这对个别农场来说是不可能完成的。在 20 世纪 50 年代社会主义中国建立了一个多层级的农业研究系统,至今在世界上仍然是规模最大的。中国农业科学院(CAAS)处于这一系统的顶层。还有省级研究院以及每个县的农业推广服务。全国性研究中心更多地集中于基础科学,地方分支机构则根据当地条件帮助新开发的种子和其他技术采用(Naughton,2007:261)。这种广泛的多层级系统还起着把最新一代种子分配到每个农场的作用,这对高产水稻良种的应用至关重要,因为杂交水稻没有自育种的能力。借助这一系统,中国成功地使高产良种得到真正快速地扩散。中国还在 1961 年引进了杂交玉米。到 1990 年,约 90% 的地区都采用了这一品种。70 年代的技术突破和化工产业的扩张,是中国农业生产率提高最重要的原因。

20 世纪 70 年代发生的另一个重要变化是人口。在 50 年代和 60 年代,死亡率急剧下降,出生率急剧上升,导致了中国人口的爆炸式增长。从 1950 年到 1982 年,中国人口几乎翻了一倍,从 5.52 亿增加到 10.17 亿。在 70 年代,人口增长没有减缓多少,因为庞大的年轻人口正进入生育年龄。中国的人口模式悄然经历了深远转型。与 50 年代的鼓励生育政策相反,中国政府在 70 年代实行了有效的计划生育,鼓励晚婚、少育以及更长的生育间隔(Wang and Manson,2008:137)。妇女首婚平均年龄从 19.7 岁上升至 22.8 岁,总体生育率(TFR)从 70 年代每个妇女生 5.7 胎下降到 1979 年每个妇女生 2.8 胎(Coale and Chen,1987)。于是,在 70 年代末改革开始的时候,中国已经基本上完成了以国际标准衡量的生育率转型,甚至早于"独生子女"政策的实施(Wang and Manson,2008:138)。另一个转型涉及年龄结构。随着 1950 年代第一代婴儿潮成长为成年人,中国年轻的劳动力储备迅速扩张。伴随着总体生育率急剧下滑的这种扩张,意味着中国进入了一个低抚/赡养率的时期①。换句话说,在 70 年代末,中国开始步入人口"黄金时代",劳动人口对孩子和老人所需承担的社会负担最小。

　　这三个主要变化(国际环境缓和、"绿色革命"启动、人口的年轻化健康化),对中国经济和社会在 20 世纪 70 年代末的走向具有重要意义。首先是中国城乡关系的改变。在毛泽东时期,由于农业生产率没有增长,总的农业产出几乎不足以养活中国人口。为了使农村的劳动力和物质资源尽可能多地"出口"到城市,必须建立计划经济去严格控制农业和工业工资,确保最大化粮食生产和重工业投资,这是中国共产党的两个优先领域。这种"强制工业化"战略压抑了农业生产率对工业化的约束,但并不能消除这些约束。中国无法进入动态的内生工业化进程。然而,对于一个极其贫穷和孤立的国家来说,这种战略容许中国为下一阶段的增长奠定基础和必要的制度结构。

　　在 20 世纪 70 年代,新的农业技术的扩散和农业基础设施的恢复,大大提高了中国农村的生产率,从而增加了中国农村支持城市工业化的"出口能力"。随着国际环境变得越来越友善,中国还能够通过国际贸易缓解临时性的食品短缺。严格控制农业生产和分配的理由开始消失。同时,国家安全的外部威胁降低,导致中国不再沉迷于快速的重工业扩张。人口增长导致轻工业产品的国内需求越来越大,年轻的人口为中国提供了在劳动力密集型产业的国际比较优势。在 70 年代末,中国的工业结构行将发生深刻变化。

　　总之,在 70 年代末,农业生产率、国际环境和人口结构等方面的根本变化,改变了中国经济的基础。此时的中国要进入一个新的增长体制,需要的仅仅是一套能够把这些变化融入一个协调过程的政策而已。

----

　　①　抚/赡养率是指受抚/赡养者(16 岁以下、65 岁以上人口)与职业人口(16 岁到 64 岁之间)之间的比率。

3.2　中国改革第一阶段的政治过程

3.2.1　中国改革的指导性政治原则

在 1978 年，中华人民共和国已经在中国共产党政权下走过了近 30 年时间。这 30 年无论在经济上还是在政治上都经历了剧烈的迂回曲折。然而在这一时期，中央集权化官僚科层系统得到了恢复和强化。尽管"文化大革命"的主要目的之一就是反官僚系统，但深远广泛的人事动荡并没有改变这种科层的基础机构。实际上，在毛泽东去世后，中国领导人的第一反应就是恢复官僚科层的政治均衡，于是在"文化大革命"中幸存下来的老一批中共领导人重新走上了政坛。

具有强大中央权威的官僚科层的恢复，源于中华帝国统治的长期传统。在这种政治系统中，社会被分割为两个主要层级：统治官僚与分散的基于家庭的社会。1978 年中国很好地迎合了这种双层社会模式。双层社会与多元社会的政治推理形成鲜明对照。在双层社会，政治体制的主要目标不是在代议制民主选举中中赢得政治竞争，而是完成以下三项任务。第一，政府必须向人民提供基本福利。这是其政治合法性的根基，不能完成这项任务就会增加人民起义的风险——这是这种政治体制崩溃最普遍的原因。第二，为确保执行中央政策，需要让官僚的行为与中央方针保持一致。为了实现这一目的，中央委员会一般都控制着人事权力，中华帝国往往通过扩散儒家道德价值观去鼓励忠诚。然而，官僚忠诚的真正激励通常来自政治利益。以物质或政治资产的形式奖励政权的忠实支持者，以便中央政府维持的政治体制利益也可以被转化为官僚的个人利益。科层政治体制的第三项任务是避免出现可能挑战现有官僚系统权威的其他组织。如果这些组织的发展不能被压制，那么，它们就会以这样或那样的方式被纳入现有的政治体制中来。

这就是中国改革的真实逻辑：维持中国共产党政府的政治体制。为了实现这一目的，1978 年的中国就必须（也能够）引入市场机制去搞活经济。但这并不意味着中国改革的根本教义在于照搬任何西方式的"普世价值"。如果有必要，经济也可能从市场导向转向计划体制，正如 20 世纪 50 年代初所发生的那样。这种改革逻辑，或者更准确地说是中国的统治逻辑，在 1978 年之前和之后并没有变过，并且它是极其务实的。所有政策的最终目的都是维持这种政治体制，因此，政府必须改进人民的福利水平（显性的目的），同时认真考虑官员的政治利益（通常是隐性的目的）。这些考虑决定了任何政策变化必须遵循渐进路径：容许高层官员达成一致意见，识别官僚系统中最有价值的观点，奖励支持者，实现政治均衡。在这种政治体制中，尽管权威集中在中央，而且是终极权威，但决策过程并不是独裁的。关键性的国家政策必须集体制定。在中央决策集团内部，以及在中央统治者与地方政府之间，存在某种相互约束的张力。所有这些政治参与方都被共同的利益（政权的持续性）联合在一起；他们当中的平衡通常是通过政治租金共享的方式来实现。这种政治体制的优势在于：（1）政策制定更容易具有远见；（2）国家暴力抑制了资本暴力。当然它也有缺陷，那就是政治寻租造成的非效率和对国家领导正直人格的依赖。本书最后一章将讨论这种政治体制对中国未来的影响，以及它本身所需的调整。这里，我们基于上述政治原则集中解释 1978—2008 年间中国改革的过程。

3.2.2　1978 年政治延续面临的最直接问题

到了 20 世纪 70 年代，中华人民共和国的政权越来越难以在某种革命理想中确保合法性。为了支持高投资率，特别是重工业领域的高投资率，中国人民作出了巨大牺牲。无论在城市还是农村，收入停滞了近 30 年。老百姓对物质和精神福利改进的需求越来越迫切。为了维持中国共产党的政治合法性，中共中央面临巨大的压力去改善人民的生活条件。

中央组织了代表团密集赴海外考察。1977 年，中华人民共和国的 13 位高层领导（包括邓小平）考察了 51 个国家。在这一年的下半年，各个部委也纷纷派出代表团出国考察。这些出行的重要性不可估量。中国的国家领导人终于认识到自己与其他国家的发展差距有多大。高层达成一致意见：必须从发达国家购买新的技术和设备，以推动中国更紧密地跟上时代的步伐。在考察期间，中国与发达国家签订了许多进口农产品、设备和技术的大额合同。中央计划委员会计划在 8 年的时间里借贷 180—200 亿美元去资助这些进口。中国急切需要外汇。

因此，在 1978 年，中国没有选择改革，而是国内和国际危机需要变革，需要激进的措施去激励农民，推动对外贸易，加速中国商品的出口。

中国领导层面临的难题在于，需要什么样的变化，以及如何发起这些变化？对于这些问题，没人有明确答案。由于上述两方面的危机，中国领导人认识到应该缓解中国农民的负担，应该容许工业活动中的更多自主权，应该开放国际贸易。可是，对于如何实现这些目标，寻求什么变化，没有蓝本。并且，尽管改革的需要已经得到广泛认同，但现有制度的任何变化仍然面临来自某些官员的强力抵制甚至不满。计划经济保护着官员对经济和社会的最大化控制权。而当农场和企业被赋予更多的自主权，并向外国人开放贸易和投资，必将导致一部分中国官员垄断权力的丧失，影响诸多官员的既得利益。在这些环境下，中国改革进程不可避免地充满实验性，深远的变革将首先出现在初始既得利益较弱的部门。

3.2.3　中国农村农业和工业活动的伟大转型

农业部门尽管对国家非常重要，但处于权力系统的外围。农村组织处于中国科层系统的底层，涉及的政治租金相对低且分散。这使农村成为最适于自由化的部门。中国国家领导人对农村自由化最担心的是粮食收购。然而，在"绿色革命"扩散和食品进口渠道增加之后，政府准备冒点风险，至少在粮食收购不太重要的地区。因此，中共中央十一届三中全会通过了一项决定，鼓励农民在农村集体结构之外谋求家庭收入。为确保城市食品供给，1979 年夏季粮食收购价格比 1978 年提高了 20%。在这一基础上，如果农村集体出售更多的粮食给国家，超额部分的价格将高出名义收购价格 50%。大幅度提高价格并不只局限于粮食收购。所有主要农产品均从类似的措施中受益。同时，由于从工业化国家进口了新的技术和设备，中国成功地大幅降低了农业中关键投入的生产成本，如肥料、农药和农业塑料制品等。借助计划经济体系对价格的控制，中国共产党有能力强制性地将成本下降直接转变为价格下降。在 1979—1980 年间,关键农业生产物资的价格降低了 10%—15%。这些急剧的价格变化明显提高了中国农村收入。均等化的收入分配制度确保所有农民的生活得到明显改进,从而提高了增加产出的激励。

随着政策的放松,中国农村还出现了生产组织的转型,同时出现了两项重要的组织创新。第一个是所谓的"家庭联产承包责任制"。在这种制度下,农村恢复了传统的生产模式,即以家庭耕作取代集体耕作。回到家庭耕作的尝试不是只发生在 1978 年之后。在 1978 年以前,由于很强的基于家庭经济的传统,多次出现了打破农村集体的类似努力,特别是在安徽、湖北和四川这些人口密集、土地极其碎片化的省份。但是在 1978 年以前,这些努力都被压制了,因为它会破坏对全国工资体系的控制。然而,1978 年以后,中国政府不仅停止压制这种行动,而且还鼓励这种做法。即便没有市场改革,农村集体的瓦解也直接给个体家庭以巨大的激励去更努力、更明智地工作,因为在"家庭联产承包责任制"下他们能够自己得到家庭的所有产出。这种动机大大提高了农业生产的效率。

中国农村发生的变化不仅于此。一旦个体家庭开始享有劳动的全部回报,农民便开始寻找所有可能的途径去利用剩余劳动获取更高的家庭收入。这种激励导致中国农村出现另一种重要的制度创新——乡镇企业。尽管缺乏工业生产和商业运作方面的任何专业技能,但乡镇企业充分利用了轻工业产品的国内市场空间、人口结构导致的廉价劳动力成本以及中国向国际市场的初期开放等有利条件。在 1985—1992 年间,乡镇企业的大规模涌现令人震惊。如果说"家庭联产承包责任制"是中国传统经济的复活,那么乡镇企业显然就是社会主义时代的产物。基于农村集体的遗留结构,村民们在商业生产中协作。由于工厂建在本地,农民不必离开家庭,也不必在工厂全职工作。大量乡镇企业的出现极大地改变了中国农村与城市之间的关系。尽管乡镇企业的工人住在农村,仍然从事农业生产,但他们是家在农村的产业工人。到了 1993 年,中国乡镇企业雇用的人数达 1.23 亿。这种制度创新改变了斯密主义模型中的所有变量(参见框 3.1)。没有任何大规模移民,但大量的劳动力和产出事实上从农村流向了城市。

框 3.1 斯密主义模型助推农业部门起飞

在改革初期,政府让农民有机会以市场价格出售剩余产品。农民对这种激励作出积极回应,导致农村经济内部市场产出 x^* 相对固定必需品部门产出 $\bar{x}$ 上升。回想一下决定 x^* 的方程,可以看出 x^* 是 s^*(即出售产出的农民的储蓄率)的增函数。

$$x^* = \frac{[s^* + (1-s^*)b(e)]\bar{x}}{\tau(1-s^*)e[1-b(e)]}$$

s^* 上升,因为农产品市场部门开放增加了农民收入,并使农民有动力把这些收入再投资于商业活动。农民变成邓小平时代的第一代资本家。

x^* 的上升发起了一个良性循环。回想一下在"文化大革命"期间,城市得不到充足的农产品供应。需求远未得到满足,现在只要市场上有农产品卖,这些需求就立刻显现出来。在模型中,它用 j(城市部门从农村部门"进口"的倾向性)来表示。

j 增加导致 τ 下降,因为:$\tau = \frac{(s-k)}{j} + k^*$

"可出口"农产品对工业品的相对价格 $\tau = \frac{P^*}{P}$ 下降,提高了产量 x^*,从而提高了市场化农业产出。于是,农业部门需要制造品作为农业机械,需要消费品满足富裕起来的农民。来自农村部门的需求刺激了制造品 y 的生产,并且,由于规模报酬递增,也刺激了城市部门的就业和实际工资 $\omega(x^*$ 的增函数),从而开始了良性循环:

$$\omega = (l^{a-1})^o = y^{\frac{(a-1)\sigma}{a}} = \left(\frac{x^*}{j}\right)^{\frac{(a-1)\sigma}{a}}$$

所有这些积极变化使得中国农村实际生产率快速提高,农民相对城市居民的相对收入也迅速攀升。图 3.2 清楚地显示了中国城市与农村家庭收入对比关系的演变。

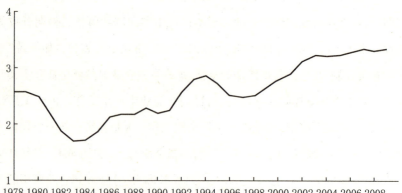

资料来源:China Statistical Yearbook,2010。

图 3.2　中国城市家庭收入与农村家庭收入之比

3.2.4 城市改革的尝试

城市居民相对农村居民的收入下降就清楚地表明,相比于农村经济的欣欣向荣,20 世纪 80 年代城市改革的效果,一点也不乐观。1978 年中国城市中主要经济参与人是国有企业和集体企业。中国城市成为政治经济寻租的传统战场,各级官员在其中有复杂的利益关系。为了保持政治均衡,保护城市地区的政治利益,中国的城市改革最初并没有降低经济活动的进入门槛。换句话说,城市不能像农村乡镇企业那样容许私人中小企业的自由出现。于是,尽管改革在农村与城市同时开始,但形式完全不同。在城市,改革还是以分权和提高经营自主权的方式进行。在 1978 年,四川省发起了一次实验,选择 6 家国有企业尝试提高企业经营自主权。在 1980 年,类似措施被扩展至超过 6 600 家国有企业,占中国所有预算工业产出的 60%(Wu,2010)。然而,这次改革并没有带来明显的生产率提高。尽管某些企业在这一过程中表现优秀,但这一轮城市改革普遍导致了像 1978 年以前改革那样的经济混乱。

尽管第一轮城市改革没有成功,但农村的杰出成就强化了中国官员对改革的态度。官员们发现,经济自由化其实可以带来新的、更合算的租金。于是,城市工业改革有了进一步尝试。1984 年之后中央政府深化了城市改革。受"家庭联产承包责任制"的启发,中央政府决定把国有企业承包给管理者。利用利润分享合约,国有企业能够保留合约规定水平以上的超额利润。乍一看来,这一政策是企业与政府主管部门之间的利润共享计划,但实际上是官员与政府之间的利益共享计划。这一政策自然广受欢迎,很快在全国范围内铺开。然而,这些利润共享合约也没有显著地提高工业生产率。

总之,城市改革尝试远没有成功。事实上,在改革之后,由于其他市场参与方的挑战,以及政府规定下的劳动力成本的迅速上升,越来越多的国有企业开始出现经营亏损。在 1988 年以前,所有国有企业中亏损比重不到 20%,但 1990 年这一比重增加至约 1/3,1998 年进一步上升至接近一半。总亏损数额更加触目惊心(见表 3.1)。

表 3.1　中国国有企业的亏损和利润:1990—1998

年份	亏损国有企业比重(%)	国有企业总亏损(亿元)	国有企业总利润(亿元)
1990	30.3	933	492
1991	28.0	926	745
1992	22.7	757	955
1993	29.8	479	1 667
1994	32.6	625	1 608
1995	33.3	802	1 470
1996	37.5	1 127	877
1997	43.9	1 421	540
1998	47.4	1 960	—78

资料来源:Finance Yearbook of China of various years。

3.2.5　中央政府资产负债表恶化

虽然城市改革努力很大程度上失败了,但为了让农产品和消费品的供给增加惠及全部人口,城市居民也需要更高的收入。由于 80% 的城市劳动人口(那时中国的失业率接近于零)以这样或那样的方式被政府雇用,所以即使在生产效率并未得到有效提高的条件下,在 1978—1984 年间,政府还是把几乎所有城市人口的工资提高了 5 倍。生产率的滞后使得这种收入剧增无法维持。虽然表面上这些工资通过国有企业和其他公有实体的账户支付,但它们的增加实际依靠的是政府补贴。开始,这种补贴是为了应对国有企业利润下滑,渐渐地,很大比例的国有企业只能依靠政策贷款维持生存。这些企业债务的积累最终导致信贷危机以及严重的通货膨胀。

在改革的第一阶段,中国政府还通过农产品价格补助城市人口。1984 年中国粮食产量达到 4 亿吨的历史高点,其中只有 30% 通过市场分销。中央政府认为应该放松粮食收购和价格管制。1985 年 1 月 1 日,国务院宣布全面取消强制性粮食收购。这一决定引发当年粮食市场价格的急剧上涨(10%)。与此同时,城市地区 80% 的粮食销售仍然通过政府运营的粮食分销渠道,那里的粮食价格仍然保持较低水平。也就是说,在当时的中国同时存在两个粮食"市场":一个是自由市场价格,另一个是政府控制的"市场"价格。这是一个奇怪的市场,主要参与人是政府,它以相对高的市场价格在自由市场上购买粮食,然后以补贴价格把所购粮食销售给城市居民。因此,城市粮食价格低于农村。

随着对国有企业和城市居民补贴的增加,同时又不能把新型经济参与者纳入可靠的税收基础,中央政府的资产负债表严重恶化。如图 3.3 所示,从 1978 年开始,财政收入稳定下滑,在 20 世纪 90 年代初拉响了警报。最终,预算收入在 1995 年降至历史最低,仅占 GDP 的 10.8%,导致赤字等于 GDP 的 1%。尽管官方赤字不大,但国有银行的资产负债表中显示了巨大的收入损失。银行危机与宏观经济甚至政治的不稳定性同时出现。

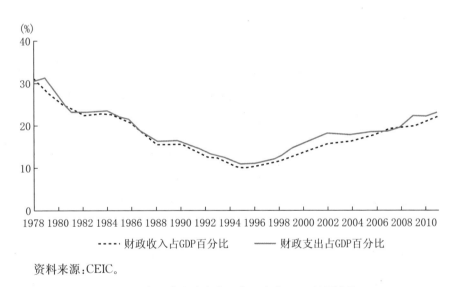

资料来源:CEIC。

图 3.3 中国中央政府收入和开支占 GDP 的百分比

3.2.6 从早期信贷分权化到恶性通货膨胀:1984—1988

在计划经济时期,信贷业务集中于一个单一银行——中国人民银行——之下。中国人民银行是财政部的一个部门。这种结构与中央计划是一致的。单一银行更加像是一个簿记员而不是一个信贷系统,因为中央计划确定了生产的价格和数量,从而决定了能够满足的需求。同样,它也是控制机制的一部分,监督计划的执行。

第一次改革发生于 1979 年末,人民银行脱离财政部成为一个独立机构。同时,4 家专业化国有银行或者由单一银行的某部门剥离产生,或完全新建,用以资助相应的经济部门。中国建设银行创建于 1954 年,专门针对制造业固定投资的融资。中国银行被授权处理与国际贸易和投资有关的交易。在为市场经济组建金融系统方面,20 世纪 80 年代没有其他更多的举措。中国农业银行创建于 1979 年,负责农村地区的所有信贷业务。中国工商银行创建于 1984 年,负责人民银行余下的商业业务,而人民银行只负责履行中央银行的职能。

因此在 1984 年银行业改革步入一个新的时期,中国人民银行与部门性国有银行完全分离,成为名义上的中央银行。在 1986 年,中央容许甚至鼓励那 4 家国有银行在所有经济部门进行信贷竞争。不过在 1995 年以前,这几家银行并没有获得商业银行的法律地位,那是始于 1994 年第二阶段改革的内容了。金融改革一方面强化了中央银行的权威及其控制货币供给的使命;另一方面,从法律上容许商业银行自主经营信贷业务,自己承担对存款人的责任。

1984—1986 年间金融领域的改革,就像工业领域的改革一样,也是不完全的。四大银行没有能力在竞争性环境下从事经营活动。这一时期,联产承包责任制从农业扩展至其他行业。在完成计划要求之后,企业可以通过销售产品而获利。然而大型国有企业的这种自主权弱化了中央政府控制,却没有把企业经理人转变为出色的企业家。经理和地方官员以企业利润为代价来增加自身收入。许多国有企业虽然存活下来,却负债累累。这些债务是银行批下来的政策贷款。银行不能通过有效的金融控制来取代计划控制,导致那些企业享受着软预算约束。

雅亚诺什·科尔内(Janos Kornaï)有力地指出,在苏联社会主义时代后期也盛行着这种扭曲的规制。企业感觉到金融承诺可以得到豁免,便诉诸短期银行贷款去社会化它们的债务,同时利用会计操纵和价格谈判将利润据为己有。然而,中国经济向世界市场的开放,使得对市场垄断攫取不那么容易,至少在制造业中是如此。

而银行业完全是另一码事。利率仍然受到全面管制,以至于甚至在边际上也没有价格竞争。高度集中的银行系统完全避免了国际竞争。没有什么可以替代单一银行制下中央计划预先提供的指导,从而导致大银行松懈地方分支管理,对其实行软预算约束。后者脱离总部控制,没有任何检查,面临来自需要政治贷款的地方政府官员的压力。银行官员也乐意顺从,因为固定利率使他们的收入为贷款总额的正函数。同时,地方政府鼓励发展地区银行并参与部分股权,这种情况大多数出现在专业化经济区已经建立的沿海地区。农村信用合作社网络建立起来,接受中国农业银行的监管。城市信用合作社也快速兴起。

这种系统的大规模运行,只在极其宽松的货币管制和审慎监管缺位的情况下才有可能出现。政府让银行拥有自主放贷的能力,却没有认识到银行不是普通的企业,它们具有特殊的资产负债表。在运行支付系统和吸纳存款时(对整个人口来说是不定期的定期契约),银行作为负债方履行着一种公共品职能。反过来说,它们在发放贷款时作为资产方是承担风险的实体,这种放贷在到期之前是有风险的。于是,银行热衷于大规模期限变换,把风险转嫁给存款人,而存款人是无法控制这些风险的。进一步,银行在网络中相互交织。任何贷款都会导致银行内部相互间的风险。因此,这些风险在本质上看是系统性的,特别是在行业贷款集中于几家银行的情况下。并且,由于存款人汇总形成货币供给的大部分,所以它们直接影响价格水平及其动态变化,即通货膨胀。

如果理解了银行业的本质,对 1984—1986 年间银行业改革半途而废的结果便不足为奇了。银行信贷爆炸性扩张,却不考虑那些贷款所资助的资产风险和回报。新成立的中央银行在货币政策方面既没有经验,也没有准则。无论保持银行运转需要创造多少基础货币,它都批准贷款。因此,通货膨胀急剧加速,月度 CPI 在 1988 年达到 28%—30%。还有,在私人活动被容许之后,城市中小企业立刻得到了发展。它们部分地从信用合作社获得贷款,部分地求助于自筹资金和非正式融资渠道。中小企业的数量扩张是 20 世纪 80 年代全国储蓄明显增加的主要原因,占 GDP 的比值从 1981 年的 20% 上升至 1988 年的 30%。在 1984 年以后,融资很大程度上来自价格增长。通货膨胀在 1988 年和 1989 年急剧上升,同比增长达 18% 的历史高点(见图 3.4)。

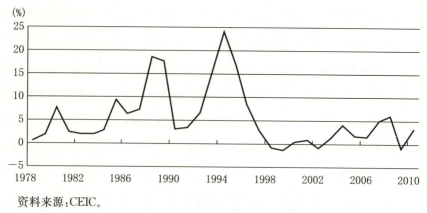

资料来源:CEIC。

图 3.4 中国通货膨胀率

通货膨胀的影响是灾难性的。在 1988 年,社会动荡扩散至全国各地,改革第一阶段多赢的局面被残酷地中断了。因为大多数人的工资仍受政府指导,比价格更有黏性,通货膨胀带来实际收入的锐减。这种福利减少引发大规模不满,并最终带来政治动荡。

宏观经济规制的缺乏导致增长体制极其不稳定。1982—1986 年间,GDP 增长从 6% 上升至 16%,1987 年回落到 8%,1988 年弹回 12%,1992 年在衰退之前降至 4%,随后又令人吃惊地恢复到 1994 年的 14%(见图 3.5),这再次引发了

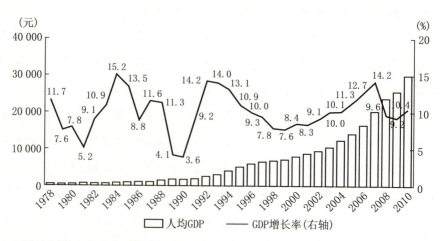

资料来源:各年度中国统计年鉴。

图 3.5 中国 GDP 增长率与人均 GDP

激烈的通货膨胀。在此之后,中国成功地进入了改革第二阶段,其间只出现过温和的通货膨胀。

3.2.7 农村改革惠及全国,城市改革带来危机

中国改革第一阶段的独特性在于它惠及全民,直至 1988 年通货膨胀飙升。正是由于这一原因,改革在中国所有部门获得了普遍的合法性。普遍福利提升的秘密不是朝着资本主义转型,而是我们所谓的后社会主义改革。在改革的那个阶段,中国农村真正实现了农业生产率提高,而工业增长要弱很多。这种生产率增长得益于社会主义时期建立的制度基础,而也是由于社会主义时期遗留下来的公平分配原则,使得生产率提高的收益能够相对公平地分配给整个人口。改革也得到了官员们的认同,他们发现,自由化实际增加了把政治权力转变为经济财富的机会。一个新的政治庇护系统正在形成。

然而,城市地区的不完全改革造成了中央政府的财政负担,这种负担被转移给改革不彻底的银行。信贷扩张促发了恶性通货膨胀和政治剧变。改革第一阶段在危机中崩溃。

3.3 小结

通过仔细地重新考察中国社会主义历史和 1978 年改革的发起,本章认为中国改革的指导性政治原则不是向市场自由化收敛,而是维持中国特殊的一元政治体制。这种务实的态度是"强制工业化"和 1978 开始的改革的共同指导逻辑。

1949 年,中国面临农业产出对工业的严重约束。国家被持续的战争破坏,被国际世界孤立。在那时,"强制工业化"是最小化农业制约和最大化工业积累的最佳战略。尽管计划经济没有也绝不能把中国带上动态的工业化道路,但1949—1978 年间中国的确成功地建立了工业基础,提高了老百姓的健康和教育,恢复了强大的一元政府。

到了 20 世纪 70 年代末,农业生产率、国际环境和人口结构发生了根本性变化,为发起动态工业化进程提供了更适宜的条件。同时,人民强烈表达对生活水平停滞的不满,直接伤害了中国共产党政权的合法性。在这样的环境下,为搞活经济、保护政权而引入市场机制是恰当的。这场运动的结果非常成功,但并不意味着中国改革的基本逻辑与任何西式的"普世价值"一致。如果有必要,中国经济也可能如 20 世纪 50 年代初那样从市场导向转向计划。改革的基本目的(1978 年及以前)一直是维持一元政治体制。在下一章里,我们将详细阐明这种逻辑在中国改革第二阶段(1994—2008)是如何起作用的。

第 4 章

中国改革的第二阶段

如前一章所讨论的,中国改革的指导性政治逻辑不是向市场自由化收敛,而是维持中国特有的一元政治体制。那么,改革措施的目的不在于革命性改变任何现有范式,而是在现有条件和机遇的基础上实现进一步的福利改进。中国改革家的务实态度从 20 世纪 80 年代初的流行口号可见一斑。其中许多口号据说是邓小平的发明。例如,有一个最著名的口号叫"猫论",断言"不管黑猫白猫,抓得到老鼠就是好猫"。另一个口号是把改革过程比作"摸着石头过河"。这两句格言都鼓励中国人民信奉改革是一个试验性过程,不要局限于意识形态约束,以便解决当时的实际问题。

在这种务实逻辑下,第 3 章所描述的改革第一阶段(1978—1993)没有废除社会主义制度。相反,它继承了鲜明的社会主义特征,充分利用了 1949—1978 年间打下的基础,并且积极处理毛泽东时期遗留下来的最紧迫问题。对中国改革第一阶段的顺利展开具有关键影响的遗产是相对均等化的国民收入分配制度。[1]在农村,这种平均分配得以建立的基础是土地平均分配和乡镇企业的集体所有。在城市,它基于政府依赖型的就业制度[2],以及全国统一的工资规定。这种均等化的分配制度把生产率上升所得的全部收益尽可能地扩展至全国人民,

---

[1] 诚然,中国城乡收入差距是巨大的。1978 年,城市平均收入是农村的 2.7 倍。

[2] 80％的职业人口都在为政府工作,要么作为公务员,要么作为国有企业雇员。社会主义中国的失业率非常低。

使中国第一阶段的改革能够成为"普惠改革"。福利的普遍改进使"改革"一词很快得到全民认可和政治合法性，从而使中国共产党有政治资格在1994年开始的第二阶段改革中引入更激进的措施。然而，也正是这种均等化分配制度和政府保持人民福利普遍改进的强烈愿望，导致中央政府的资产负债表持续恶化。公共负债损害了银行系统，剧烈通胀和由此导致的政治动荡最终结束了"普惠改革"的黄金时代，把中国增长引入一条不同的道路。

为了更好地理解为什么第一阶段的改革措施如此严重地侵蚀了中央政府的财政能力，我们有必要重新回顾中国在计划经济下的财政制度。类似于苏联的计划经济，中国计划经济是一家"政党—国家公司"。整个国民经济（特别是城市工业）被当作一个大公司来运行，政府是总部，国有企业是经营单位。在这种制度下，企业没有任何经营权，主要任务是完成中央计划机构发布的生产指令。日常运营和投资所需的资源都是在需要时分配给企业，企业把所有产出都上交给国家。价格的存在只不过被当作这一巨型政党—国家公司中的内部会计度量。显然，这种计划经济中几乎没有税收的概念。国家征集了来自国有企业的所有收入，以作为中央政府收入的最大来源。作为中央政府的分支机构，地方政府通过收入分成制度享受财政收入，以提供必要的地方公共产品和服务。这种收入分成比率一年一定，需要经过激烈的政治议价。

1978年以前大多数国有企业是盈利的，因为：(1)价格制度偏袒工业品，歧视农产品；(2)国有企业绝对垄断所有的工业品市场。国有企业盈利确保政府也非常富有。20世纪50年代中期，政府已经获得超过1/4的全国GDP作为预算收入。相对于当时较低的发展水平和战前国民政府一直很弱的征税能力，这是一个惊人的成就（Naughton，2007：60）。

然而，在1978年改革启动之后，这种基于收入的财政制度开始受到侵蚀。1979年，农产品收购价格上调20%，同时，农产品市场交易被合法化。这些政策转变表明农产品价格开始得到矫正。工业产出相对农业产出的价格优势正在减弱。随着改革深化，国有企业盈利性也受到传统计划经济外部工业生产者兴起的挑战。这些生产者包括城市地区的中小企业、农村地区的乡镇企业以及沿海地区的外资企业。计划系统外部这些新的经济体的出现,打破了国有企业对工业品市场的垄断。国有企业,甚至国家计划机构,失去了对销售价格的绝对控制权。与此同时,所有国有企业雇员都提高了政府指定的层级工资。国有企业的利润边际从各个方面受到侵蚀。

由于财政制度基于国有企业收入,国有企业盈利性下滑直接导致中央政府财政收入的减少,而因为必要税收制度的缺失,国家还无法有效地对计划系统外迅猛的经济增长征税。在改革的第一阶段,中央政府也多次尝试扩充中央财政,但大多以失败告终。中央政府的财政状况反而愈加堪忧。

其中一种尝试是 20 世纪 80 年代发起的收入分成“包干契约”。第 3 章介绍了这种“包干契约”制度在国有企业改革中的作用,但没有提到 1988 年的情况。此时,中央政府财政急剧下滑,却又没有能力去监督各省的税收工作,只好引入这些“包干契约”去规制中央—地方收入分成关系。这种财政契约制度被称为“财政负责制”(Wong and Bird,2008:431)。在这一制度下,省级政府只上交给中央政府一个固定的收入,保留所有剩余归自己使用。这些收入分成契约进一步弱化中央财政能力,至少有以下三个方面的原因。第一,由于上交中央的数额由契约固定,所以中央不能从快速经济增长中获益。在 1988 年总的财政收入增量中,地方政府保留了 96.7%,而中央政府只得到 3.3%(Xin,1996:550)。对新增财政来源的这种不成比例的分配直到 1994 年财税改革后才得以改变。图 4.1 清楚地显示了总财政收入中中央所占比重的下滑。第二,“财政负责制”没有考虑通货膨胀,尽管 1988 年以后那几年出现了恶性通货膨胀(参见第 3 章)。由于地方上交额以名义价值来确定,所以通货膨胀缩减了中央政府的实际收入,增加了中央政府的开支。例如,与 1987 年相比,1988 年中央财政收入名义上增加了 6.5%,但 CPI 在这一年高达 18.5%。因此,从实际价值看,中央政府收入其实严重下滑了。这种契约制度的第三个致命缺陷是,亏损情况下对签约人缺乏约束力。经理和地方官员在盈利时保留剩余没问题,但在亏损时就无法让他们对自己的行动完全负责。这成为“道德风险”典型的滋生地。由于改革第一阶段继承了很强的计划经济特征,破产和劳动失业在政治上是不可接受的。中央政府不但不能全部征集契约中承诺的上交款,甚至不得不成为经营不善的国有企业和地方政府的"最后依靠"(last resort)。毫无疑问,这种政策只能导致中央财政能力的继续下滑(见图4.1),在最低点中央预算仅分配国家GDP的3%(Wong and Bird,2008:432)。在20世纪90年代中期,中央政府的一半开支要靠负债来维持。银行被命令去发放政策贷款,却没有恰当的风险管理。结果,信贷危机随着不良贷款的增加而上升。1993年,通货膨胀随着货币供给快速扩张而急剧上升。

资料来源:CEIC。

图4.1 中国财政能力的演变:1978—1993

中央政府财政赤字,银行不良贷款加速累积,以及无法控制的通货膨胀,所有这些危机在改革第一阶段即将结束时爆发了,并转变为一场危及共产党统治的危机。一元科层政治体制面临来自所有方面的威胁。第3章阐释了双层社会中维持一元科层政治体制所需的三个主要条件:提供人民可接受的福利水平;官员行为与中央领导层政治目标保持一致;禁止有组织群体掌握独立的政治权力。在改革的第一阶段,毛泽东时代长期未兑现的福利改进迫使中国改革家把提高人民生活水平摆在第一位,以维持他们在政治上的合法性。那是一个"普惠改革"时期。全国人民的福利水平普遍得到提高,超过4亿人摆脱了绝对贫困。然而,从 20 世纪 80 年代末到 90 年代中期,这种增长体制开始破坏维持中共政治体制所需的这三个必要条件。受损最严重的条件是中央政府对官员行为的控制。在收入分成契约制度下,地方政府享有高度的经济自主权。由于地方政府负责征税,中央政府面对自己财政收入的损失无能为力。孱弱的财政能力危及一元政治权力的可信性,科层官僚系统从内部崩溃。在官僚系统外部,大量的私人经济体正在出现并快速增长。在改革第一阶段,共产党还没有充分的管理制度去引导这些新兴经济组织的活动。结果,这些组织不仅高度独立于官僚系统,而且还诱使官员退出政治系统和"下海"。①换句话说,私人经济开始挑战中央政治体制的终极权威,而在基于双层社会的典型政治体制中,这种竞争是不能容忍的。更糟的是,随着 20 世纪 80 年代末通货膨胀的失控,人民的总体福利水平最终下降了。中国共产党的统治至此面临全面的严重挑战。若不采取有效措施去改变这种局面,中共的政治体制就会面临崩溃的危险。

应对这种危急局势需要激进措施,并用铁腕去坚决推行。以刚毅著称的朱镕基在 1993 年被任命为国务院第一副总理,1998 年任国务院总理。上任之后,朱镕基立刻制定了一系列政策,把中国改革引入第二阶段。毫无疑问,维持中国共产党的一元科层政治体制是改革第二阶段极为重要的逻辑基础。因此,这些措施的设计旨在系统性地处理上述对共产党控制权的所有挑战。而在这个过程中,增长体制也发生了深刻的转型。一种新的增长模式诞生了。

4.1　中央政府加强政治控制

4.1.1　新税制

为挽救中央政府弱化的官僚系统控制权,最紧迫的任务之一就是重新加强

---

① "下海"是 20 世纪 80 年代末和 90 年代初的一个流行语,意思是放弃政府系统中的职位而从事私人经济活动。

中央政府的财政能力。因此,1994 年财税改革的主要目的在于重新集权化财政控制。这一目的分三步来实现。

1. 从收入到税收

第一步是建立现代税收制度,以便对计划体系外的经济活动有效地征税。1978 年以后,尽管非国有经济部门出现并快速增长,但在公平的基础上同时覆盖国有和非国有部门的现代税收体制并没有建立。1994 年财税改革首次尝试系统性地转变这种财政体制,从以收入为基础转向以税收为基础。尽管所确定的方案仍然粗略,制度还很不完善,但不成熟的现代税收制度正式诞生已经有了深远意义。

首先,单一税率的增值税(VAT)①统一了对工业活动征收的所有流转税。而对于服务业则征收营业税。征税基于销售额,税率根据企业类型和行业的不同在 3% 到 20% 之间变动。在增值税基础上,对奢侈品或有害公共健康的 11 个品类②另外加征消费税。对公有和私有企业采用统一的企业所得税③。外国企业享受优惠的所得税税率,这种差别税收待遇持续至 2008 年。个人所得税规定在 1994 年也进行了调整,以适应变化了的收入结构。

建立现代税收原则是理顺中央—地方税收共享关系的前提条件。统一的增值税和所得税体系,为不同所有权性质的经济主体创造了公平的竞争基础。这种工业税基比从前界定得更完善,限制了逃税和各种各样的预算外收费。全国通用的税制还意味着中央政府获得了制定财政政策的排他性权力。因此,这一步到位之后,中央政府便恢复了对地方政府的主动权。

2. 新的税收共享体系

1994 年财税改革的第二步是废除"财政责任制",建立一个更加规范的税收共享体系。这种变化直接重构了中央与省级政府之间的财政关系。例如,增值税被界定为共享税,中央政府得 75%,地方政府得 25%。由于增值税是新税制

---

① 工业活动的增值税税率被确定为 17%。也存在优惠税率,为 13%。
② 这 11 个品类包括:烟、酒及酒精、化妆品、护肤护发品、贵重首饰及珠宝玉石、鞭炮及焰火、汽油、柴油、汽车轮胎、摩托车、小汽车。
③ 公司所得税税率被确定为 33%。

中最大的一块,所以 75/25 的比率使中央政府在税收共享中处于有利地位。①

税收共享改革立竿见影。中央的税收比重猛增,从极低的 22% 上升至 55.7%。尽管这一比重在随后几年稍有下调,但在整个第二阶段改革期间大致保持在同一水平。而财政开支分配比重在 1994 年之前和之后却没有明显变化,地方政府仍然要承担 60% 以上的总财政支出,因此大多数变得高度依赖中央财政转移。②权力关系的这种急剧转变决定性地强化了中央对地方的控制。

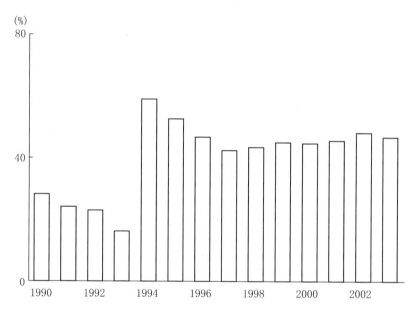

资料来源:根据各年度中国统计年鉴计算。

图 4.2 中国中央转移支付与地方开支总额之比

3. 重构税收管理

1994 年财税改革的最后一步是加强税收管理。在税收体制和税收共享制

---

① 在 1994 年税制下,中央政府还负责征收所有消费税,而地方政府索取所有的营业税和所得税。2003 年以后,所得税由中央政府和地方政府以 60/40 的比率共享。

② 由于 1994 年财税改革的主要目的是加强中央政府的财政控制,所以转移支付计划本身并没有经过充分的设计。这是中国当前分税制中的一个不完善的要素。在随后几章,我们将再次讨论当前转移支付计划的缺陷,并提出可能的未来改革方向。

度建立起来之后,还必须有能够恰当地执行这些计划的有效税收管理机构。为了保护中央税收比重不受地方影响,从前的地方税务局被一分为二。中国创造了一个具有两套税收管理机构的一元财税制度。其中一套是国家税务管理机构,由中央政府直接控制,负责征收中央税和共享税。另一套由地方政府控制,负责征收地税,如公司和个人所得税。这种"双轨"税收管理制度保证了中央对增值税这一最大税种的紧密控制,因此确保了中央财政安全不受地方侵蚀。

　　尽管我们把1994年财税改革解释为三步走,但实际上这三步与一个政治目标下的政治过程交织在一起,即通过重新集中财政权力来强化中央对地方政府的控制。基于这种评价标准,1994年财税改革是一次巨大的成功。不仅总财政收入中中央所占比重从1993年的22％迅速上升至1994年的55.7％,而且在改革第二阶段的整个时期,税收收入作为GDP的比重也实现了稳步增长(见图4.3)。中央政府获得了制定税收政策的全部决策权,以及全国财政收入的近60％。地方政府的经济自主权(至少在收入方面)被大大削弱。

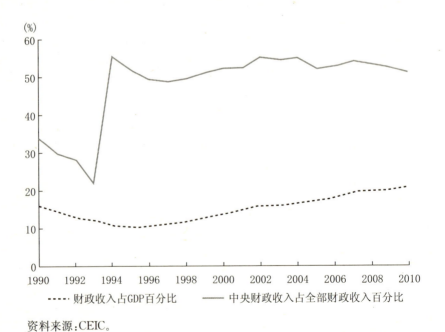

　　资料来源:CEIC。

图4.3　中国财政能力的演变:1990—2010

值得注意的是，从建立现代中国的财政制度来看，1994 年财税改革只是一项不彻底的改革。由于这次改革的主要目的在于重新集中财政权力，所以税收体制的设计、计算财政转移的方法以及分摊财政开支的计划等，均缺乏详细审查。随着时间推移，1994 年制度的缺陷已经变得越来越明显，无疑需要进一步的调整。我们将在第 7 章讨论这些问题。

4.1.2　重新定位国有企业

随着财税改革的迅速推行，中央政府强化了收入方面的经济地位。然而，国有企业的总体盈利性继续下滑（1998 年总亏损达 78 亿元）。作为这些企业的所有者，中国政府在开支方面的经济风险越来越高。越来越多的企业持续亏损，它们的最终依靠——中央政府及其下属的银行业系统——不得不反复帮助这些亏损企业走出困境。在 20 世纪 90 年代中期，大量的国有企业已经停止生产性活动，仅限于向雇员提供基本生活补贴和社会服务，而这些员工是城市劳动人口的主要部分。1978 年，国有企业养活了 7 500 万雇员，占城市总就业人数的 78.3%。随着国有系统外的经济快速增长，这一比重在 1994 年下降至 60.1%。尽管如此，随着劳动人口的快速扩张，国有企业总就业实际上增加了 49%，达 1.12 亿人。即便工资很低，工资总量仍然庞大。另外，在这种社会主义传统下，国有企业有义务为雇员及家庭提供免费的教育服务、医疗保健，通常还有免费住房。总之，在 20 世纪 90 年代，国有企业完全从"摇钱树"变成了一个日益增长的瘤，损害中央政府的财政健康。除非对国有企业实行激进重组，把包袱整体性地转移给社会，否则它们将持续地让中央政府面临财政风险。在这种环境下，经过政治权衡，中央政府最终决定还是要把确保政治的可持续性放在第一位。一旦政治上达成统一认识，国有企业重组的原则和措施便不证自明了。

1. 国有企业重组的法律准备

由于 20 世纪 90 年代新一轮国有企业改革的主要目的是确保中央政府的财政能力，所以必须完成两个主要任务。第一个任务是关闭"非战略"部门的亏损企业。战略部门被界定为涉及国家安全、自然垄断、提供关键的公共产品/服务或具有巨大增长潜力并拥有高新技术的部门。①掌控这些"战略部门",政府便可以对核心经济保持支配地位。而通过"放开"亏损和非战略性的国有企业,政府可以大大减轻财政负担。这一政策被生动地称为"抓大放小"。另一项任务自然是解雇大批国有企业员工。这些下岗工人成为改革开始以来第一批利益受损者。中国改革正式结束了"普惠"阶段。

为了"放开"和国有企业裁员能够顺利进行,必须让三类管理决策合法化,即私有化、破产声明和劳动力解雇。1993 年和 1994 年先后通过的《公司法》和《劳动法》确定了这些决策的法律基础。随着《公司法》的出台,中国国有企业改革进入了一个新的阶段。改革的重点不再是签订收入分成契约,而是把国有企业变成"现代"公司。这一改革行动继续授权企业管理者,但也为多样化所有权和处理破产企业提供了一个法律框架。《劳动法》于 1994 年通过,1995 年 1 月 1 日生效,该法使不同所有制类型的就业关系相同。国有企业雇员享受的总体就业保障(亦称为"铁饭碗")被正式废除。相反,规定了工人与雇主之间要签订劳动合约。需要注意的是,该法律容许企业解雇工人而无须承担责任,以回应经济条件变化(Cai et al.,2008:174),这为解雇大规模的国有企业劳动力提供了法律基础。

2."抓大放小"的过程

公司化是私有化和破产的前提条件。对于小型国有企业和集体所有制企业,公司化直接与私有化交织在一起。通常情况下,这些公司被以优惠的价格出售给工人和管理者。然而,对于较大的国有企业,私有化比公司化来得要晚得多。国务院在 1994 年 11 月挑选了第一批 100 家国有企业实行公司化,但除了公司名称,其他的都没有变。公司治理演进缓慢,所有权仍然保持严格的公有制。然而,由于国有企业亏损日益增加以及中央政府财政状况恶化,1997 年之后大型国有企业重组加速。从那一年开始,大量的非战略部门的国有企业被出售或者宣布破产,也同时开始了国有企业雇员的大规模失业。这些企业的整个

---

① 1999 年中共十五届四中全会正式给出了这一"战略部门"定义。

私有化过程非常混乱，而且极其不透明。至于哪些企业要放开、什么时候放开以及如何计算企业价值和出售价格，中央没有任何指示。地方政府全权负责执行私有化过程，自然充满混乱。少数有关系的人获得了巨大的个人利益，却牺牲了国家资产，就像在俄罗斯发生的一样。在国有资产监督管理委员会（SASAC）于2004 年成立之后，一些规则才最终得以建立。然而，管理者仍然能够借助内幕消息（insider knowledge）轻易地回避规则。

对具有重要战略意义的大中型国有企业（即要"抓"的企业）也实行公司化，但目的不是私有化，而是要改进公司治理和盈利性。在公司化之后，从官僚行政中分离出来的经营自主权得到进一步的制度化和保护。一些国有企业实行首次公开募股（IPOs），成为第一批在股票市场上市的中国企业。不管这些措施实际上在多大程度上改进了公司治理和效率，"抓大"的这些国有企业由于具有垄断的市场地位和政府更集中的资金和物质支持，其商业动力无疑是加强了。这些国有企业为政府控制经济命脉起着重要作用，影响了改革第二阶段的整个经济结构。

3. 国有部门裁员的过程

在国有企业私有化初期就已经出现了劳动力解雇，但是规模有限，过程缓慢。确实，裁员是一项风险很大的运动，因为它损害了许多人的福利，从而直接侵蚀了中国共产党的政权合法性。然而，随着国有企业亏损面扩大，最终不得不迈出这痛苦的一步。由于亚洲危机导致经济下滑，1997 年，国有企业大规模裁员伴随着全面公司制和一系列破产拉开序幕。这次大规模的裁员有自己的专有名称——"下岗"。

表 4.1 清楚地显示了裁员的规模。在 1998 年以前，已经至少有 1 000 多万下岗工人。从 1998 年到 2004 年，下岗工人总数达 2 700 万。也就是说，在中国改革的第二阶段，至少有 3 700 多万工人被解雇。然而，这一数字可能低估了实际情况。国有企业雇员通过各种机制放弃了工作，有些方式（如内退）没有计算为"下岗"。对比 1997 年与 2004 年国有企业工人数量可大致看出这次裁员浪潮的实际规模。国有企业雇员人数在 1997 年有 10 770 万，到 2004 年减少了 4 330

万,只剩下 6 440 万。这 4 330 万劳动力的减少甚至不包括集体所有制企业。具有讽刺意味的是,登记注册的失业率在所有年份仍然保持大致相同的水平。在 1997—2000 年间失业率连续 4 年保持 3.1% 的水平。在 2000 年之后,该比率轻微上升至 4.2%。

表 4.1 "下岗"对中国就业的影响

年份	下岗工人年末存量(百万人)	当年下岗工人数量(百万人)	国有企业工人数量(百万人)	登记失业工人数量(百万人)	登记失业率(%)
1997	9.95		107.70	5.77	3.10
1998	8.77	7.39	88.10	5.71	3.10
1999	9.37	7.82	83.40	5.75	3.10
2000	9.11	5.12	78.80	5.95	3.10
2001	7.42	2.83	74.10	6.81	3.60
2002	6.18	2.11	69.20	7.70	4.00
2003	4.21	1.28	66.20	8.00	4.30
2004	2.71	0.49	64.40	8.27	4.20
加总	32.60	27.04			

资料来源:中国劳动统计年鉴(1999—2005)。

让政府宽慰的是,这种大规模裁员计划没有引起破坏性政治动荡。尽管不满和社会冲突上升,但总体上看劳动力市场实现了平稳转型。这种相对平稳转型的原因是多方面的。最主要的因素是经济高速增长,使下岗工人能够在其他经济活动中被快速地吸收。从表 4.1 中可以看出,尽管有大规模的新增下岗职工,但没有找到新工作的工人存量被限制在某个范围之内。私有部门的快速兴起,特别是出口导向—劳动密集型企业和城市服务提供者,吸收了大量的下岗工人。

此外,"下岗"计划提供了非常慷慨的补偿方案,典型情况如基于每个工人最终工资的 60% 提供最长三年的生活补贴(以及养老金和卫生保健补贴)。在下岗工人找到新工作之前,他们保留与原工作单位的非正式关系,享受免费的培训项目和就业帮助。从前由个别企业负责的社会保障项目,现在也由地方政府接管。尽管进程缓慢,重新就业比率不高,但这些项目为下岗工人提供了最低保障。

在国有企业重组过程中,另一个重要的稳定器是 1994 年开始、20 世纪 90

年代末完成的住房改革。在此改革期间,单位将 1994 年以前免费分配给城市居民的福利住房以非常低的折扣价出售给现有住户。由于大多数国有企业家庭从福利住房中获益,所以这次改革是公共资产向个体家庭的一次性大规模转移,改进了国有企业雇员的总体福利水平。这种大规模的财富转移对下岗职工有着不可估量的安抚效应。至少,他们在工作单位公司制过程中不是一无所有。

对于 20 世纪 90 年代劳动力市场的这种平稳转型,不要忘记中国强大的家庭关系和社会网络的作用。每个家庭或社区的经历不同,难以一概而论,但在 20 世纪 90 年代各种私人帮助有助于弥补不完全的社会保障计划,即便在今天也是如此。

4. 国有企业重组的效应

在实行"抓大放小"和大规模国有部门裁员之后,中国政府成功地重新定位了国有企业在整个经济中的作用。中央不再试图控制经济活动的每一个部门。相反,中国领导人认识到,只要少数"战略"部门仍然牢牢控制在手,他们仍然可以有效地引导国民经济发展的方向。

尽管这一过程给下岗工人及其家庭造成巨大的痛苦,并且把大量公共资产转移给小部分群体造成了巨大的社会不平等,但不管怎么说,国有企业重组毕竟提高了中国工业生产率和经济动力,撤掉不具竞争力的生产设备,大力扩张市场竞争的范围,释放出大量有经验的工人进入有活力的私人部门,特别是流向沿海地区。最重要的是,重组完成了加强中央政府财政能力的目标。中央政府现在能够集中财政资源,投向国务院认为对整个国家和政治体制最具影响力的领域。中央的权力大大提高了。

4.2　经济的行政控制增加

在 1978 年改革开始的时候,目标是"实行有市场机制的计划经济"(Chen and Duan 2009:51)。然而,实际结果超出了任何人的预期。在计划系统外部,大量非国有部门以惊人的速度增长,侵蚀了计划经济,最终摧毁了整个命令系统。私人经济正在挑战中央政府的终极权威。在改革第一阶段,中央政府主要停留在防御地位。党内出现严重政治争论,在关键问题上很难达成一致。在这种环境下,官僚主义惰性坚持计划经济传统,要求对每一个经济部门保持直接控制,保护每一个群体的利益。然而,直接控制每一个部门的尝试分散了有价值的财政资源,让每一个群体受益的努力增加了财政负担,最终促使通货膨胀。在20世纪90年代初经历过挫败之后,政府最终认识到,不可能也不必要继续采用老的计划方法去运行经济。如果完善恰当的机制去调节关键投入品的流动以及混合经济的游戏规则,那么私人部门的产出和就业可以快速增长,且不会损害政府的政治权威。

4.2.1　财政资源

　　1994年财税改革之后中央拥有的更强财政权成为第一个武器。在必要的时候,政府会毫不犹豫地使用加强了的财政能力去引导投资,监管宏观经济趋势。这种态度在1998年首次得到检验。当经济面临亚洲危机的威胁时,中国政府果断地启动了大规模的政府指导型投资计划。2008年,为了对抗全球金融危机也启用了类似的财政刺激。

　　政府指导型投资对整个中国经济的行为产生了有力的影响。官员们力挺这些投资,因为这不仅为他们提供了晋升的政治资本,而且还有寻租的机会。国有企业被当作执行政府指导型投资的重要工具。由于与政府之间暧昧的经济关系,国有企业可以得到投资上的财政支持,但投资回报却几乎全部据为己有。毫无疑问,它们也会全心全意地支持投资计划。政府资助的投资项目还吸引了私人投资者。有政府做后台,私人投资者感觉风险更低,回报更有保障。这些经济刺激迫使许多企业与政府官员搞好关系,希望在这些项目中分得一杯羹。政府在投资中扮演的积极角色,成为21世纪第一个10年经济变得越来越依赖投资的关键因素之一。同时,它还提高了所有经济参与人对政府决策和指导的依赖性,从而加强了政府的政治权威。

4.2.2　资金资源

资金对企业的重要性，怎么强调也不为过。因此，理解资金来源的分配，可以为理解中国政府控制经济提供有用的洞见。

中国金融系统是出了名的倚重银行系统。银行，特别是中国工商银行（ICBC）、中国银行（BOC）、中国建设银行（CCB）和中国农业银行（ABC）四大国有银行，合起来占据了存款的 80%。政府指示对银行信贷流——最普遍的资金来源——具有很强的影响力。在挂牌上市并将信用评级和授权集中至总部之后，尽管这些大银行的经营业务变得越来越独立于官僚系统，但它们对银行的行为仍然具有重要的政治影响力。

结果，银行贷款不成比例地流向国有企业，并通过特殊渠道（如城市发展投资公司）流向地方政府，从而推动了城市房地产发展。这类似于美国的投资银行为抵押贷款证券化提供融资时使用的特殊投资工具。地方政府圈地招标发展房地产，投资公司竞得土地并以此为担保品获得银行贷款，实际上是把钱借给地方政府。这些贷款是投机性的，依赖于房地产价格上升的预期（见图 4.4），从而使中国银行系统面临房地产价格下行的风险。尽管如此，这些贷款的规模从未停止增长。然而，对于私人企业，融资变成了最严重的瓶颈。中华全国工商业联合会的调查报告显示了中小企业获得银行贷款的难度有多大。在这样的环境下，

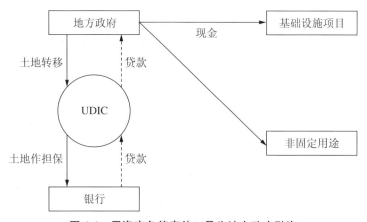

图 4.4　用资产负债表外工具为地方政府融资

中小企业不得不严重依赖非正式融资和自筹资金,业务发展严重受阻。

信贷系统管制太严,那么资本市场怎么样呢?资本市场包括债券市场和股票市场。1998 年的刺激计划以及随后的限制性货币政策,共同促成了中国资本市场的巨大进步。然而,整个社会融资结构的演化表明,这一变化的主要受益方仍然是提供承兑票据的银行,以及做无担保贷款的信托公司。银行不会购买发行的所有债券,它们大约购买了一半的政府债券和短期私人债券。价格问题更大。利率管制同时约束了债券的供给和需求,因而二级市场基本上不存在,尽管财政部在 1994 年财税改革之后就立刻正式引入了政府债券二级市场。这就是为什么中国债券余额尽管在 21 世纪前 10 年中期以来一直增长,债券市场却仍然大大小于东亚更成熟的市场(韩国、马来西亚、新加坡),更不用说与日本相比。

在供给方面,由于利率受到严格管制,所以人民银行实际上保证了银行贷款的利润率。人民银行确定了从 1 个月到 5 年期的整个收入曲线,自 2007 年上海银行间同业拆放利率(Shibor)引入以来短期金融市场成为例外。货币市场是唯一的深水市场,因为它是银行获得流动性以平衡作为担保品的政府债券的回购市场。然而,它对较长期证券定价的影响不大。因此,公司债券很大程度上局限于短期性的证券结构。至于政府债券,中央政府是想最小化赤字,容忍地方政府依靠土地价值、通过有风险的工具进行债务融资。

在需求方面,银行存款的市场被俘虏了,因为存款是银行的主要资金来源。在改变利率的时候,银行债务人和债权人按比例运动,以保持利率边际稳定。直到最近,随着存款漏出到信托公司,存款利率才稍有上升,略高于 3—5 年期证券的借款利率。

利率管制排除了二级市场的价格发现作用。公共债券发行速度高于同期限银行贷款速度。银行是这些债券的主要持有者。由于贷款利率受到严格控制以确保较低的资本成本,所以银行有各种理由持有这些债券直至到期日。因此,二级市场几乎不存在。由于伪市场收益系统性地低于发行收益,所以它吸引不了投资者。这样的话,在二级市场上交易是亏损的。结果,银行和其他金融投资者持有债券到期日。大型国有企业和中央政府自身仍有经济实力让发行利息率低于同期限的银行贷款利率。这就是为什么中国债券市场得以发展起来为政府和国有企业提供廉价融资,而完全没有定价风险的原因。

在发达的金融系统中,债券融资和银行信贷是相互替代的。亚洲金融危机对银行的冲击太大了。这是政府导向型快速增长和高家庭储蓄的结果。政府发现可以通过商业银行非常便利地构建起广泛的分支网络,这样银行能够从经济的遥远角落吸收储蓄,在封闭的金融经济中以稳定的利率将贷款发放给公共部门和私人部门。有益于快速持续增长的高水平投资,能够得到极低成本的融资。这就是自由经济学家所谓的"金融抑制"。

两个结构变化破坏了那些封闭且受管制的金融系统的一致性。第一个是金融全球化,在 20 世纪 90 年代发展至亚洲的小国和中国(在 2005 年 7 月中国汇率体制变化之后)。第二个是增长体制的多样化,当时已经发展到中等收入国家的阶段。两个结构变化都提出了不同于最大化积累的资本配置问题。有了新的资金来源,竞争便会导致对风险调整后收益的关注。由于中产阶级兴起后消费者的机会越来越多,金融决策变得更加分权化了。在复杂的金融系统中,覆盖多层级的贷款渠道以及管理和风险分散变成最重要的了。

运行良好的债券市场的作用在于以下五个方面。第一,债券发行资本市场帮助平滑投资周期,避免信用崩溃和债权人跑路,而银行部门问题贷款积压。公司债券市场容许有偿还能力的经济主体继续借款,从而提供了一个"安全阀"。反过来,以中央银行流动性为后台的商业银行,可以预防公司债券市场混乱所引发的安全投资转移。第二,与涉及私人风险评价和监控的银行信贷相反,债券市场设计了公共风险评价和传播的机制,从而改进了资源配置效率。深刻畅通的政府债券市场将提供一个收益曲线,有助于各种期限的信贷风险定价。界定清晰的收益曲线扩展至长期债券,为长期投资项目提供新的资金来源。信用衍生产品的使用将进一步容许分割风险的基本要素:信用风险、流动性风险、嵌入特定合约的风险(回购),以及最终的税收差异。第三,债券是长期机构投资者在策略性配置中的一种基本资产。对于长期投资者,策略性资产配置中的低风险债券不是短期票据,而是长期债券,因为长期债券收益显示均值回复过程,而在不确定利率环境下新旧轮换的短期票据就不是这样。因此在中国这样的人口处于老龄化、政府正在建立强制性退休计划的国家中，强化资本市场具有改进机构资产管理的后发优势。第四，信贷市场搜集的公共信息越多，中央银行从直接信贷控制转变至货币政策价格渠道的速度就越快。由于能够向金融市场传递经济未来路径的前瞻性观点，所以中央银行能够平滑实际变量的波动，制造更稳定的增长路径。然而，要放弃货币政策中的直接数量和价格控制，政府就必须确保使用市场导向的工具不会吸引更多的海外资本流入，而不被中国机构投资者的资本流出所抵消。这就是为什么自 2005 年 7 月决定人民币对美元升值之后，中国政府加速开放资本账户的原因。金融机构和政府养老金已经被容许投资海外。第五，有效的国内市场是安全地逐步结束资本控制的前提条件，也是国内资本市场与全球市场接轨的一步。收益曲线的短期分布范围是国内远期外汇市场的支柱。商业银行将能够为外贸经营者和渴望海外多元化的投资者提供套期工具。反过来，以国内货币形式从海外借债也将成为可能，降低对美元的依赖性。有了更宽广、更多元化的资本账户，便有可能转向更有弹性的汇率制度。在下一章，我们考虑 2010 年以来人民币离岸国际化的过程，这是国内利率自由化的一个重要预备阶段。

债券市场有潜力在未来几年快速扩张。在供给方面，2011 年开始的"十二五"计划正在发起新一轮改革，其驱动力主要来自基础设施建设方面的公共开支，大规模教育投资，建立公共福利系统，以及全国性的公共养老金系统。迅速增加的公共债务融资将大大增加政府债券的供给。在需求方面，家庭收入可能稳定增长，庞大就业人口规模继续扩张，以及寻求多元化的巨大储蓄存量，都可能创造债券需求。这将变成广泛而深刻的资本市场中的有力支柱，促进增长。

股票市场更像一个投机场所，而不是中国资本主义的圣殿。上海和深圳股票市场分别创建于 1990 年和 1991 年。上市企业数量与市值一起急剧扩张，但对企业融资的贡献一直不大。除了 2007 年的一次性剧增，每年筹集的普通股资金一直不到新贷款的 10%（见图 4.5）。国有部门在那些市场中占据着支配性地位。财政部、公共金融机构及其他国有企业拥有约 2/3 的比重，即所谓的非流通股，与流通股价值不相同。因此，政府所有者和企业管理者都不太关心这些企业的市场价值。与此相关,二级市场不仅仅是非流动的:它们充满着盗用、内幕交易、会计造假,以及合谋。这就是为什么国务院决定成立证监会(CSRC)推行股票市场改革以监督 2005 年改革的原因。总体目标是建立一个竞争性的股票市场,能够带来安全的资产多样化和家庭财富增长,为金融投资者的有效资本配置提供可靠信息,为公司提供长期资金来源。这项改革仍在进行,还远没有实现所有目标。中国证监会肩负着这一艰巨任务,首先必须监督市场,创造能给散户带来信心的氛围,促进机构投资者制造牛市的作用,吸引外国资本。从股市的波动和 2007 年严重的投机泡沫来判断,这一目标还远没有实现(见图 4.6)。市场分割和流通股比重偏小可能是一个原因。上市公司可以发行三类股票:针对国内投资者在国内市场以人民币发行和注册的 A 股,针对外国投资者在国内市场以美元发行和注册的 B 股,以及两类 H 股——一类在国内市场以港元发行但在香港交易,另一类以港元发行在香港交易且服从香港法律,即所谓的红筹股。后者受到外国投资者的偏好。有资格在中国股票市场上市的企业非常少。中型公共企业和私人中小企业都没有获准发行社会公众股。在有效法庭诉讼中实行清偿法(solvency law),以及会计和审计的标准化,这些在没有传统做法的中国立法中是一个过程,且其广泛普及还需要很长一段时间。

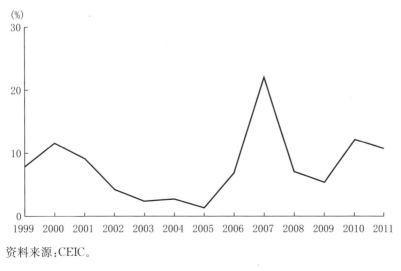

资料来源:CEIC。

图 4.5　中国国内市场新股融资与新信贷之比

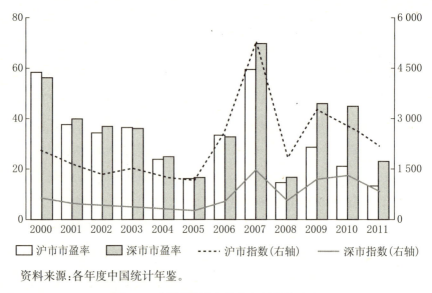

资料来源:各年度中国统计年鉴。

图 4.6　中国股票市场指数与平均市盈率

　　为增加股票需求,中国保监会正在考虑更灵活的管制,以容许保险公司更多地投资 A 股。然而,金融机构需建立可靠的风险控制系统,并改革治理结构以便内部审计部门提供的警告和检查可以有效地影响更高级别的管理层,在此之前监管当局不想放开股市通道。一种推进方法是批准通过完全资本化了的资产管理子公司进行交易和投资。对银行也是如此,批准其创立证券公司,但条件是自身治理必须有根本性的改进。在 2007 年大爆炸中制造泡沫的是公募基金(public-offered funds),它们在中产阶级大规模兴起的最大城市向个人提供账户。由于没有机会投资于债券,所以这些人把过大比重的储蓄投资于股票。在不稳定的市场中,他们可能承受巨额损失。潜在的巨型投资者是国家社保基金,在基于新加坡模式的三级退休基金系统中,它是强制性阶段的支柱。随着退休储蓄的发展,它将变成最大的养老基金,是一个很好的长期投资工具。

　　供给扩张中的挑战是如何让非流通股上市流通。这一改革具有创造财政收入和改进股票市场流动性的双重优势。政府必须根据推动长期增长的总体战略,决定想保持的公共部门的边界。然后,财政部、国家发展改革委员会(NDRC)、国有企业管理者、担保银行(underwriting banks)和投资机构等各方必须就 IPOs 方法达成一致,其中关键在于估价过程。在 2007 年唤醒期望、滋生泡沫的股市暴涨之后,该问题的复杂性及其导致的利益冲突减缓了 IPOs 的进程。2008 年全球金融危机导致泡沫破灭。2009 年,受益于当时扩张性的经济政策,出现了短暂恢复,但随后的 2010 年和 2011 年,抑制通货膨胀的限制性货币政策阻碍了这些市场,使这些市场被大大低估。

4.2.3 固定资产:自然资源和土地

政府拥有关键自然资源的产权,这并不罕见。然而,作为一个正从完全公共所有权转型为混合经济转型的国家,中国政府对其控制下的这些资源拥有巨大利益。包括土地在内的资源配置,也是指导经济发展的重要工具。在中国,使用自然资源需缴纳的矿区土地使用费、租金和税费等都非常低。攫取自然资源的权利通常是免费的。根据对 15 万家采矿企业的不完全调查,仅 2 万家企业花钱购买了采矿权(Fan et al., 2010:146),其他的都是通过行政分配方式而免费获得了矿业资源。结果,政府决定谁能获得高额利润。这是一种有力的保护系统。

在 1994 年开始的住房改革之后,土地流转不仅成为地方政府的一大块收入,而且也是指导区域经济发展的一种工具。在地方政府出于财政或经济结构方面的原因想招商引资的时候,工业用地通常免费划拨给企业。关键自然资源(特别是土地)配置上强大的行政权力,使企业有很强的激励去讨好地方政府。这种情况阻碍了有效的资源配置,也制造了腐败的温床。再者,过低的资源价格损害了全体中国人的财产权利,因为从法律上看,这些资产属于公共所有,其配置应该符合中国老百姓的共同利益。然而实际上,行政分配主要促进了大规模的资本密集型积累。地方当局为了发展工业园和商业住房,以极低的折扣价征用农村集体土地,这是一种有利可图的税收筹划。

偏袒性的资源配置机制导致了 1994—2008 年间中国改革第二阶段越来越资本密集型的增长模式。如果中国政府正式考虑经济再平衡和环境保护,那就必须改革自然资源和土地配置的方式。我们在第 6 章和第 7 章再详细讨论这一问题。

4.3 以保持快速增长和宏观经济稳定来确保总体福利水平

中国政府的政治合法性是基于人民的福利改进。在改革的第一阶段，这种改进过程是均等的，大多数人的福利同时改进。在改革的第二阶段，不再保持这种均等化的收入分配。在收入不平等日益扩大的情况下，维持政府的政治合法性和中国的政治稳定，关键在于快速的经济增长和更稳定的宏观经济。本章前文中提到了更强有力的财政能力对稳定经济的作用，特别是 1998 年的财政刺激计划。在这一部分，我们考察与金融和货币稳定性有关的措施，以及出口导向型部门对吸收剩余劳动力和过剩产能的重要性。

4.3.1 增加金融稳定与控制通货膨胀：从《银行法》到银行合并（1994—2008）

1. 金融管制的法律和制度基础

20 世纪 80 年代末的恶性通货膨胀告诫中国政府货币和金融稳定对经济增长和人民普遍福利的重要性，以及公众意见的重要性。在 1993 年和 1994 年，通货膨胀再次飙升，但工资随即上升使社会后果最小化了。中国的政治家最终认可，必须在金融和货币制度领域进行系统性变革。

在 1994 年和 1995 年，中国出台了两部重要的法律。1994 年，《中国人民银行条例》确保价格稳定和监管银行的两项任务得到强化。目的是授权中央银行实施国务院决定的宏观经济政策，抑制地方政府在信贷需求上出价过高，导致大大超过了信贷任务目标。1995 年开始施行《银行法》，确认了四大国有银行的商业银行地位。它们获得了业务经营及相应风险责任的完全自主权。与此相关，政府成立了三家发展银行，负责为从前由国有银行提供资金的大型基础设施项目融资。

尽管中央银行很快成功地避免了通货膨胀飙升，但改革过程面临着一个拖延已久、当局必须优先解决的棘手问题。这就是长期积累的巨额不良贷款,在四大银行可能合并之前持续了近 10 年。不良贷款问题大多继承自 20 世纪 80 年代末,在亚洲危机之后又大大增加了。

1994 年,中央领导层克服了 1989 年后的内部意见分歧。在邓小平 1992 年春季到沿海省份巡视之后,改革又恢复了活力。遵循的路线是出口导向型增长,我们在下一章再研究它的特征和影响。这里先考察大幅贬值如何发起新的增长体制,推动贸易商品部门的盈利性。随后出现了新一轮的信贷扩张,为工业生产能力扩张提供资金,开发新的工业园。

1997 年 7 月亚洲危机在泰国爆发,12 月扩散到中国香港、中国台湾和韩国,它们都是中国政府最密切的贸易伙伴。它们的货币大幅贬值,而中国政府作出了不贬值的政治决策。由于外贸收缩和竞争力损失,许多企业盈利性下滑。私有部门出现破产。为了保护就业,地方政府强迫银行为中央政府鼓励的开支提供资金。问题贷款迅速增加,形势早在 1998 年就令人担忧,告诫政府要开始针对不良贷款打一场持久战。

第一阶段:坏账银行的产生和贷款转移。

对于四大国有银行,该过程始于 1999 年。财政部发行了价值 2 700 亿元的特殊债券(当时相当于 330 亿美元),并将法定存款准备金率从 13％ 降至 9％。由于放松了流动性,银行购买债券重组资本金。同时,财政部投资 400 亿元建立四家坏账银行的资本金,去吸收四大国有银行的问题贷款,也就是所谓资产管理公司(AMC)——中国工商银行的华融资产管理公司,中国建设银行的信达资产管理公司,中国农业银行的长城资产管理公司,中国银行的东方资产管理公司。坏账银行的融资最终发行了 8 200 亿元债券(由非银行金融机构购买),并从中央银行获得 5 700 亿元贷款。这一融资容许资产管理公司购买 1.4 万亿元不良贷款。

资产管理公司由中国人民银行、中国证监会和财政部三方共同管理,任务是购买和重构不良贷款,以便日后出售。愿意且有能力购买不良贷款的特殊投资者的情况不太清楚,因为那些投资者(投资互惠基金和私募股权投资基金)在地下运营。重组不良贷款由于其政治性质而充满风险。它们包括无数依靠借款人

私人关系的小额贷款。在这样做的时候,资产管理公司收回贷款面值的 20%,
从而造成财政损失。

第二阶段:资本结构调整。

资本结构调整是一个长期而曲折的过程,持续了 10 年。第一步是上述
1999 年购买特殊债券。政府将得自债券销售的收益重新投入银行股本金。
2003 年中国银监会(CBRC)成立以后,银行亏损也开始得到更准确的识别。
2004 年 2 月,一部非常重要的法律授权银监会管理和监督所有银行及其他存款
机构。银监会在改进银行安全方面起着决定性的作用,是一个能力并不强于西
方银监会的监管机构。它迫使银行加强资产负债表,对银行进行信用价值评估,
强制银行学习风险管理技巧,切断银行对地方政府不恰当的依赖性。资本结构
调整系统性地推进,使不良贷款回到正常水平。银监会指导的结果见表 4.2。

表 4.2　中国主要商业银行的不良贷款

	2003	2004	2005	2006	2007	2008
不良贷款总额(十亿元)	2 104.46	1 717.56	1 219.69	1 170.30	1 200.99	486.53
不达标的	320.11	307.47	294.96	227.07	184.43	224.89
有疑问的	1 113.07	889.93	460.90	485.03	435.75	212.15
违约的	671.28	520.16	463.84	458.19	580.81	49.49
不良贷款比率(银行贷款的%)	17.90	13.20	8.90	7.50	6.70	2.40
不达标的	2.70	2.40	2.20	1.50	1.00	1.10
有疑问的	9.40	6.80	3.40	3.10	2.40	1.10
违约的	5.70	4.00	3.40	2.90	3.30	0.20

资料来源:CBRC。

2003 年年末,政府从外汇储备中拿出近 5 000 亿元作为资本投资,创立政府
控股的汇金公司,接受来自中央银行的资金,并投资于三大银行的股权,1 740 亿
元投入中国银行和中国建设银行,1 240 亿元投入中国工商银行。在 2004 年和
2005 年,中央银行购买了三大银行 7 800 亿元的不良贷款,然后转售给资产管理
公司。最终,不良贷款高达 8 150 亿元之巨的中国农业银行,在 2008 年通过汇
金公司另一项外汇储备投资进行资本结构调整,数额达 1 300 亿元,而中央银行
则给予 1 500 亿元的零利率贷款,其余部分是来自财政部利率为 3.3% 的贷款。

这一政策具有明显的持久性。结果如表 4.2 所示,最大的商业银行有了偿还能力,现在有能力吸引外资,在国际金融市场上筹集资本。

2. 与外国投资者的战略合作与股票发行

合格的外国投资者在中国进行银行股权投资始于 2005 年,银监会要求股权上限最高为 20%。政府控股的汇金公司通过场外交易把 25 亿美元的中国建设银行股份出售给美国银行。然后,后者成功地进行 IPO,于 2005 年第四季度在香港股票市场发行 H 股。中国银行于 2006 年第一季度实行了相同的程序,然后于 2006 年 7 月在上海股票市场发行 A 股。交通银行(中国第五大银行)早在 2004 年与汇丰银行(HSBC)进行了一次场外交易之后就开始了资本重组,分别于 2005 年 6 月和 2007 年 5 月在香港金融中心和上海发行 H 股。

重组庞大的中国工商银行完全是另一码事。因为它涉及大量工业贷款,所以中国工商银行依赖于国有企业改革(比如转型为股份制企业)。尽管如此,但中国工商银行的风险管理已经得到改进,不良贷款比率在 2005 年中期下降至总贷款的 4.6%,其中只有 1.6% 是 1999 年之后批准发放的。中国工商银行成功地实现了资本翻倍,2006 年时 10% 的中国工商银行股份通过场外交易被 Goldman Sachs、Allianz 和 American Express 购买,随后 10 月又在香港(H 股)和上海(A 股)通过 IPO 翻了一倍。

表 4.3 总结了战略投资者对中国的银行入股。在重组完成时,中国最大的国有银行跻身全球十大银行(根据股本总量)。

在银监会设定的条件下,外国投资者购买中国大型银行股权的激励非常强烈。在快速增长的内陆省份,银行需要大量的资本去创造分支机构。外国银行认识到政府想控股这些银行,而它们自己绝没有能力建立分支网络去吸引中国人的储蓄。由于外国投资者的热情回应,以及随后公开发行有价证券,中国五大银行现在跻身世界最佳资本化银行。

3. 城市商业银行合并

除了大银行以外,银行系统的大步改革还扩展至城市商业银行。这些银行比国有银行更容易受到地方政府的影响。后者可以更直接地获得城市银行授

表 4.3　2007 年战略投资者参股中国的银行

国有银行	外国投资者	股权比重(%)
中国工商银行	Goldman Sachs Hong Kong Securities Clearing Company Nominees Ltd Allianz (Dresdner Bank Luxebourg S.A.) American Express	4.9 12.9 1.9 0.4
中国建设银行	Temasek Holdings Bank of America	5.1 9.0
中国银行	The Royal Bank of Scotland (RBS) Asian Financial Group UBS Asian Development Bank	8.3 4.6 1.8 0.2
交通银行	HSBC	18.6

资料来源:各家银行的年度报告。

信,挫伤风险理念。只要地方政府能够为了税收利益和卖地而为喜欢的项目融资,这种相互利益就是金融纪律的一个障碍。给银行股东的关联贷款也是这样。尽管如此,但银监会想改进银行系统,并且有实际权力让所有银行去配合实现这一目标。如果管制要求没有被尊重,银监会可以干预银行经营,并有权关闭银行或将其强制合并成更大的银行。

对于失去了市场利基的弱小银行,合并是一种强化治理的手段。更集中的城市银行可能吸引外国银行,后者尚没有能力在中国建立网点。通过多元化地参股中国银行系统,外国银行可以扩散其现代治理方法。城市银行在合并和交叉持股之后设备得到升级,找到了自己在中小企业融资业务上的相对优势。

一些地方政府创建了地方资产管理公司,帮助城市银行进行资本重组。在 2004 年末,地方政府转移和归还了银行资产负债表中约 3.5 万亿元不良贷款。在有些省份,私人资金也起着积极作用,如浙江省。温州是一个私人企业非常活跃的城市,私人资金持有的银行股份比市政府还要多,商业银行运营良好。

　　城市银行间的合作和合并有利于把业务扩张到城市范围之外,以便获得递增规模报酬和分散风险。银监会逐渐容许这些活动。另一种方法是容许规模足够大、业绩好的城市银行在其他地区设立分支。采取这种战略的银行(如北京银行、南京银行和宁波银行)获准在股票市场发行股票,为它们的业务扩张提供资金。那些银行变得更加强大,资本充足率达到 17%—20%。

　　当有能力建立有效的风险管理系统时,城市地区银行找到了零售银行业务上的相对优势。它们可以利用城市化,因为城市化催生了中产阶级的迅速兴起,从而需要广泛的定制化金融服务。

　　4. 改革中国农业银行和重组农村信用合作社

　　改革中国农业银行远不止是一个银行信贷问题。它不能通过强化市场机制和谨慎规则来实现。中国农业银行承担着提供特殊贷款以支持穷人的社会义务,还要向个体农民发放数额较小的无利贷款。特殊贷款应该由专门的非商业发展银行负责提供,将随着社会福利政策向农村扩展而收缩。因此,中国农业银行的金融健康依赖于农村增收政策的有效性。2004 年中国农业银行的特殊贷款高达 2 000 亿元,其中大多数变成了不良贷款。因此,中国农业银行不能转变为商业银行,除非不让它提供这些贷款。类似地,小额信贷应该由重组后的信用合作社负责,因为它们被载入不良贷款,被少量地资本化,被拙劣地经营。

　　2006 年,政府开始关注这一问题,声明 2008 年中国农业银行资本重组之前要大力整改信用合作社。辉煌的设计旨在重新分配针对农业融资的多种职能。第一步是重新利用逃到安全港(资金存在中央银行的邮政业)的农村储蓄。这种储蓄应该通过农村发展银行的贷款去为信用合作社提供资金,而农村发展银行则发行债券由农村储蓄认购,或者从中央银行获得低利率贷款。不论哪一种计划,都应该排除中国农业银行。除了重新利用农村储蓄,农业融资还需要不同类型的银行:农业发展银行为农村基础设施提供融资,中国农业银行为在更大规模的重整地块上提升农业生产率和利润率提供融资,农村合作社向个体农民提供贷款。

　　在更加发达的地区,城乡之间贸易频繁。信用合作社是盈利的,可以将其转

型为商业银行或合作社银行。对于那些至少有 10 亿元资产、5 000 万股权和
8％最低资本充足率的合作社，可以授予其商业银行的身份。这些新的银行要接
受银监会监管。对于拥有至少 1 000 名会员、2 000 万股权和核心资本充足率达
4％的合作社可以授予合作社银行的身份。在中型城市周边地区，如果其资产价
值超过负债价值，如果其拥有 1 000 万元以上的股本。合作社与城市银行的合
资企业使机构能够为城市和农村提供贷款，在最穷的地区，改革则非常困难，可
以考虑合并资产超过负债的合作社，关闭农业融资不够的合作社。

4.3.2　银行绩效、新问题与未完成的改革

自 2003 年以来，银监会一直谋求缩小中国实践与国际标准的差距，目的是
实现现代竞争性银行的地位。这是银监会为什么要强调银行治理的基本规则的
原因：风险评估和控制系统，贷款发起与评价之间的责任分离，受国际评级机构
鼓励的信用评级。银监会强化了银行高管对贷款审批的责任性，制裁不尊重削
减不良贷款比率目标的大银行首席执行官。表 4.4 显示，这一政策已经发挥作
用。在全球金融危机向重组延迟的中国农业银行发出警告之前，五大国有银行
的绩效大大改进。

表 4.4　主要商业银行的绩效指标（％）

指　标	中国工商银行			中国银行			中国建设银行			交通银行			中国农业银行
	2006	2007	2008	2006	2007	2008	2006	2007	2008	2006	2007	2008	2008
净资产收益率	0.71	1.01	1.21	0.95	1.09	1.00	0.92	1.15	1.31	0.80	1.07	1.19	0.84
净股权收益率	15.18	16.15	19.39	14.19	14.22	13.72	15.00	19.50	20.68	14.42	17.17	20.86	—
成本/收益	35.68	34.84	29.54	38.60	35.59	33.55	43.97	41.83	36.77	46.04	40.26	39.38	44.71
不良贷款比率	3.79	2.74	2.29	4.04	3.12	2.65	3.29	2.60	2.21	2.01	2.06	1.92	4.32
资本充足率	14.05	13.09	13.06	13.59	13.34	13.43	12.11	12.58	12.16	10.83	14.44	13.47	9.41
准备金/不良贷款	70.56	103.50	130.15	96.00	108.18	121.72	82.24	104.41	131.58	72.41	95.63	116.83	63.53

资料来源：银监会和各家银行的年度报告。

　　在 2008 年年末,源于美国的金融危机导致国际货币市场上流动性崩溃和外贸下滑,从而扩散至全球。中国政府快速反应,启动了价值 4 万亿元的庞大刺激计划。该计划的 2/3 来自银行贷款融资。中央银行调节流动性,扩大信贷规模。另外,地方政府争先恐后地提出项目规划,大大超过中央计划限额。许多项目尽管没有得到国家发改委批准,但通过不同方式获得资金,绕过了地方政府的预算约束。它们以迂回方式和特殊手段涉入银行,令人联想到美国次贷融资中的影子银行运作。这一过程让西方评论员感到警惕,他们迅速得出结论说中国银行系统将再次濒临崩溃。银行很可能已经产生了新的巨额不良贷款,但相比于世纪之交资产负债表中的损失,这些不良贷款更加容易管理。表外融资的刺激导致了另一种更重要的教训,说明金融改革未触及资本市场、利率受到严格管制,那么这种改革就是不完全的。然而,自由资本市场原理——宣告有效配置储蓄的最佳制度——并非一目了然。西方金融自称遵循这一原理,实则大大低估了风险,被驱动过度,导致金融灾难。

　　此外,中国金融系统所起的作用要复杂得多,对它的理解不能仅限于采纳贯穿本书的经济政策方法。为省、市和地方政府融资是金融系统扭曲的核心。在国家层面,税收收入大大低于生产必需公共产品的财政开支。没有共同机制在全国范围内再分配政府收入。中央政府向贫穷地区的酌情转移,至今仍然很不充足。这是地方政府诉诸债务融资的主要理由。2008 年 11 月启动了庞大的刺激计划,让地方政府借助表外债务为获批的基础设施项目及其他未指定的开支提供资金,此后 18 个月内地方政府创建了 8 800 家城市开发投资公司(UDICs)。

　　据估计,这种机制导致地方政府 2010 年末未归还债务约 10.5 万亿元。于是,房地产价格急剧下滑有可能造成新的巨额不良贷款。这就是为什么中央政府认真抑制最大城市高端住房的债务融资,而同时大力投资于社会住房(social housing)的原因。进一步,政府已决定处理新增不良贷款问题。它属于以"十二五"规划为起点的新时期的改革方法,旨在实现服务部门的自由化。我们将在第 7 章分析这一点。

1. 从银行信贷到总社会融资

中国人民银行也关注在标准银行信贷以外信贷供给来源的多元化。其实,银行贷款在总的社会融资中所占比重一直在收缩。为针对这一现象进行度量和调整,中国人民银行在 2011 年初引入了一种新的信贷汇总方法。增加最多的融资手段是债务市场工具(银行承兑票据和公司债券)和非银行中介贷款(委托贷款和信托贷款)。外币贷款的比重在波动,但仍然受到资本控制的严格限制(见表 4.5)。

在 2009 年,总社会融资在绝对意义上翻了一番还多,占 GDP 百分比翻了将近一番。每一类贷款都增加了,为刺激计划及其他针对地方政府的未授权贷款提供资金。为了遏制通货膨胀上升,2010 年中国人民银行开始限制货币供给,提高存款准备金率约 10 次,达 21.5%(中小金融机构为 19.5%)。即便如此,直到 2011 年第一季度信贷扩张的动力仍然加速发展,而银行家以承兑形式来补充直接银行贷款(straight bank loans),国有企业以浮动公司债券形式绕过信贷约束。

一方面,非金融公司一直在寻找非正式融资。另一方面,富裕家庭一直寻找获利途径,在更高通货膨胀导致管制的存款利率实际上变成负数以后更是如此。信托公司处于官方银行与影子银行之间的灰色领域,是需要资金的私人公司与寻找回报的有钱家庭之间的中介。大银行起着相同的非正式投资银行业的作用,对待信托资金就像对待城市开发投资公司一样。它们向信托公司销售,在资产负债表上消除弱约束环境下本可直接发给公司或房地产开发商的贷款。其实,信托公司通常由地方政府所有,或者由国有银行自己在香港设立。他们渴望这样做的原因与美国相同——监管套利。对所有的非银行金融实体,即便有管制也是比较松。它们处于非正式金融领域。与此相关,国有银行的交易账户不会面临银行账户必须遵守的严厉的资本充足率。

影子金融在一段时间内抵消了中央银行发起的紧缩性信贷。总社会融资/GDP 比率从 2009 年的 41% 增加到 2011 年第一季度的 43%,而银行信贷/GDP 比率从 28% 下降至 23%。这样的话,影子金融便会扭曲经济中的资本成本。由于占银行贷款 80％的五大银行并不关心私人部门的贷款，所以后者只能依靠小银行或者非正式融资。而中小银行总共只吸纳了家庭存款的很小比重，所以在存款准备金率系统性上升（限制性货币政策的专门手段）时受到严重排挤。它们的反应是对企业客户实行信贷配给。这对私人部门（尤其中小企业）的影响更大。

表 4.5　中国总社会融资的数量和结构

时　　间	总社会融资		占 GDP 的％				
	人民币（亿元）	占 GDP 的％	人民币银行贷款	外币贷款	委托信托贷款	银行承兑票据	公司及其他非金融债券
2006	39 770	18.0	15.0	0.5	1.3	0.7	0.4
2007	59 170	22.0	14.0	1.1	1.9	2.5	0.9
2008	68 500	22.0	16.0	0.2	2.4	0.3	1.8
2009	140 870	41.0	28.0	2.7	3.3	1.4	3.8
2010	142 750	36.0	20.0	1.0	3.2	5.8	3.8
2011.1	41 920	43.0	23.0	1.5	3.4	7.8	4.7
2011.2	35 730	33.0	18.0	1.7	4.3	5.2	1.9
2011.3	20 360	18.0	13.0	1.2	3.1	−3.0	1.6
2011.4	30 300	20.0	12.0	0.6	2.3	0.3	3.5

资料来源：中国人民银行。

为阻止信用崩溃，私人企业基于人际关系网络依靠非正式信贷。融资规模受到放贷富人经济能力的限制，后者集中于私人信托公司。借款成本比正式银行贷款要高得多。因此，资本分配依赖于借款人的人格，而不依赖于对回报和风险的客观评价。

这就是为什么金融改革必须向前推进的原因。由于利率被严格管制，所以当前情况限制了货币政策只能牺牲价格机制而过度使用数量工具，以便平抑流动性扩张过快。与此相关，在向国有企业提供隐性补助时这种做法扭曲了资本配置，主要表现为重工业投资过多，导致过度积累，国内消费品轻工业和服务业投资太少。进一步，必须将影子银行业重新引入正式金融，施行谨慎监管。

4.4 出口对中国快速增长的重要性

第5章整章解释中国与其他国家/地区之间关系的演化，这里我们仅指出出口对中国经济快速增长、国内宏观经济稳定甚至政治稳定的重要性。

在改革第一阶段，乡镇企业兴起的基础是管制价格下国内市场供求之间的巨大差距。然而，在改革第二阶段，中国的供求关系发生了结构性变化。生产能力大幅提高，而同时国有企业重组却让一大部分城市居民陷入经济困难；政府主导型资源配置（扭曲的低价）驱动投资（尤其来自国企的投资）进入资本密集型行业，这些行业中劳动的地位非常低。因此，劳动力的需求和价格都受到抑制，导致家庭收入在国民收入分配中的比重自1997—1998年以来开始下滑，1997—2007年间下滑超过10％，从68.6％下降到57.5％。相应地，国民收入分配中政府和企业所占比重均上升。

中国家庭在初次收入分配中的不利地位，直接导致改革第二阶段国内消费明显下滑，尽管GDP快速增长。这种结构性误配可造成了封闭经济中的产能过剩和非充分就业。

更糟糕的是，中国私人企业（尤其中小企业）的商业环境，在改革第二阶段还有许多方面有待改进。在关键资源（包括银行信贷）配置、行业进入障碍以及广泛行政干涉等方面，私人企业受到歧视。在这些环境下，如果中国私人经济主体仅在国内市场起作用，那么我们可以合理地预测其增长受到一定的压制。

幸运的是，中国改革第二阶段与强大的全球化浪潮同时发生。由于中国出口的大幅增加，上述所有这些结构性问题的负面冲击被长期掩盖，或者至少得到缓解。换句话说，中国经济依靠出口来实现自我再平衡。广阔的国际市场吸收了中国的产能过剩，为中国企业家提供了一个相对独立于政府管制的商业环境。中国三个最具活力的生产区——长江三角洲、珠江三角洲和温州地区——都是出口导向的。剩余劳动力很大程度上被沿海劳动密集型企业吸收了。

中国与其他国家/地区之间贸易关系的所谓"不平衡",根源实际上在于中国国内结构性不平衡,以及与美国相反的结构性国内不平衡,即负债不持续增长就无法维持消费增长的收入分配。鉴于该问题的高度重要性和复杂性,我们在第5章将深入考察中国与世界的互动。

4.5　小结

中国第二阶段改革背后的逻辑仍然与第一阶段相同,即维持中央政府的官僚科层政治体制。然而,由于面临的主要矛盾与这两个阶段开始时可得的条件是迥异的,所以采取的措施具有不同的特征和重点。

在改革第一阶段结束时,中国遭遇了一场严重的治理危机。中央政府的终极权威受到来自官僚系统内部和独立经济力量的挑战。因此,改革第二阶段的重点是强化官僚系统,加强政府对经济的控制,确保宏观经济稳定和快速增长,从而加强中央政府的统治权力。这从逻辑上解释了1994—2008年间的所有成就,以及同时出现和恶化的所有结构性问题。到了改革第二阶段结束时,投资率上升,资本密集型产业过度发展,国内消费比重由于家庭收入比重下降而下滑,收入不平等扩大,经常账户盈余飙升,地区差距扩大等结构性问题都被放大了。中国政府应该如何解决这些问题和矛盾,是第6、7、8章讨论的主题。但在这些分析之前,我们必须解释对外开放的重要性,完成中国30年改革的广阔图景。

第 5 章
中国经济对外开放

中国的经济开放是一个与国内经济引入渐进式变化密切交织在一起的过程。国内与国际转型在许多方面相互作用,在发展战略中胶合在一起。1978 年引入这一战略(在第 3 章已解释),意在从 20 世纪 70 年代的"文化大革命"疲惫和社会停滞中解放经济。只有让农民能够出售计划产量外的超额产品,20 世纪70 年代末实现的农业技术进步才能转变为农村收入。

第 3 章证明了改革如何及为什么从农村经济中开始,并建立了双轨制。通过把分块土地承包给农村家庭,在农村地区的中央计划中引入和发展市场经济。农民以规定低价上缴承诺的确定数量的农产品之后,可以以市场价格自由销售剩余产品。家庭土地承包合约扩散至全国以及有利的价格容许农业家庭购买肥料和机械。这种成功是巨大的。农业产量飙升,1978—1984 年间粮食产量骤升了 33%。由于生产率提高甚至更快,所以剩余劳动力可以自行从事非农业活动。乡镇企业是地方政府运营的工厂,它们促进了制造业竞争,冲击已有的国有企业。

在城市经济中,中国改革者也施行双轨制,以确保旨在促进而非中断增长的渐进式变化,不要像俄罗斯和东欧那样发生所谓的制度突变。如第 3 章所述,关键在于 1984 年引入了企业的经济责任制。从那以后,企业必须完成计划定额产量,利润受市场价格影响。从理论上讲,这种聪明的改革可以让中央计划平稳地逐步淡出,因为市场产出的比重持续增加。得以发展的相互关系和来自农村的移民非常活跃,尤其是"文化大革命"期间曾被迫下乡的年轻人重新返回城市。尽管如此,如果工业品的市场扩张不足以促进制造业中的报酬递增,那么打破斯密主义高均衡陷阱的改革就是不完全的。对外经济开放正是要提供这种推动力。

对外开放因此被认为可以促进强有力的增长,而这仅靠国内市场是无法实现的。对外贸易推动了东部城市的工业扩张,同时也调动了农村地区的人口。第一,工业对劳动力的高需求吸引年轻工人走向东部城市。第二,工业高增长使农产品需求超过计划定额,从而提高了农民的边际报酬。因此,对外开放有助于社会普遍接受改革。然而到了 20 世纪 80 年代末,这种双赢博弈受到限制,因为工业中的生产率提高速度不够快,导致生产成本随着工资提高而上升。

对外开放对维持发展利有弊。由于从前被西方列强强制开放,中国经济长期下滑,如第 2 章所述。社会主义革命切断了与西方的政治联系,大大减少了经济关系,而"文化大革命"则使中国进一步孤立,直到越战结束后外交破冰。这是中国为什么没有轻易出台对外开放决定的原因。改革者知道会面临党内的强烈反对,因此必须明智谋划,在对外开放时采用双轨制战略。

这一章将阐明,在不到 30 年的时间里,中国改革如何成功地把国家从封闭经济转型为全球贸易强国。在 1970—1971 年间,对外贸易总额(出口＋进口)占 GDP 比重只有 5%,整个社会主义时期从未超过 10%。在 2005 年该数字上升为 64%,对这样一个大国来说,这是个惊人的数字,大大高于其他大国的水平。国内改革和对外开放联合起来共同促成了整个经济系统的转型。在第 3 章和第 4 章研究了系统性巨变的国内方面,阐明改革经历了两个阶段,对应着两种不同的增长体制。这两个阶段也涵盖了开放过程。我们首先分析微观经济方面,包括贸易和外国投资的政策及成就。然后考察宏观经济方面,包括外国货币政策以及随后中国卷入货币可兑换性、汇率和全球不平衡等国际争端。

5.1　贸易开放与外商投资

贸易开放改革遵循双轨制,确定了两套并行的体制:一方面是自由规则推动并大量吸收外商直接投资（FDI）的出口加工贸易体制，另一方面是相对受保护的普通贸易体制。对外开放双轨制与转型中的国内生产系统的双轨制类似，后者旨在逐渐融入单一市场经济，缩小而后消失计划体制，前者旨在将贸易体制融入单一开放的市场经济。然而，从计划经济到市场经济的转型一直持续至20世纪90年代中期第二阶段改革的启动。

5.1.1　20世纪90年代中期以前贸易政策的主要特征

中国改革者渴望在经济中引入外国竞争而不肢解整个政府控制的贸易体制，否则的话就可能得不到国有企业的支持，造成大规模失业。改革者希望通过贸易促进国内经济增长，而不是像后来俄罗斯那样发生破坏性增长。解决办法是在出口加工系统内设立出口特区（SEZs）。这一系统是基于中国企业与外国公司之间的合约。在出口特区中，只要进口品用于加工生产出口品，就可以免除关税。这样的话，国内生产系统便不会受到威胁，因为中国工业企业没有遭到进口竞争。

早在1978年，珠江三角洲从事服装生产的乡镇企业就与香港企业签订合约，率先从贸易开放中受益。出口特区在广东和福建迅速扩张。合约审批权下放，所以东南地区以及后来所有沿海地区的地方政府在出口特区竞相吸引外资。地方政府批准土地和税收优惠，以创造就业岗位和出口收益。出口导向型加工贸易使大部分外商直接投资流入制造业。1986年以后，这被称为沿海发展战略。大多数外商直接投资来自东亚国家/地区，尤其是中国香港和中国台湾。

现实合理的币值设定促进了出口加工系统的盈利能力。在社会主义计划经济时代，由于工业化基于进口替代以及外贸垄断，导致人民币被大大高估。1980年，人民币汇率为1.5元兑换1美元。改革开放以后，政府引导了货币贬值，1986年汇率贬值到3.5。尽管同期中国经历了严重的通货膨胀，但即便考虑通胀因素，人民币对美元汇率仍然经历了60%的实际贬值。1986年汇率制度也开始采用双轨制。除官方汇率以外，出口商在计划兑换之外赚得的外币（主要是在出口特区），可以在二级市场以低得多的汇率进行外汇买卖。因此，加工出口扩张大有利润可赚,而进口则使国内经济受世界价格的影响力越来越大。进口成本上升阻碍了它们的增长。

再者,政府从 1986 年开始改革主要的贸易系统。外贸垄断由外贸公司取而代之。国家部委和地方政府都可以成立外贸公司。它们均属国有,但在 1988 年独立出来,不再受计划出口调拨的限制,也可以像外国企业一样与国内企业签约。外贸公司的创建迅速改变了激励,成为轻工业和农产品加工业中劳动密集型产品的推销者。它们与乡镇企业签约,搜寻最便宜的生产商。随着出口市场的扩张(至少在沿海地区),农村经济中的生产者终于能够增加实际收入。他们大多得益于双赢博弈中的贸易改革,因为总体增长的加速在全国各地都产生了正面影响。斯密主义模型中促进可持续增长的基本条件已然具备。

出口特区刺激了加工贸易,是国内经济中的飞地。表面上看来,它们就像19 世纪国外列强建立的旧的飞地。因此,许多官员对这一改革趋势感到不安。然而,这两者之间存在巨大差异。这一次,贸易和投资的自由化完全置于中国主权之下,受政府的控制。新的贸易自由化不是仅让一小撮买办受益的飞地,而是释放中国人民巨大潜能的主要机制之一。对外商投资的管制进一步凸显了与更早年代的差异,也凸显了与其他发展中国家的差异,后者由于被华盛顿共识迷惑而招致灾难,在 1997—1998 年间亚洲危机中尤其明显。幸运的是,那些国家从那一事件中汲取教训,积累外汇储备,恢复金融自治。

5.1.2　外商直接投资:亚洲经济一体化的风向标

外商对中国直接投资流入数额庞大。改革初期外商直接投资起步温和,在20 世纪 80 年代缓慢增长。但在 1992—1998 年间,亦即改革从第一阶段向第二阶段过渡时,外商直接投资飙升。亚洲和俄罗斯危机产生的混乱刺激了所有新兴市场世界的金融全球化回撤。中国的外商直接投资流入在 1999 年和 2000 年略有下滑,但随后加入 WTO 促发了第二轮强大的浪潮,直到 2005 年。然而,GDP 增长如此之快,以至于外商直接投资流入占 GDP 比重从 1994 年开始平稳有降(见表 5.1)。

表 5.1　中国 FDI 流入

年　份	亿美元	GDP 的％
1989	30	0.9
1990	32	1.0
1991	38	1.1
1992	112	2.4
1993	275	4.6
1994	331	6.0
1995	375	5.2
1996	420	4.9
1997	456	4.9
1998	455	4.6
1999	400	3.9
2000	402	3.5
2001	476	3.7
2002	528	3.8
2003	532	3.4
2004	601	3.2
2005	600	2.9

资料来源：Datastream 数据库，《中国统计年鉴》，各年度。

外商直接投资在中国各地分布非常不平衡，设立出口特区最多的地区吸收的投资也最多。平均来看，在 1993—2003 年间外商直接投资占 GDP 比重大致为：广东 13％，福建 11％，上海 9％，北京 7％，江苏 7％（Naughton，2007：ch.17）。外商投资数额庞大，贡献了很大比例的固定资本形成，因此足以推动这些地区的经济转型。外商投资带来的最重要优势是技术转移，以及相应的管理知识和贸易渠道。由于外商直接投资得到中国政府的鼓励，而不像 19 世纪和 20 世纪初那样，在改革第一阶段，外商投资者通过合资和使用当地供应商分支机构与乡镇企业取得密切联系。它们尽量利用地方政府为创造就业而提供的廉价劳动力、优惠税收以及土地购买优势。外商投资在 1992 年开始飙升，当时东南地区以外开放了其他更大的出口特区。浦东新区开发区（上海市东部）成立为高科技开发区，得到地方当局的认可和中央政府的批准，正在攀升国际价值阶梯。

外商投资者与当地企业之间很容易形成一种错综复杂的关系，因为至少在早些年投资者大多有华人血统：60％以上来自香港和台湾。在 2001 年之后的最近浪潮中,海外华人用免税区作为投资渠道,1985—2005 年间将该比重(包括免税区)保持为累计投资的 60%,而所有发达国家加总比重也只有 25%,其余部分来自新加坡和韩国,其投资者偏好于东北三省。由此可见,面向中国的外商直接投资基本上是一种中国事务。它们创造了亚洲经济一体化的基础,中心在中国大陆这个工业火车头。

香港和台湾企业家长期专业化于劳动密集型消费品行业。他们现在抓住机遇,在东南省份创建的出口特区中重新定位。台湾制造业转向更高技术产品,香港则专业化于商业服务(金融、营销和会计)。它们相对其他外国投资者的优势基础在于地理临近以及相同的习俗和语言,可以方便、低成本地建立生产和贸易链,出口服装鞋袜,20 世纪 90 年代把加工贸易扩展至电子类消费产品。自中国加入 WTO 以来,亚洲一体化扩张,沿海从南到北出现了各种各样的出口加工区。中国大陆生产和出口所有类型的工业品,从日本和韩国进口机械,从澳大利亚和新西兰进口初级商品,从中国台湾和印度进口高科技电子产品,从中国香港和新加坡进口商业服务。经济一体化使亚洲成为全球最大的贸易区,国家经济利益结合更加紧密,尽管政治上分割。

5.1.3　从双轨制到开放的市场经济:外贸改革的第二阶段

在 1986 年建立双轨制汇率之后,这种出口加工体制推动了出口,在出口特区产生了重要影响,使新生的乡镇企业保持高速增长。增长得到了来自国有银行的信贷支持,国有银行与其他企业一样拥有充分的自由决策权。当时银行运行缺乏监管。另外,1983 年中国人民银行在法律上转型为中央银行,但没有任何宏观经济政策工具。因此,货币管理和监督控制的缺乏促发了信贷狂热。然而,银行不像其他企业。没有严格监管所带来的风险文化,竞争便不能调节信贷市场,相反还导致信贷供给与信贷需求联合起来,就像吹泡泡一样,从而导致通货膨胀明显加速。

通货膨胀始于 1988 年,在 1989 年加速。它侵蚀了实际收入,激起以前从改革中获益的许多工薪阶层的不满。1989 年政治风波,与 1990—1991 年间经济急剧下滑结合在一起,招致保守派东山再起。改革者深信改革的精髓危如累卵,必须采取剧烈变革,催生新的增长体制。

第4章讨论了国内改革的重新定位以及随后的经济成就,现在分析始于1992年春季的对外经济政策。邓小平视察南方,在一系列谈话中重申改革观念就是发展的动力。邓小平的威信如此之高,足以让权力平衡倒向改革者一边。1992年10月中共十四大确定了社会主义市场经济原则:市场应该扩展至所有部门,废除双轨制。十四大引发了国内经济中的巨大制度变革,推动中国走向完全开放的市场经济,追求WTO成员国资格。

第一个重要决定是1994年1月汇率制度统一。二级市场上的汇率贬值至更低的水平,这要求大幅降低人民币对美元的官方比率。之后人民币汇率又略有下降,直到1995年中期,从那以后一直固定为1美元兑8.3元人民币,10年未变(见图5.1)。2005年7月,政府决定调整汇率体制,一直稳定升值,仅在世界金融危机顶峰时期有过临时中断。提交贸易流量的单据证明便可以自由购买外汇,经常账户实际上已实现货币可兑换性。

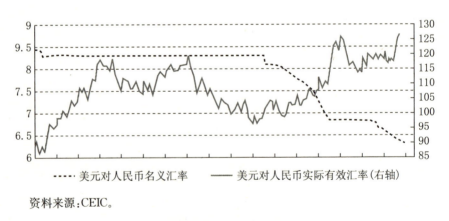

资料来源:CEIC。

图5.1 美元名义汇率与实际有效汇率

在变化的真实经济环境中,名义汇率体制的稳定性及可预测性对实际有效汇率具有显著影响,因此对中国总体上的价格竞争力具有显著影响。在汇率统一后的早些时期,中国的价格仍然在消化20世纪80年代末和90年代初恶性通货膨胀的残留。中国的竞争力明显恶化,在两年内损失了大约 20%。随后爆发了亚洲金融危机,导致直接被卷入危机的东亚国家的货币大幅贬值。在决定人民币不贬值的过程中,中国政府为了货币稳定性而接受了实际有效汇率的飙升,因为真实有效汇率在仅 1 年内就上升了 10%。

从 1998 年年末到中国加入 WTO,中国的竞争力是周边与中国竞争的国家对美元名义汇率大幅波动的间接结果。然后出现了两个强有力的反弹时期,这与中国政府采纳的汇率体制有紧密关系。从 2001 年年末到 2005 年 7 月的体制变革,中国最大获益来自世界贸易市场份额增加。随着加工贸易的兴起,中国变成所谓"世界工厂"。由于制造业属于报酬递增行业,所以中国产品的全球市场扩张促发了快速的生产率上升。制造业企业享有劳动力供给曲线中的无限弹性,因此工资没有像生产率一样增长。高利润促进了金融资本积累,而价格却保持稳定。因此,某种迂回过程促进了竞争力,这从更大的贸易顺差中可见一斑(见表 5.2)。这就是所谓全球不平衡在中国方面的根源,给中国政府带来了货币升值的压力。在 2005 年 7 月,中国政府在国际压力下最终让步,采取了非正式的有限浮动汇率。

表 5.2 中国外贸结构:2004

商品类目	出口(占总体%)	进口(占总体%)
电　　子	24	19
机械和电气机械	17	22
塑胶和有机化学品	2	9
光学仪器	3	7
服装和鞋类	14	—
家具和玩具	4	—
燃　　料	—	9
钢　　铁	2	4
其　　他	32	30

资料来源:Global Trade Atlas。

如图 5.1 所示,汇率对价格竞争力的影响是非常惊人的。从 2005 年中期到 2011 年末,人民币对美元实际有效汇率上升了 25%。而中国经常账户顺差之所以会持续拓宽至 2008 年夏季金融危机巅峰时的水平,是由于美国过于宽松的信贷诱致需求狂热且不可持续地飙升的结果。把责任归咎于中国（如西方大多数经济学家那样）是完全没有道理的。事实证明，只要美国的信贷开始紧缩，便会导致世界贸易下滑、中国的贸易顺差收缩，而人民币实际有效汇率也会继续进入上升通道。

更广泛的改革使国内与国外经济政策的联系更加紧密，汇率统一只是其中一个部分。随着国有企业转型为竞争性市场中的企业，政府损失了直接来自中央计划企业的预算收入。1994 年推行财税改革，拓宽税基，确立增值税（VAT）和其他商业税。由于允许出口商在出口产品上享受增值税折扣，所以对所有制造业主体统一使用增值税系统非常适合中国。

在金融方面进展相对缓慢，因为国内金融改革是一项漫长的工作。由于国内金融系统仍然不发达，亚洲危机证明了国际资本流动对新兴市场国家有多么危险，所以中国对外商直接投资以外的许多其他类型流动也保持资本控制。

走向开放市场经济的决定性举措是加入世界贸易组织（WTO）。这是在经过冗长而艰苦的谈判之后才实现的，从 1986 年加入关税与贸易总协定（GATT）的谈判开始，入世努力持续了 15 年，直到 2001 年。在此期间，GATT 于 1996 年乌拉圭回合谈判中转型为 WTO。加入 WTO 给国内轻工业产品和农产品带来了进入发达国家市场的更多机遇。作为条件，中国必须废除双轨制，因为 WTO 成员要求中国授予所有成员方同等的贸易权利。中国的关税和贸易配额逐步下降。

5.1.4　中国出口导向型增长的成效和不足

由于 1993 年采取完全开放市场的战略，以及 1994 年的货币和财税改革，中国已经变成世界工业全球化的支点。加入 WTO 促进了这种演化。从服装、鞋袜和玩具的专业化开始，中国在电子、机械和电器方面的出口取得了惊人的突破（见表 5.2）。出口最多的商品也是进口最多的商品，这是加工贸易的特征。超过 2/3 的微波炉、DVD、电视机和计算机在中国生产，用进口元件和软件制造。因此与印度相反，中国的技术升级战略是具有欺骗性的。技术产品的出口有 80%

由外国分支机构掌握。在技术部门内部,中国出口的标准化消费品,仍然处于中低端(见表 5.3)。1995—2007 年,中国出口与进口商品的价值含量相比没有多大改进,如图 5.1 中实际有效汇率的趋势所反映的那样。由于 20 世纪 90 年代初期的危机以及随后的增长体制变化,汇率出现了大幅波动。尽管如此,总体而言,在 1995—2005 年这十年结束时有效汇率变化不大。对一个增长速度如此快的国家来说,这是相当不正常的。

表 5.3　中国和印度向欧盟出口按等级分布(%)

技术等级	中　国		印　度	
	1995	2007	1995	2007
高	4	4	8	10
中	27	30	27	37
低	69	66	65	53
加总	100	100	100	100

资料来源:Bensidoun et al.,2009。

几股力量应该会诱致真实汇率的升值趋势。由于参与世界贸易,新兴国家的真实收入水平应向发达国家收敛,并提高其对进口品的购买力。换句话说,相对于世界价格中体现的外国劳动力价值,新兴国家的劳动力价值应该得到改进。

首先,持续的工业增长在追赶过程中吸收技术进步,从而提高了全要素生产率。这种生产性基础范围扩大、品质加深,提高了在世界市场销售的国内劳动力价值。贸易条件改进理应带来实际汇率上升。然而在中国,这一过程直到最近仍然受阻。加工贸易对国内劳动力的升值作用,还不足以达到在宏观经济上提高劳动力实际价值所要求的程度。因此,中国的增长体制采用高度资本密集型技术,无效率地使用了剩余劳动力。

中国的增长体制不同于其他大国追赶过程的典型情况。中国的开放度太高,加工贸易的地位太重要。加入 WTO 大大强化了这些趋势,导致贸易条件逆转、国内相对价格演化,从而有益于降低均衡的实际汇率。实际上,图 5.1 显示了有效实际汇率在亚洲危机之后停止升值的情况,在中国加入 WTO 之后更是如此,直到 2005 年 7 月放弃有限浮动汇率。

对于改进的实际有效汇率,标准的理论观点是巴拉萨—萨缪尔森效应(Balassa-Samuelson effect)。只要技术进步影响了在世界市场销售的产品所包含的国内劳动力价值,发达部门雇用劳动力的国内购买力就会增加。原因在于发展中国家典型的二元结构中,国内产品(尤其服务)的价格很低。针对这些产品的需求,应该随着出口导向型经济中产生的购买力提高而增加。由于那部分经济中的生产率滞后,所以,如果劳动力市场不被分割,相对价格就会上升,导致更高的实际工资(见框 5.1)。实际工资全面追赶发达国家的工资,诱致了实际汇率的升值趋势。在中国,这一过程受到阻碍,因为大量剩余的农村劳动力分割了劳动力市场。数百万移民进入城市,忍受不合理的剥削条件。生产率差异体现于工资差距而不是工资的普遍上升,这本来是可以在国内价格上升中滤除的。在那种情况下,框 5.1 中实际汇率的公式证明萨缪尔森效应得以缓和,最终与实际工资差距一起消失。这就是为什么农村经济中剩余劳动力的消失所导致的社会人口变化,会导致中国经济未来发展阶段的彻底转变。下一章将证明,它将诱致价格制度的深远变化,提供激励去促进生产结构的技术升级,从而增加实际工资。

框 5.1 实际汇率、相对价格与生产率双重差距

1. 相对价格

定义 p_T、p_N 和 p 分别为贸易商品部门 T、非贸易商品部门 N 和整个经济(中国)中的消费者价格指数,加上标 * 则表示基准国家(美国)的消费者价格指数。所有指数采用对数形式。两个国家的消费者价格指数为

$$p = bp_T + (1-b)p_N$$
$$p^* = b^* p_T^* + (1-b)p_N^*$$

这里 b 和 $1-b$ 分别为消费者篮子中贸易和非贸易商品的权重。设 e 为人民币对美元的名义汇率,即美元的人民币价格。用消费者价格指数确定的真实汇率为 $q = p - e - p^*$。

类似地,在 T 商品上确定的真实汇率为 $q_T = p_T - e - p_T^*$。

汇总实际汇率(aggregate real exchange rate)包括两部分:T 部门实际汇率和所谓萨缪尔森效应。该公式还要加上一个残差(源于两个国家消费结构上的差异):

$$q = q_T - (1-b)[(p_T - p_N) - (p_T^* - p_N^*)] + (b-b^*)(p_T^* - p_N^*)$$

2. 生产率差异

设 w_T、w_N、π_T、π_N 分别为中国 T 和 N 部门的工资和劳动生产率。

假定劳动成本利润率长期固定不变，

$$p_T = w_T - \pi_T$$
$$p_N = w_N - \pi_N$$
$$p_T - p_N = (w_T - w_N) - (\pi_T - \pi_N)$$

在美国,劳动力市场被认为是统一的(部门 T 和 N 平均工资相同)。

人民币对美元的实际汇率受宏观经济因素 (q_T)、相对工资及生产率的影响:

$$q = q_T + (1-b)\big[(\pi_T - \pi_N) - (w_T - w_N) - (\pi_T^* - \pi_N^*)\big] + (b - b^*)(p_T^* - p_N^*)$$

根据萨缪尔森效应,部门 T 与 N 之间生产率差别在中国比在美国更高,必然抬高人民币的实际汇率。然而,如果中国劳动力市场分割,那么工资差别就会缓和这一效应,并最终消除这种效应(若工资差别能补偿生产率差别)。

中国出口导向型增长体制中第二个不正常是贸易顺差迅速增加,导致中国政府与美国国会及政府之间出现许多意见不一致。然而,顺差扩大是新近的、暂时的现象,而不能归咎于中国加入 WTO(见图 5.2)。在加入 WTO 之后三年时间里,中国的出口和进口基本同步增加,出口占 GDP 比重上涨 8％。贸易顺差占 GDP 比重不高,仅停留于 2％的水平。然后,出口继续加速,在 2007 年达 GDP 的 37％,而进口相对下降,保持为 GDP 的 29％。因此,贸易顺差大大增加,

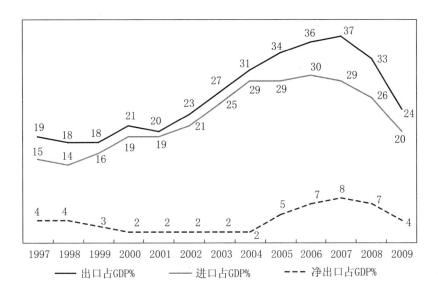

资料来源:Aglietta and Lemoine, 2011。

图 5.2　中国对外贸易:1997—2009

高达 GDP 的 8％。在 2005—2007 年间总增长保持在每年 10％以上,其中净出口贡献超过 2％。

造成贸易顺差趋势的因素有两个。第一,美国和其他发达国家的消费者需求大幅增加,这些国家的国内需求受到引发金融危机的信贷融资房地产泡沫的驱动,是不可持续的。西方国家强劲的国内需求诱致了在华外资企业分支机构的出口大大增加。2004—2007 年间,对外贸易中它们的出口额与进口额之差从 500 亿美元跃升至 1440 亿美元。第二,中国企业的进口替代在一般贸易中取得成功。政府热衷于精心制定的进口替代政策。低工资、低息贷款、主要沿海城市房地产大规模扩张以及有利的税收返还,使资本密集型行业中的国有企业获得高利润。这些企业投资规模大,在水泥、钢铁和机器设备等方面建立的生产能力足以替代进口。部门贸易平衡由负转正。总体上看,中国企业的一般贸易从 2004 年的平衡转变到 2007 年的 1 000 亿美元盈余。在此期间,人民币对美元升值(从 2005 年 7 月到 2008 年 7 月涨了 20％),实际有效汇率也是如此(见图 5.3 和图 5.4)。

2008 年 7 月到 2010 年 6 月,中国政府重新将人民币实行有限浮动汇率。但

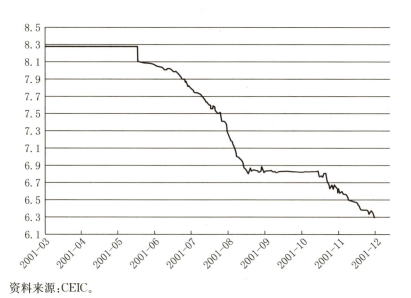

资料来源:CEIC。

图 5.3 人民币兑美元的名义汇率

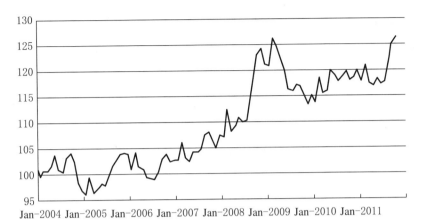

注:2004 年 1 月为基期,等于 100。

资料来源:CEIC。

图 5.4 人民币实际有效汇率

是大量的亚洲货币在危机中急速贬值,导致人民币实际有效升值 11%。人民币在 2010 年 6 月再次与美元脱钩,自那年 9 月开始大幅升值。2004—2008 年这一时期对中国是个特殊情况,因为对世界也是个特殊情况。2008 年末,世界需求垂直下滑,诱发全球出口崩溃。中国出口占 GDP 比重从 2007 年的 37% 下滑至 2009 年的 24%。同时,GDP 本身同比增长从 2007 年第二季度的 13.8% 下降到 2009 年第一季度的 6.1%。

发达经济体疲弱的增长预期,使中国不能再像金融危机以前那样依靠外国市场。除了这次重大冲击的因素之外,由于中国加入 WTO 之后在国际分工中专业等级太低,产品质量太差,并且过度依靠外资企业,类似改革开放第二阶段的这种外向型发展模式注定需要改变。因此,不但是出于第 4 章中揭示的国内经济扭曲,出口导向型增长的非均衡也要求中国进入一个新的发展阶段。

5.2 中国的外币政策与全球不平衡

美国持续贸易逆差的原因在经济学界饱受争议。然而在美国国会,这一现象给针对中国的保护主义威胁论提供了土壤，而此种政治偏见又令争论更加扑朔迷离。事实上这一现象可以有多种解释，很多解释都部分属实，这是为什么各种观点均可得到大力支持的原因。在集中分析中国汇率政策和外汇储备积累之前，先考察这些争议观点。我们指出，中国从 2010 年开始尽力让人民币与美元脱钩，让来自离岸香港金融中心的非居民可以自由使用人民币。上一章我们指出该运动是增长体制转型这一更大目标的部分。

5.2.1　全球不平衡争论

外部账户（external accounts）可能令人误解。对于追赶型国家来说，由于工业发展导致贸易平衡很大程度上取决于经常账户平衡，于是一种流行观点是把汇率当作害群之马。纠正贸易顺差的唯一途径就是汇率升值。然而，经常账户不平衡反映了国内储蓄与国内投资的非均衡。在某个国家或地区，储蓄和投资的模式是结构性的，只在边际上相对价格敏感。进一步投资依赖于融资，而不是依赖于储蓄。总体上看，储蓄只是投资的镜子，不能说是哪一方决定了另一方。

诚然，对于像中国这样的顺差国家，真实汇率的谨慎升值将提高国内商品相对外国商品的价格。但是它将降低贸易商品部门的利润率，从而削弱这一对生产过程现代化至关重要的部门的国内投资。在消费者方面，像中国这样具有持久过度储蓄的国家——因此有大量的外币（如美元）索取权——可能由于美元贬值而经受负的财富效应。如果按照一些美国学者推荐给中国的顺序让汇率跃升（立刻实际升值 20%），那么它将对国内（私人或公共）需求产生负面影响。由于进口将随着国内开支缩减而直线下降，收入和财富效应可能抵消相对价格效应，因此导致的贸易平衡变化是不确定的（Mac Kinnon and Schnabl，2008）。而可以确定的是，世界增长将减缓，大多数国家都难免其害。

表 5.4 显示，不论在美元疲软时期还是坚挺时期，净储蓄为负是美国的惯常模式。对于工业化的亚洲（包括日本），净储蓄为正是惯常模式。在发展中亚洲（中国除外），从逆差转为顺差是亚洲危机的后果，这场危机导致那些国家的政府急忙转变增长政策，以摆脱外债，积累外汇储备。

表 5.4　全球储蓄的来源和用途:净金融储蓄(国家或地区 GDP 的%)

国家或地区	1988—1995 平均	1996—2003	2005	2007	2008	2009	2010
发达经济	−0.7	−0.3	−1.0	−0.8	−1.3	−0.7	−0.3
美国	−2.5	−2.7	−5.2	−5.2	−5.6	−4.0	−3.4
欧元区	缺	+0.5	+0.8	+0.8	+0.1	+0.1	+0.7
(德国)	(−0.7)	(−0.1)	(+6.4)	(+10.4)	(+9.9)	(+6.8)	(+7.9)
日本	+2.3	+2.5	+3.6	+4.8	+3.2	+2.7	+3.1
亚洲工业国家	+3.4	+4.1	+5.5	+6.4	+5.0	+8.6	+7.1
发展中新兴国家	−2.0	0.0	+4.1	+4.0	+3.5	+2.0	+1.6
撒哈拉以南非洲国家	−0.9	−2.3	−0.3	+1.2	0.0	−1.4	−0.9
拉丁美洲	−1.2	−2.5	+1.4	+0.1	−1.2	−0.6	−1.3
新兴亚洲国家	−2.4	+1.4	+4.1	+6.9	+5.8	+4.1	+3.0
(中国)	(缺)	(+2.6)	(+7.1)	(+10.6)	(+9.6)	(+6.0)	(+4.7)
中东欧国家	−1.4	−3.2	−5.1	−8.1	−7.8	−2.4	−3.7
中东国家	−4.1	+3.8	+17.4	+15.3	+15.4	+3.5	+5.0
俄罗斯和独联体	−10.3	+4.7	+8.8	+4.0	+4.8	+2.8	+3.9

资料来源:IMF, World Economic Outlook, October 2010 and earlier issues, Appendices. Table A16。

2004 年(包括 2004 年)之前,中国对外国资产的积累都是温和的。从 1997 年到 2004 年,中国的外汇储备增加了 430 亿美元,中国经常账户盈余的收益小于日本、其他新兴市场及其他工业国家,此后的顺差由于前述原因而快速增加。2005—2008 年间,中国产生了过度储蓄,而美国产生了更大逆差,正是此时,美元实际贬值,人民币升值。更进一步,表 5.4 显示,美国热衷于逆差不仅针对中国,而且针对全世界除中东欧国家以外的几乎所有其他地区。在危机之后,美国逆差略有缩小,中国顺差占 GDP 百分比超过一半。到 2010 年,德国成为顺差最大的国家。

对于这些全球不平衡,并不缺乏解释。现有观点包括四类:新经济、新布雷顿森林、全球过度储蓄和美国储蓄不足(Eichengreen,2006)。新经济观点可直接以驳斥。也许在 20 世纪 90 年代末与它有关,当时 IT 技术吸引资本流入美国。在这种观点看来,美国逆差反映了美国境内的创新吸引力。然而在 21 世纪初,资本流动的结构与"新时代"神话没有任何关系。在金融危机爆发之前的那几年,资本流入主要投资于资助联邦政府和家庭举债而发行的国库券和有抵押证券。

在新布雷顿森林观点看来,中国顺差和美国逆差是一体两面的(Dooley et al.,2003)。中国追求出口导向型增长机制,受到人民币对美元币值低估驱动,从而导致了中国顺差和美国逆差。两个国家对这种局势都感到满意,各取所需,各得其所。美元—人民币汇率很好地调整了两个国家的互利。由于美国拥有绩效更好的金融系统,所以它引入中国储蓄投资于流动性证券,将一部分转换为直接投资,输出到中国。中国对美国的索取权被解释成为传递技术的美国企业投资进行担保。然而,布雷顿森林观点仅部分正确。例如在 20 世纪 60 年代,欧洲国家积累了美元储备,因为它们尊重相对高估了的美元的固定平价。但是美国经常账户平衡不是处于逆差状态。美国债务只是更多地抵消在欧洲的美国企业的大规模直接投资。进一步,这种观点单独针对中国,而中国对美国逆差的贡献在 2005 年不超过 10%,1997—2005 年间只有 8%。专门针对中国的观点不能解释美国逆差的广泛性。

在 2005 年 3 月本·伯南克(Ben Bernanke)"臭名昭著"的演讲之后,全球储蓄过度的观点风靡全球。要说帮助美国推卸导致不平衡的责任,这倒是聪明之举。伯南克指出了鼓励全球其他地区储蓄的一组独立因素。在东亚(日本除外),人口结构已经开始步入高储蓄者阶层(40—65)。在中国,退休金体系的脆弱性诱致了非常高的预防性储蓄,导致这一现象得到了强化。原油汽油价格飙升,促进了主要能源出口国(中东和俄罗斯)的储蓄。新兴市场国家激进地改变政策,以便推动出口导向型增长。

从过度储蓄的流动中可知,外国投资者一直忙于寻找有吸引力的金融投资,而当时被认为最有效率的美国金融系统很乐意提供这样的投资项目。外国储蓄的流入拉低了长期利率,抬高了房地产价格,鼓励美国家庭的开支。美国逆差恰恰意味着美国家庭扮演着最终推动世界增长的消费者的角色。而全球性的储蓄过度这一论断并无明显依据。国际货币基金组织统计显示,在金融危机以前的 15 年内,世界储蓄几乎没有增加。

最后,美国储蓄不足的观点源于不容置疑的事实观察,即相比于其他发达国家,除经历了持久房地产泡沫的英国、爱尔兰、冰岛和西班牙等极少数国家以外,美国的储蓄下降更多。在 2001 年股票市场衰退之后,美联储决心避免由企业界痛苦的债务紧缩(debt-deflation)而导致日本式衰退。货币政策变得积极主动,以推动信贷诱致性家庭开支。那是标准的抗衰退政策。但是,在 2004 年恢复增长之后,美国债务机器开始误入歧途,促成了巨大的房地产泡沫。结果,美国家庭的净储蓄率在 2006 年第二季度下降至－1.5%。更令人吃惊的是,净现金流比率崩塌至－7.3%。家庭储蓄缺乏导致全国储蓄率下滑,尽管意外的税收增加减少了财政赤字。

总之,全球不平衡的主要原因来自美国经济内部。美元的关键货币地位是导致金融极化持续的允许条件(permissive condition)。尽管如此,它是全球经济的威胁。

同时,观测到的逆差和顺差并不一定就意味着不平衡。在金融一体化的世界经济中,不可能所有国家的经常账户都平衡,即便在中位数意义上也是如此。甚至可以说,金融一体化应该在全球范围把储蓄和投资配置到风险调整后资本收益率最高的国家。如果资本市场能够恰当地评价风险和回报,那么它们会投资于具有未来收入流的国家,所以当前的逆差还会持续相当长的时间。因此,全球不平衡的主要原因必须在金融系统非效率中去寻找。由于全球金融系统都被华尔街投资银行控制,它们精心设计有毒的金融产品,目的就是要攫取实体经济上的超额租金,所以,期待金融去调节不平衡,限制不平衡的规模,是不可能的。

现在,即便人们相信中国已出现过度储蓄,但与西方的流行观点相反,其原因也许不是消费不足。诚然,欠缺的公共卫生保健服务、脆弱的福利安全网络以及大多数居民的养老金不足,是预防性储蓄过高的原因。但是,这些结构性的问题久已存在,不能解释 2005—2007 年间中国顺差的迅速扩大。况且,就算是让人民币汇率升值,也无法解决这些结构性问题!再者,企业的过度储蓄比家庭要高得多。如丹尼·罗德里克(Rodrick, 2009)明确指出的,大多数具有过度储蓄的国家都缺乏有利的投资,金融系统脆弱或低效率,从而阻止了针对中小企业的持续信贷供给。有利投资依赖于良好的公共基础设施,以及现代贸易商品部门推动技术进步的动力。它意味着促进国内需求可持续扩张的最佳方式,要从技术设施领域和卫生保健领域的大型公共开支项目开始。这正是中国政府2009年的刺激计划所为,经常账户盈余明显减少。同时,汇率低估推动了现代部门中的资源配置,促进技术升级。当然,结果应该让国内消费者受益。它意味着真实汇率应该随着生产率收益和实际工资上升而逐渐升值。如图5.1和图5.4所示,这正是中国近7年来发生的事情,并且肯定还会继续保持这种势头。随着中国劳动力市场的结构性变化,人民币升值的过程最好是伴随着由更高的实际工资所推动的非贸易品部门的通货膨胀,而不是伴随着由投机所导致的名义汇率剧烈波动。因此,接下来,我们就要讨论汇率政策,以及货币可兑换性问题。

5.2.2 人民币管理与外汇储备积累

我们可以称当前的货币制度为半美元本位。除中国香港、厄瓜多尔和巴拿马以外,其他国家/地区的货币均没有严格实行有限浮动汇率,因此当前通行的不是完全的美元本位。但是在亚洲(日本除外),没有哪个国家/地区的政府让外汇长期地由市场单独决定。弹性汇率也不存在。即便在日本,汇率政策也会在重度干预与自由放任之间阶段性地交替,以便日元兑美元的波动保持在可忍受的限度之内。因此我们可以把这种半美元本位理解为美元管制汇率制度(dollar-managed exchange rate system)。由于该制度是新美元资产流动性增加的融资工具,因此自2001年以来,它要求美元外汇储备快速积累(见表5.5)。

表 5.5 美元官方储蓄的年均波动(%)

	1987—1992	1992—1997	1997—2001	2001—2005
所有国家	6.9	11.4	7.7	14.5
东亚和日本	13.8	15.1	13.2	19.9

资料来源:IMF: Statistics on official reserves(selected years)。

　　美元储备积累现象不是世界储蓄投资不平衡的结果,而是金融系统运转失灵的结果。它导致了世界经济中的第二个不平衡,不要与储蓄投资模式导致的不平衡混淆了。这就是表 5.5 中所显示的流动性爆炸。从理论上看,有了一体化良好的金融市场,私人机构的资本流入和流出便可以抵消储蓄投资模式导致的不平衡。这些资本流动具有不同的货币形式,应该是机构投资者和其他金融中介优化资产组合的结果。它们应该能让不同货币形式的国际资产实现市场出清。

　　在半美元本位的世界,事情根本没有这样去发展。新兴市场国家的货币不能在国际货币市场自由交易。只要过度储蓄快速增加,国内货币就会越积越多,而出口合同所得却是美元现金流。于是,这些国家的金融中介只有国内货币负债。如果可以用资本流出抵消过度储蓄,它们就会把一大部分债务投资于美元资产。在这种假定的背景下,汇率是弹性的,因为整个操作的目的就是要避免实际不平衡导致的国内流动性过剩。这样下去,新兴国家金融中介的货币配置会日益扭曲。对于那些有社会义务的机构(如保险公司和养老基金)来说,这种风险将难以承受,因此他们不会继续这种操作。没有契约义务的政府财富基金则会马上开始这种操作,尤其在中国。最终,中央银行必须购买超过进口支付的美元,并将其投资于美元债券。

　　这一分析的结论如下。金融全球化远不是深度一体化。世界储蓄—投资均衡扭曲反映了高度不和谐的主权偏好和经济结构,这种情况下不可能实现深度一体化。在 21 世纪初,矛盾的半美元标准制度只有一条路可走:让中央银行吸收货币误配。中国人民银行已经从多个层面这样做了(见图 5.5)。

　　然而,资本控制最近已经松动。热钱可以在“其他”资本流和误差遗漏项中得到近似地汇总。2008 年下半年危机恶化,中国增长随之下滑,导致热钱大量外流。然而,在启动刺激计划并带来快速恢复之后,资本重新流入,必须用进一步储备积累来吸收。结果,外汇储备积累与贸易平衡甚至经常账户平衡部分地失去了联系(见表 5.6)。

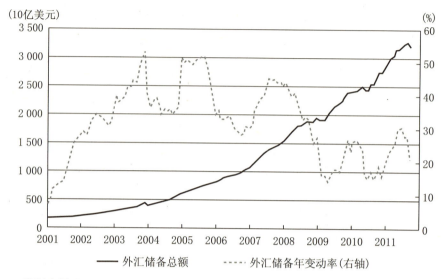

（10亿美元）

资料来源:Datastream. Computation Groupama-am。

图 5.5　中国外汇储备

表 5.6　中国国际收支:2008—2010(亿美元)

内　容	H1 2008	H2 2008	H1 2009	H2 2009	H1 2010	H2 2010
经常账户平衡	1 917	2 444	1 345	1 626	1 242	1 797
其中:						
贸易平衡	1 292	2 197	1 023	1 178	764	1 580
资本收入	383	31	169	264	283	−14
经常账户转移	242	216	152	185	194	231
资本账户平衡	703	−544	596	812	875	607
其中:						
净 FDI	408	536	156	187	370	635
净投资组合	198	228	202	185	−73	313
其他	97	−1 308	239	440	578	359
总平衡	2 620	1 900	1 941	2 439	2 117	3 104
误差和遗漏	−188	−88	82	314	337	−168
外汇储备	−2 808	−1 988	−1 859	−2 125	−178	−2 936

资料来源:CEIC。

　　由于上述原因,人民币升值(2005 年 7 月到 2011 年 12 月升值约 25%)直到最近也没能阻止外汇储备积累。这种事先可确定的稳定升值,激励外国人在资本控制范围内尽可能多地购买中国资产。中央银行必须吸收的资本流入进一步

增加,并由于美联储利率(Fed Funds rate)快速下滑而放大,美联储利率从 2007
年 8 月的 5.25% 下降至 2008 年中期的 2%,2008 年 9 月以后降至几乎为零。美
联储热衷于量化宽松(quantitative easing),让全球出现美元流动性泛滥。储备
积累势头不减,以年均 40% 的速度增长,直到 2009 年 5 月刺激计划导致复苏。
储备积累的速度大大下降,但完全没有降至早期速度,因为经常账户盈余基本上
消失了。分析中国支付平衡,可以为这些现象提供某种洞见(见表 5.6)。

　　不稳定的资本流动("其他的"和未记录的流动)影响支付平衡,而支付平衡
对中国经济 2009 年增速下滑非常敏感,逆转了 2008 年第四季度下滑期间的外
流。在刺激计划下,这些资本流入进一步利用了资产市场的弹性,为股票市场和
高端房地产市场提供资金。比较 2008 年下半年和 2009 年下半年,贸易账户减
少了约 1 200 亿美元,资本账户增加了 1 300 亿美元的热钱流入,相抵有余,这些
热钱主要源于"其他"资本流动,其中大部分来自香港金融机构的短期贷款和
存款。

　　由于中国不仅正逐渐成为一个经济强国,而且还即将成为一个金融强国,汇
率管理体制肯定要发生变化。在短期,中国政府采取了明智决策,不再锚定名义
美元。2010 年 6 月 19 日,中国人民银行宣布取消有限浮动汇率,改用一揽子货
币作为更灵活汇率制度的参照。这一决定是里程碑式的,因为它没有回到 2005
年 7 月以后的浮动盯住美元,而是预示着在货币政策框架内针对国内目标进行
渐进变化,朝着人民币可兑换性迈出了第一步。决定与美元脱钩并重新建立有
效的汇率基准在中国货币当局采取的深远决策中得到推行,以便逐渐转向非居
民的人民币可兑换。新的人民币资产离岸市场的发展及其前景将在本章最后一
部分讨论。

　　时机已经成熟,因为金融危机已经给世界经济带来了剧烈变化。发达国家
的增长将明显低于泡沫十年,美国家庭将增加储蓄,中国将进入集中于国内发展
的改革阶段。于是,中国贸易平衡将缩回到 2004 年以前 2%—3% 的顺差水平。
推动汇率稳步上升的力量将得到缓和,但是不稳定的资本流动对汇率不稳定的
影响将更加强大,要求更加富有弹性的汇率管理。这是中国货币当局自 2010 年

中期以来设定的体制。

新体制容许日内交易可以根据相对选定日的汇率有上下 0.5 个百分点的波动,2012 年 6 月扩大到上下 1 个百分点的波动。再者,汇率和波动限制仅限于当天,对第二天没有约束力。中央银行完全有权决定其认为合适的当天汇率,因此可以影响任何针对美元的灵活性,针对投机者创造适当的双向风险。国家外汇管理局(SAFE)掌握着庞大的储备,有能力粉碎任何投机。国家外汇管理局可以轻易地让汇率上下波动,通过有力的干预去促发均值回归运动,这对投机者来说是灾难性的。中国可以与东盟 10+3 中的其他中央银行协同干预,保持交叉汇率的一致性,从而强化这种政策。

从中期来看,中央银行可以使用货币篮子的参考汇率驱动真实有效汇率逐渐上升,以实现三个目标:提高家庭购买力,降低进口初级商品的成本,激励企业提高出口商品的价值含量。中国既要维持国际资产的价值,又要维持经济一体化正逐步加深的东亚地区汇率稳定。两个目标都依赖于人民币的国际化,即人民币完全可兑换。

人民币可兑换意味着发展中的中国债券市场获得了动力,大型国内机构投资者能够把家庭储蓄导向投资组合多元化(包括用外国资产去替代中央银行储备积累),国内债券市场能够在风险可控的情况下接纳外国投资者。它还意味着东亚政府间发起政治倡议的意愿,比清迈协议(Chiang Mai Initiative)更加有雄心,目的是在东亚建立货币合作区,作为该地区国内货币安全国际化的基础。货币国际化与保持交叉汇率一致性的最小地区合作将共同导致世界最具活力的地区对美元的使用大大减少。国内资本市场改革和资本账户开放将成为金融领域的结构性变化,并根据整个经济改革的新阶段进行调整。

5.2.3　中国推动非居民的货币可兑换性

第 4 章阐明了为什么资本账户开放仍然不到位。在此之前必须实现金融服务自由化从而整个利率结构的自由化。然而,这种剧烈变化不能在一夜之间完成,在地方政府(尤其在县市级)债务高企的情况下更不可能。在这些债务得到清偿且地方政府偿债能力得到巩固之前,利率不能由市场决定。同时,货币当局依赖于银行贷款利率调整,让债券服从于银行利率,以便最小化公共金融的成本。当然对国家来说,这种非效率的金融管制是耗费成本的。如果资本成本太低,便会扭曲投资模式,导致重工业产能过剩。管制利率把所有融资导向一小撮国有银行,后者获得有保障的利润率,因为家庭储蓄的回报非常小。这些国有银行没有激励实行有效的风险管理,而没有风险管理的资本自由化是危险的,可能招致灾难性损失,就如美国、日本和一些欧洲国家在 20 世纪 80 年代和 90 年代所发生的那样。

如第 4 章所强调的,这种被动局势的主要原因在财政。在中国,由于对财政收入在地区及地方政府间转移尚未达成政治上的一致意见,因此地方政府在财政来源与基本公共服务承诺之间存在巨大缺口。他们被迫用投机性的房地产价值做抵押,大量举债。所以说财税改革是国内金融自由化的前提条件。这是一个痛苦的经济政策问题,依赖于政治过程,而政治过程决定了财政收入在省级及省级以下政府当中的分成。关于政治制度中的可能变化及其行政影响,将在第 7 章讨论。

然而,2008 年冲击全球的全球金融危机加速了世界经济的深刻变化,重新调整了中国与世界其他地区的经济和金融关系。世界存在一个长期的结构性变化:发展中的亚洲和世界其他地区的新兴市场国家的贸易比重增加,相反,西方和日本的贸易比重下降。21 世纪头 10 年,新兴世界占中国外贸比重翻了一倍,从 15% 增加至 30%。对于这类贸易,美元只不过是第三方货币。只有在使用美元的交易成本(贸易双方要进行两次货币兑换)低于选择一方或另一方货币的交易成本时,才会用美元作为货币计价和贸易支付的工具货币。使用工具货币时的交易成本可能更低,因为这种成本基本上依赖于贸易伙伴可达的货币市场的流动性。用工具货币计价和清算的贸易量越大,交易成本就越低,该货币在国际商务和金融中的使用也就越广。这意味着动态递增报酬是路径依赖的。即使发行国在世界贸易中的比重长期持续缩小,该关键货币仍将被继续作为工具货币。然而,即便某种货币已成为国际支付中的关键货币,但仅一件骤然降低其流动性的戏剧性事件便可能改变国际支付模式。全球金融危机就导致过那种事件。

2008年秋季美元流动性在全球范围崩溃,而银行间贷款也已经枯竭。国际支付手段的缺乏促使世界贸易急剧下滑,诱致了像中国这样没有卷入华尔街金融骚乱的国家的经济活动严重萎缩。这一巨大的冲击能够颠覆国际支付模式。例如,中国进口商和巴西出口商可能发现用人民币计价和结算是有利的,条件是中国进口巴西产品所产生的人民币存款,在巴西进口中国产品(人民币回流)之前能够获得竞争性回报。然而,中国对非居民,除了一小撮有资质的外国投资者(QFIs)之外,并没有开放国内货币市场。只有人民币形式的金融资产在中国大陆以外的地区可以容易获得的情况下,才可能解决这种浪费。对于早期离岸人民币诱致的金融服务管理,香港是理想的金融中心。

中国货币当局反应很及时,于2009年启动了用人民币对外贸进行计价和结算的试验性制度。该制度设在香港金融中心,中国人民银行与香港金融管理局(HKMA)达成了确保和调节流动性的谅解备忘录,以此作为其支撑。公司和金融机构即便没有直接涉及与内地的贸易,也有权在香港有资质的存款机构开立人民币账户。这是中国CNH市场(即海外人民币金融资产市场)的开端。

发展CNH市场的主要推动力在于以人民币计价的中国进口结算。这一市场规模,从而人民币在全球FX贸易中的比重,将主要依赖于中国进口当中以人民币计价的贸易比重。方案一,中国进口当中以人民币计价的比重将从2011年的1%增加至2015年的20%。CNH市场中流动性的另一个来源可能是资本控制的松解,这容许来自中国居民的资金流到香港。方案二,容许居民银行存款的1%流到海外。表5.7总结了两种方案设计的结果。

表5.7 以人民币计价的中国进口和香港人民币存款:规划设计(亿美元)

	2011	2012	2013	2014	2015
以人民币结算的进口价值	310	740	1 620	3 040	4 820
CNH存款(方案一)	320	670	1 410	2 720	4 750
CNH存款(方案二)	560	1 250	2 420	4 290	7 060

资料来源:CEIC;Standard Chartered Research calculation。

根据方案一,由香港中国银行领头的具有配额的银行数量非常有限,它们可以在中国境内的货币市场上投资和借贷流动资金,以促进人民币国际支付的结算。进一步,有意愿的外国中央银行可以终止与中国人民银行的通货互换协定,以多元化人民币外汇储备比重,在境内银行同业拆放市场上购买政府债券。在这种流动性基础上,CNH 市场创造了多样化的投资产品(点心债券)和衍生产品(CNH 远期外汇交易和换汇换利交易),以允许外国企业发行人民币债券,管理其外汇风险。CNH 市场的兴起促发了一种显著的动力。投资银行将 FX 交易专柜从新加坡转移到香港并培养雇员(BBVA,HSBC,Standard Chartered,and Deutsche Bank)。一种有利的证券承销业务正在启动。

5.2.4 CNH 市场的运行与均衡

由于流动资金境外与境内不完全互换,所以在香港有两个即期和一个远期外汇市场。针对商业交易的美元/人民币汇率,其基准在于境内即期市场上的汇率,因为经常账户上人民币是可自由兑换的。针对与贸易无关的金融交易的美元/人民币汇率有自己的行情表和流动性。香港的金融中介必须持有独立账户去管理风险。这些市场之间是什么关系?

图 5.6 显示了境内和境外市场上的每日即期汇率,图 5.7 显示了香港可交割

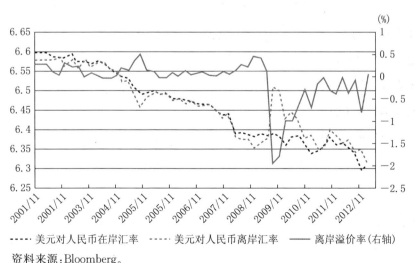

-------- 美元对人民币在岸汇率 ·········· 美元对人民币离岸汇率 —— 离岸溢价率(右轴)

资料来源:Bloomberg。

图 5.6 中国在岸/离岸的即期汇率

资料来源:Bloomberg。

图 5.7　中国香港市场 1 年期境外可交割人民币远期汇率

远期外汇市场中 1 年期远期外汇。

　　由于资本控制限制了人民币境外与境内之间的套汇,所以存在双重汇率。在 CNH 市场诞生以后,香港产生了对人民币资产的巨大需求。流动性的缺乏导致境外汇率相对境内汇率升值。境外风险溢价最高约 2%。然而,人民币坚挺吸引了外国出口商向中国出口时使用人民币计价。他们在香港银行的存款非常快速地获得了流动性,所以这种溢价在接近 2010 年末时便结束了。从 2010 年 8 月到 11 月,CNH 市场上非居民存款已经翻了 4 倍。这并不意味着该市场被一次性地套利。流动性溢价仍然不稳定,就像 2011 年 4 月底和 5 月初所发生的那样,因为 CNH 市场尚未根深蒂固。然而,它意味着资本控制不会系统性地扭曲境外的人民币价值。

　　尽管如此,2011 年夏季发生了越来越持久且有趣的干扰。在 8 月和 9 月,欧元区危机缓解,重新恢复了活力,在全球范围颠覆了整个汇率模式。直到那时,CNH 汇率溢价——(境内汇率—境外汇率)/境内汇率——基本稳定并稍有上升,意味着 CNH 人民币对美元汇率一直(当然是最低限度地)高于官方汇率。在 9 月底,CNH 人民币汇率急剧贬值,溢价大幅下降,此后日益恢复,但直到 2011 年末仍然为负。这一事件表明,CNH 市场其实是一个不受控制的市场,流动性变化极大。当利率在 9 月突然上升的时候,持有欧洲国家(德国除外)主权债务的国际投资者损失惨重。美国互助基金从欧洲撤资,重新回到美国,促发了美元升值。就像在每次困难时期一样,国际投资者开始调整投资组合,转向最具流动性的市场。他们撤出早些时候投资于点心债券的资金,境外人民币垂直下落。10 月 27 日的欧洲峰会平定了投资者对欧元区即将崩溃的恐慌,汇率恢复到一个更正常的模式。然而,境外溢价仍然为正。

可交割远期外汇市场进一步巩固这一发现,指出了一致但脆弱的期望:人民币 9 月中旬以前升值,10 月以后贬值期望(参见图 5.7)。市场期望与经济学家的期望不一致,后者基于经济学基本原理的观点仍然预测人民币稳定升值。是市场错了,还是它更好地预测了体制变化?人民币由于经常账户盈余减少所反映的基本经济变化从而正在接近均衡汇率吗?在这种选择性的背景下,人民币/美元汇率升值趋势将大大减缓。无论怎样,中国政府都决定继续扩张人民币的海外使用,同时让境内外汇市场更加灵活。

为加强境外人民币的可兑换性,市场参与人想要一系列与其他可兑换货币竞争的资产(涉及期限和风险评级)。为了迎合这种需求,中国货币当局在点心债券市场创造了基准的政府债券收益曲线。在 12 月初政府发行了价值 80 亿元的固定收入债券,期限分别为 2、3、5 和 10 年。把收益曲线扩展至 10 年,说明中国领导层发出信号,将激励国际金融投资者投资于长期金融资产。这些投资者比发行者表现得更加积极。结果,香港的 2 年和 10 年期债券收益大大低于卖给大陆国内投资者的类似政府债券的相应收益(参见表 5.8)。

表 5.8 2—10 年期政府债券收益率(%)

	2 年期	3 年期	5 年期	10 年期
离岸	1.6	1.0	1.8	2.5
在岸	3.0	3.25	3.8	3.95

资料来源:路透。

在 2011 年 12 月 26 日,中国总理和日本首相联合发表声明,两国之间的双边贸易将以人民币或日元结算,而不是像从前那样以美元结算。由于中日贸易规模巨大，日本选择的转变与更强大的亚洲一体化高度相关，所以这一政治决策将促进中国成为该地区最大且最具活力的国家，同时也推动香港成为最突出的非居民人民币金融中心。

与此相关，中国人民银行需要更灵活的汇率去制造一个双向风险市场，让赌注人民币升值的投机者遭受亏损。中国人民银行也需要一个利用汇率作为货币政策工具的回旋余地。为了实现这两个目标，中国人民银行可能谨慎地放松境内与境外市场之间的分割，利用来自 CNH 市场的信息，在货币政策行动范围内做出反应。可兑换性可能以这种受控的方式得以推进。

5.2.5 人民币国际化的长期意义

人民币国际化对国内经济中的资本配置和中国与其他国家之间金融关系的演化都具有重要意义。人民币国际化将导致资本配置转型，因为香港市场包括国内金融机构。这些机构已经在香港为国内企业发行了公司债券。这种新的融资机会把国内与国外人民币信贷联系起来。这是 2011 年非金融实体获得的信贷数量高于中央银行决定的计划信贷总量且高于发放给非金融部门的银行信贷总量的原因之一。强调境外市场的动机是什么？存在一个国际动机——使用人民币作为贸易的计价和结算货币。但是还存在一个长期来看可能非常重要的国内动机——利用香港市场作为改革国内金融市场的间接途径。中国金融机构将直面国际实践（例如风险管理），因此将不得不改变国内金融业的一些做法。

必须理解，在中央政府内部，不同权力部门在人民币可兑换问题上是有争议的。一方面，商务部（Ministry of Trade）和发改委要的是增长，更加关心国际竞争力。它们联合对失业上升的轻微暗示都感到担忧的各省官员，以及可用固定资产积累的保留收入来增加权力的国有企业管理者。在增长出现减弱迹象的时候，他们便形成强大的、有影响力的游说集团。另一方面，中国人民银行和其他金融管制机构非常了解，以资本市场为代价把储蓄和过多资源配置给银行的机制，必然扭曲储蓄配置，因此导致普遍非效率。进一步，中国人民银行希望拥有更有效的利率工具来进行货币调控。中国人民银行的观点由于通货膨胀威胁而得到强化。更灵活的汇率容许货币政策集中于国内目标,非常适合中国人民银行。在发起境外项目使人民币国际化并取消实际盯住美元这一问题上,国务院作出了妥协,容许国有企业以最廉价的可能方式为海外扩张融资,以便它们在2015 年以前成为全球公司。这便创造了一个潜在的、巨大的人民币国际市场,促进了在与其他新兴市场国家的贸易和投资中更多地使用人民币,同时也保持了资本控制的核心——维持双重利率市场。

至于业务的实践和效率,中国金融机构可以在香港边干边学。但是至于金融资产价格,同时运行两种不同制度是有可能的。必须作出政治决策整合市场,推动完全可兑换性。中国政府十分相信渐进主义方法,将逐步收紧国内经济的海外金融联系。其实,资本控制可能不会减少整体上的资本流量,而是形成结构去抑制破坏性的热钱,促进有益的长期流动。

遵照增量变革的原则,中国人民银行于 2011 年 6 月中旬出台了有关跨国外商直接投资的新规则。该规则容许所有外国公司(包括在香港成立的中国企业的分支机构)在大陆以外商直接投资形式汇出在境外市场筹集的所有资金。这是推动人民币国际化的重要一步,但仍然通过限制各种投机性资本流入来保护国内市场。这一新规则有着增加境外人民币存款的生产性用途,其数额已经达到 5110 亿元人民币,约占香港总存款的 8.5%。

这种外商直接投资管制将推动分成改革,因为汇款依赖于与新的产业政策方向一致的投资项目。该规则将加速和多元化以债券、贷款和股权的形式创造境外人民币资产。

5.3　小结

中国经济改革已进入一个新的阶段,追求两个孪生的长期目标:在国内承诺可持续增长,在国际谋求世界强国地位。只有通过经济结构和制度的联合转型,才能实现这一双重目标。第 6 章和第 7 章将展望性地考察这一严峻的任务。

在整个经济的规制中最重要的制度之一就是金融。金融转型的驱动力来自经济外部,但不局限于此。非常需要金融服务的自由化去调节资本成本,以便储蓄配置可以支持全要素生产率基础上的增长过程。这就是可持续增长的全部内容。如后文中将要阐释的,这种金融改革与影响党内权力结构的根本性财税改革难解难分地交织在一起。

然而,中国不能等待政治制度完成之后才参与到世界治理之中。即将到来的货币多边主义是新兴大国与西方国家之间巨大增长差距不可避免的后果。以非居民为起点大胆推进渐进的人民币可兑换性,将允许中国去影响有关国际货币体系未来的争论。

第 3 篇

面向可持续性的改革新阶段

第 6 章
可持续增长的起源

　　对于经济学家来说，没有什么比理解结构变化更具有挑战性了，因为它正在改变增长体制的核心宏观经济关系。若涉及整个世界经济，这一任务更加令人却步。然而，这就是 2007 年从美国爆发并扩散到全球的金融危机所释放出来的后果。这次危机的影响波及全球。并且，它提出了有关知识范式的难题，这种范式确定了 20 世纪 80 年代兴起、90 年代扩展至西方世界之外的金融资本主义统治的合法性。2008 年秋季的金融市场崩溃不仅再一次证明它们不能自我调节，而且也质疑了所谓华尔街模式中金融向经济主体提供的激励。

　　这里涉及的仍然是 18 世纪早期诞生的政治经济学最基本的问题，即财富问题。在全球金融所鼓吹的世界的概念中，财富只不过是赚钱之钱。全球流动性无外乎制造所有类型的资本替代品，让交易成本最小、信息对称和市场完全。这就是有效市场理论。这种范式催生了著名的莫迪利安尼—米勒（Modigliani-Miller）定理，根据该定理，融资结构与投资机会及绩效无关。资本配置的唯一驱动力在于风险调整后的收益，有效市场则倾向于使这种收益均等化。

　　金融全球化被看作在全球范围实现市场效率的过程。要实现这一点，便要使世界成为扁平的，因为每一个国家/地区都要采纳支持市场效率的相同制度，就像华尔街所推荐的那样，如通用的产权，保护产权的统一法律，政府后撤至最小的社会安全网络从而形成成熟的私有化。自 20 世纪 70 年代得到精心阐述之后，这种教义导致政治自由主义蜕变为宗派主义意识形态，这种意识形态在 20

世纪 80 年代的英美国家获取了政治权力。柏林墙倒塌被认为是这种意识形态扩展至全球的机会，而华盛顿共识和布雷顿森林体系双双成为这种教义的传教士。

幸运的是，世界没有变得扁平。1997—1998 年间亚洲危机展示了发展中国家听从华尔街诱惑的后果。2007—2008 年间全球危机戏剧性地证明了金融界离莫迪利安尼—米勒的世界有多远。脆弱的金融结构被悄悄建立，并隐藏起来免于"市场纪律"的审查。它们以各种激发灾难性、系统性损失的方式相互作用。中国高度管制的金融体系很大程度上在这场危机中得以幸免。但是，如第 4 章和第 5 章所述，中国金融体系在资本配置方面也有自身的缺陷。因此，西方和中国经济管制的双重经验提出了这样的问题：如何最好地为未来财富的创造提供融资？

但该问题可以转换为一些更基本的问题：对于整个社会来说，哪些类型的财富更能够提高福利？产生财富的各种资本应该如何投资和组合，以实施下一个 20 年的发展政策？这是中国在改革新阶段要回答的问题，它们都涉及可持续增长。原因在于财富不只是赚钱之钱，它有真实的一致性。如本章将要阐释的，"十二五"规划正在启动许多方面的改革，这些改革将投资从前欠发展的各种资本类型以促进经济转型。这些投资对象包括已经出现结构性变化的人力资本，需要改进治理的公司和制度的社会资本，以及涉及环境问题的自然资本。

在扩展的资本概念上建立发展政策框架具有相当大的好处。未来发展道路将基于把资本的概念扩展至有助于维持和扩张整个中国社会福利的所有资产。这本质上是可持续性的动态概念。可持续性是中国改革新的边界。前一阶段积累是基于这样的假定，即不可再生资源的使用是廉价的，未使用的资源存量是免费的，增长是不受限制的。这种粗放型增长模式由于产生了许多矛盾而变得越来越不合适。

我们认为，21 世纪的中国无论出于什么目的都需要界定和发展可持续增长的概念，以便带来经济政策的深远变革。可持续增长将导致经济思想、会计、政府政策以及金融组织的彻底改变。宽泛地讲，可持续增长把环境的长期保护以及未来几代人的福利融入增长轨道。能够根据可持续增长目标监控和整合结构变化的国家,将成为创新的领导者。中国领导层需要让中国从世界工厂的角色中脱离出来,探索生产和消费的新模式。这种模式要超越对当前所谓发达国家那种破坏式的消费模式。

本章第一部分界定可持续增长的概念,阐明可持续性目标在战略规划方法转型中将如何影响改革的政治经济学。第二部分和第三部分分析促进可持续发展的主要结构变化。如果加以适当的监控和激励,这些变化应该有助于福利提高。第二部分研究人口转型的后果,确定阻止收入和财富不平等扩大的政策框架。第三部分提出可持续增长体制的轴心在于城市化与环境保护的协同发展。下一章集中分析实现这些目标所需在土地、财政和社会等各个领域进行的大刀阔斧的改革。

6.1 可持续增长:中国新阶段包罗万象的概念

在 2010 年全球发展报告中,经济合作与发展组织(OECD)强调"财富转移"是世界经济中最重要的现象。总体数字令人吃惊。在以 PPP 表示的世界 GDP 中,非 OECD 成员所占比重从 1990 年的 38% 增加至 2011 年的 50%。保守估计,这一比重在 2030 年可能上升至 57%。这份报告还提到了亚当·斯密,认为财富创造在发展中世界具有非常深刻的社会含义。中国最好地体现了这一观点,过去 30 年的发展让 4 亿多人摆脱极度贫困,不过,这里的贫困门槛是用货币收入来界定的。而阿玛蒂亚·森(Amartya Sen)明确强调,自由是人民发展人力潜能的能力,它随着远未体现于平均货币收入的实际生活条件而改进。财富是一个把具体成就与宏观政策和绩效联系起来的概念。

而具有讽刺意味的是,虽然经合组织报告是要讨论财富,可从导言开始就还是使用了 GDP 的概念——"由于很难度量各个国家在物力、人力、自然方面的资本存量,本报告中的存量价值仅指易于界定的外国储备、主权财富基金资产和更大规模的全球劳动力等。"也就是说，这份报告仅考虑金融资产和无差异劳动力。

一方面是特殊项目上财富的具体结构与一国人口中财富所有权分配之间的联系，另一方面是把整个人口的社会福利作为政策绩效的度量标准，这一理论问题在福利经济学家当中争论了几十年。经过多年研究，约翰·希克斯（John Hicks）爵士承认，不可能找到一个客观指数去汇总个人收入而又不受伦理标准的影响，所以，社会福利可以用国民收入来代表。阿玛蒂亚·森证明，与富人相比，穷人占有相同的边际美元具有更高的边际价值。因此，在解释收入分配以及人口的结构和规模时，其判断标准必须对应着明确的伦理价值。外部性的影响也是相关的。此外，肯尼思·阿罗（Kenneth Arrow）早就证明，不可能用任何仅基于个人偏好的程序去评价和表达社会福利。不会存在纯粹的经济学。

由约瑟夫·斯蒂格利茨（Joseph Stiglitz）任主席的经济绩效与社会进步度量委员会的 2009 年报告是最近最综合的贡献，该报告尝试把社会福利与财富联系起来。社会福利不度量幸福程度，而是直接源于对经济活动最终目标需要的满足程度。这样，度量问题可以通过发展国民收入核算来加以克服。它可以被称为经济社会福利。因此，未来方向在于把资本概念拓展至适于持续维持和扩展全社会经济福利的所有资产领域。这本质上是一个动态的可持续性概念。在这种包罗万象的资本概念中，公共服务是非竞争且非排他的公共产品，用有形和无形的资产来生产，所有经济主体都可以使用。这些集体资产由社会大众拥有。

扩大资本概念对发展研究具有巨大的优势。人们可以系统性地分析收入与资产价值之间的关系。例如，投资于健康的资本数量会影响劳动生产率和实际收入增长，从而激发一个持续的良性循环。相反，污染数量会通过健康恶化而折旧人力资本。面对环境恶化，我们还必须区分出哪些是最初影响（造成损失不均等地影响各经济主体的资本账户），哪些是修复环境而产生的投资，这些投资会以现期支出的形式反映在流量账户中。

由可持续性分析带来的视角变化提出了会计重新归类的问题。传统上被当作中间投入品的商品，应该被归类于资本投资。特别是研发（R&D）的开支，它从前被作为中间投入品，最近在 2008 年联合国国民账户系统中被归类为无形资本投资。类似的还有矿藏勘探,因为矿藏勘探产生了有关地下原料储备的新知识。

可持续性的概念符合中国领导人把中国推向和谐社会的雄心。这种雄心在"十二五"规划中得到了明确阐释。该概念将有助于国家发改委深化经济体制的改革。其实,如果没有相应的宏观经济框架去确保影响许多经济活动的政策一致性,那么可持续发展的概念就只能说说而已。但是这一任务非常艰巨。可持续增长将要求在经济思想、会计、政府政策和金融组织等各个方面实行彻底变革。宽泛地讲,可持续增长要求在增长体制内长期保护环境进而保护未来几代人的福利。旨在度量和促进 GDP 增长的流量会计框架,必须由旨在度量总财富(即真正资本)的存量—流量会计框架来替代。这些财富是产生未来社会福利从而促进总财富积累的资源基础。

世界银行致力于深化总福利的度量方法,把它作为评价发达及发展中经济增长路径可持续性的工具。世界银行采纳了皮尔斯和阿特金森的开创性研究《可持续发展的资本理论和度量方法:弱可持续性的指标》(Pearce and Atkinson,1993)。在 2006 年半年度报告中(《国家财富在哪里? 21 世纪的资本度量》),世界银行探索了一种旨在改变发展政策的方法论和实证研究。

中国使用这种方法的优势可能在于其进行战略规划的能力。为了阐明战略规划如何成为追求可持续性目标的协调过程,我们从现有研究中得出一个正式框架。该框架将体现可持续性的理论概念,有助于解释规划中确定的价格激励如何引导政策去提高总福利。

6.1.1 总财富和可持续性的定义

发展依靠总财富,即已生产出来的有形资本、人力资本、社会资本以及自然资本。维持总财富是可行增长体制的关键。不同形式的资本定义如下:

已生产出来的(有形)资本＝设备＋建筑物＋城市土地

无形资本＝人力资本＋制度基础＋社会资本＋净外国金融资产

自然资本＝地下资产＋木材资源＋非木材森林资源＋保护区＋耕地＋牧场

三类要素加总就是国家的总财富。就我们了解,这种度量还远远不够全面。只有通过大量的统计工作,调动政府资源和国际合作,才可能取得决定性进步。未来增长前景被联系于真实财富变化,后者已经被命名为调整后净储蓄(或真正的储蓄)。

真正的储蓄完全不同于标准化国民账户中的储蓄:

$$真正的(或净)储蓄=国家的经济总储蓄-固定生产性资本折旧$$
$$+人力资本价值变化+社会资本价值变化$$
$$-矿产和能源化石资源的消耗-森林的净减少$$
$$-CO_2 污染导致的破坏$$

真正的或净储蓄直接关系到经过资本转移和估价变化调整后的实际财富变化:

$$净储蓄=\Delta(财富的净实际价值)-资本转移中的净收益$$
$$-资产总量中的其他净变化-持有财富的真实收益$$
$$(或+持有财富的真实损失)$$

这些账户关系确定了财富核算不同于 GDP 核算的基础。战略规划要求政府改变统计方法,在真实财富要素上用尽可能可靠的数据去填写会计表格,例如,尽可能全面地度量相关的资本类型。

理论问题是针对组成实际财富的资本类型与社会福利之间的关系进行模型化。它是众所周知的增长理论问题,必须重新考察。在标准的增长理论中,Ramsey 模型从基于私人消费汇总的福利函数中导出最优条件,并且私人消费的生产遵循索洛(Solow)基于生产性资本和劳动力的外生生产函数。用这种模型研究在可持续性发展,具有许多缺陷,因为在这种模型中福利等于私人可交易商品的效用,社会福利等于个人基数效用的加总,资本被局限于固定生产性资产。

最关键的问题是私人消费与环境服务之间较低的可持续性,包括对这些服务——特别是公共产品服务——的社会侵蚀。随着私人消费的增加,人们不能轻易地抵消来自温室气体密度增大、生物多样性减少和淡水资源稀缺的福利降级。因此,社会福利函数必须将私人消费和环境服务作为独立参数(separate arguments)。与此相关,社会福利离个人偏好的汇总更远。它将决定性地依赖于能够揭示集体偏好的政治过程。

可持续性问题的难度还体现在战略规划的时间跨度将会更长,必须以有意义的方式处理极端的不确定性。气候变化、森林耗竭、水和化石资源日益稀缺,这是未来几十年或下一个世纪造成极端事件威胁的长期挑战。因此,该威胁涉及未来几代人甚至当前这代人。之所以这样,是因为生态系统有巨大的惯性,但如果越过未知的门槛,便可能受到不可控的偏离反馈(diverging feedbacks)的攻击。人类面临一个未知的世界,但这种未知性依赖于接下来几十年里人类自身的行为。

因此我们可以理解战略规划为什么至关重要。中国政府会以当前和近期消费为代价,制定对激进创新大规模投资的政策,以期对新的可再生能源的投资在更长时期内增强环保商品对经济商品的替代性吗? 或者中国政府会冒着不可逆转破坏的风险,等待更多有关气候变化发展和自然资本耗竭方面的信息? 面对这种两难境地,中国政府必须进一步了解导致经济可持续性或不可持续性的过程,因为政府有责任高不确定性和高风险的环境中引导和管理经济。

框 6.1 总结了可持续条件下的社会福利函数与主流社会福利函数的区别。如果在普遍生态和经济意义上形成经济的生产性基础的不同类型资本是可以度量的,那么,人均总福利的变化就等于全要素生产率增长与不同类型资本总量增长之和。

框 6.1　从社会福利到经济可持续性

1. 福利函数的定义

U 是连续时间上的社会福利函数,有两个变量:

$C(\tau)$,体现社会服务价值的扩展私人消费总额,这个总额包括直接分配给家庭并进入当期消费的社会服务;

$E(\tau)$,来自自然资本的环境服务。

V 是跨期基数函数:

$$V(t) = \frac{1}{1-\eta} \int_t^\infty U\big[C(\tau),\, E(\tau)\big]^{1-\eta} e^{-\delta(\tau-t)} d\tau$$

δ 是纯时间偏好率,η 是相对风险规避率。

私人消费与环境服务之间的不完全可替代性用 CES 函数来描述,该函数的有效弹性为 σ:

$$U[C(t), E(t)] = [C(t)^{\frac{\sigma-1}{\sigma}} + E(t)^{\frac{\sigma-1}{\sigma}}]^{\frac{\sigma}{\sigma-1}}$$

2. 可持续性的标准

可持续性的强标准是 V 非递减:

$$dV/dt \geqslant 0$$

来自消费或环境、提供效用的最终商品和服务,由所有类型资本的组合(基于最佳可得技术)来生产。资本类型在以上描述核算框架时已经界定。不同类型资本由于生产使用而损耗,由于投资(生产性及人力资本)而增加,如果是可再生的资本(森林),便会由于自然生长而增加,如果是不可再生的资本(化石资源),便会由于采掘而不可逆转地减少。所有类型资本组合起来得到的产出包括消费、环境服务和可再生资本投资。产出的分配依赖于调整后的储蓄率(真实储蓄),以及使特定数量环境服务可得的公共规制。我们可以假定这样的分配机制,即 V 不是时间的显函数。于是,$t+1$ 期不同类型资本存量决定于 t 期存量和持久分配机制。这一假定不太宽松,因为它抽象掉了不确定性,而只与分配机制有关。

在这一假定下,战略规划可以在时期上依次推进,从原则上决定了资本存量和不同类型的全部未来路线,以及消费和环境服务的流量。如果资本 K_i 在 t 时期存量为 $n(i=1, \cdots, n)$,那么经济中宏观变量的值决定于所有未来时期 $\tau > t$。于是,U 在 $\tau \geqslant t$ 时期被决定,$V(t)$ 也被决定。因此可以得出:

$$V(t) = V[K_1(t), K_2(t), \cdots, K_n(t)]$$

强可持续性条件要求

$$\frac{dv}{dt} = \sum_1^{i=n} \left(\frac{\partial v}{\partial K_{it}}\right) \left(\frac{dK_{it}}{dt}\right) = \sum_1^{i=n} p_{it} I_{it}$$

这里 p_i 是第 i 种资本对跨期福利的贡献,例如资本 K_i 的影子价格,I_i 是该类资本上的净投资。

强可持续性条件意味着,如果资本得到"公平"估价,那么 t 期社会财富的变化等于跨期社会福利的变化。可持续性的标准是实际财富非递减,例如真实储蓄 $\geqslant 0$。

这一条件非常具有一般性。它不要求福利函数具有以上所选择的分析形式(为证明如何独立于家庭消费去分析环境服务)。不必计算 V 的绝对值。我们必须计算实际财富的变化。然而,要使强可持续性得以应用,我们需要注意计算财富要素的价格必须是影子价格。它们不是人们观测到的价格,而是所有类型财富为完美预见力下竞争性市场中交易商品时的通行价格。然而,由于许多类型的资本根本不是交易商品,所以它们只能被部分地计算为折扣租金,亦即针对资源稀缺性必须支付的价格。这就是为什么战略规划的责任至关重要。只有战略规划才能为环境服务的外部性定价。

进一步,在以上方程中,影子价格用单位资本效用量来度量,但这不便于经验应用。一种有可观测市场价格的资本可作为法定核算单位。假定它为 $i=1$,相应价格被设定为 1。用该计算单位表示的其他类型资本的价格变成价格指数。令 W 为基于该价格制度的财富总价值:

$$W_t = \sum_{i=1}^{n} p_{it}K_{it}, \frac{dW}{dt} = \sum_{i=1}^{n} p_{it}I_{it}$$

可持续性的条件是 $dW/dt \geqslant 0$，可用于度量弱可持续性。这时可度量的不同类型资本的范围最广，价格是影子价格的最佳可能近似。

3. 技术进步与人口增长

可持续性条件可以稍微不同的方式加以界定。用第一类资本的价值去除该方程的两项，可以得到：

$$\left(\frac{dV}{dt}\right)\left(\frac{1}{p_1K_1}\right) = \left(\frac{1}{K_1}\right)\left(\frac{dK_1}{dt}\right) + \left(\frac{p_2K_2}{p_1K_1}\right)\left(\frac{1}{K_2}\right)\left(\frac{dK_2}{dt}\right)$$
$$+ \cdots + \left(\frac{p_nK_n}{p_1K_1}\right)\left(\frac{1}{K_n}\right)\left(\frac{dK_n}{dt}\right)$$

如果不同类型资本数量增长（用对选定为法定核算单位的资本的替代弹性来衡量）加总为非负，则经济是可持续的。

现在假定存在希克斯—中性技术进步。它可以解释为充当法定核算单位的"知识"的增长率，是全要素生产率（TFP）上的增长率（γ）。由于中性技术进步，产出对知识的弹性为 1。因此，实际财富增长率直接等于 TFP 增长与其他类型资本增长率之和：

$$\frac{1}{W}\frac{dW}{dt} = \gamma + \sum_{i=2}^{n}\frac{1}{K_i}\frac{dK_i}{dt}$$

我们必须度量不同类型资本数量的增长（包括 TFP 增长），并将其加总。

在人口数量固定不变的条件下，这一公式是有效的。如果人口以速度 g 增长，那么在计算人均实际财富增长时必须运用可持续性标准，但要注意不变的人口增长和财富分配独立于人口变化：

$$\frac{1}{W}\frac{dW}{dt} - g = \gamma + \sum_{i=2}^{n}\frac{1}{K_i}\frac{dK_i}{dt}$$

由于总的净实际财富或真实财富的变化是社会的净投资，所以可持续性条件是社会在集中足够的真实储蓄（调整后净储蓄）去匹配净投资时不会造成财富损失。因此，可持续性条件变成：一个经济的发展路径是可持续的，如果在每一个时期调整后社会储蓄（或真实储蓄）为非负。如果它为负，那么社会正在破坏财富，意味着经济路径是不可持续的。

我们将以这种理论框架为指导去研究中国改革的新阶段。在继续分析以各种方式提高实际财富而进行的战略规划的内容之前，让我们首先理解可持续性条件如何影响整个规划的协调。

6.1.2 可持续增长下战略规划的政治经济学

存在三个非常具有一般性的、影响国家政治体制的基本问题。如何揭示社会福利？如何决定碳的社会价值？在极端不确定下如何折现未来？

1. 揭示社会福利

我们这里提出问题，但在本章结论中，将对与和谐社会有关的政治制度演化的争论提出几点想法。如上所述，阿罗不可能性定理证明了不能从个人偏好导出社会福利。它排除了市场经济可以是一种自足系统的断言。进一步，甚至在很弱的意义上，GDP 的增长也说明不了可持续性，甚至在具有完美预见性的世界里也不能，更不要说在不确定性下了。不确定性让个人不能很好的设定时间跨度，将风险控制在自己愿意承受的范围。时间跨度本质上依赖于社会时间偏好率。我们即将证明，社会时间偏好率不能决定于个人时间偏好，更不能决定于市场率，而只能是一个由伦理因素决定的参数。

社会福利是政治争论的结果。在相互作用的利益联盟之间组织争论的过程中，政治产生了社会目标。在达成正式或默契妥协并产生各层级政治目标时，整合冲突偏好的能力依赖于这些争论的动力。长期来看，没有现存的政治体制适于揭示跨期社会福利。代议制民主的缺陷在于其选举程序仅涉及现在活着的成年人，而政策后果也许对未出生的人影响更大。中国政治体制有一个重要优点——长远眼光。这可能是决定性的重要意义，因为有关城市化、基础设施、能源、污染治理和适应的政治选择，将影响人民在本世纪后面几十年的生活。然而，中国体制的问题在于它可能被特殊利益俘虏。只有伦理规则强大到足以限制利益集团和规制政治过程，才可能更好地揭示社会福利。

在第 4 章所述改革第二阶段(1994—2010)，资本活动的迅猛发展在两个基本方面产生了不可持续性:收入差距的扩大让中国面临分裂为不同的阶层的威胁，环境的恶化将导致不可逆的生态破坏。这些与儒家哲学基础在政治上的主张是不相同的。儒家关心资源禀赋较少的人和未来子孙后代的需要，以及人类与自然界的和谐统一。所以，现在对政治体制的讨论是没有结论的。问题不是哪个现存体制更好,而是考虑现存的政治体制如何演化才能把适当的社会福利伦理规范纳入可持续增长的体制中来。

2. 价格作为可持续性的工具:碳的社会价值

在将社会福利变化等同于实际财富变化的最优动态中,盛行的价格应该是所有类型的财富在完美市场交易中将会存在的价格。显然,这些动态均衡不存在,并且永远实现不了,但是政府依靠战略规划的优势在于那些价格也可作为政策工具,因为它们是最大化社会福利的动态最优规划的双重价格。因此,在理解更有可能导致可持续增长路径的价格政策之后,有可能改革某些关键市场。

目前最重要的价格扭曲在中国与许多发达国家都存在,那就是碳价格的缺失。之所以如此,是因为存在负的环境外部性,其成本没有得到确认。不关心社会损害成本而制造污染造成了外部性,至少可以部分地对这种外部性定价的一种方法是,以碳税来体现碳的社会价值。这是复杂的,因为关于不可逆转的未来气候变化及其大规模经济破坏存在巨大的不确定性。如何针对这些破坏定价?一种方式是运用预警原则去界定实际期权价值,解释气候变化的不可逆转性。随着时间的推移,可以获得新的信息去构造一个连续的决策过程。

确定碳排放社会价值的意义是什么? 它是确定某种公共产品货币价值的估计价格,该公共产品是改进的环境服务,用避免额外的一吨二氧化碳来度量。它是必须体现于长期投资项目的价格,以揭示该项目的真实社会收益。大多数理论结果并不能实际应用,因为它们是在完全预见力假定下得到的。但是,它们有助于识别在经济与环境相互作用中起关键作用的变量。从这种理论基础出发,战略规划必须在不确定性条件下对两种相对立的复杂性进行权衡。一方面,环境的不可逆来自生态系统中的未知门槛和可能的灾难性反馈,而温室气体集中度已经超过那些门槛。这种不可逆性意味着要早点采取行动,避免快速增加的大规模破坏成本。另一方面,技术的不可逆为等待效果更好的技术出现提供了正的期权价值,从而为低水平的初始投资提供了激励。

在完美预见力下,技术不可逆性会盛行。碳定价的最优方法可能是先定低价,然后再逐步提高,因为技术进步将会导致治污效果越来越好。但是气候变化动态以及创新的成本、绩效和可得性上的不确定性，极大地改变这一远景。

气候变暖在多大程度上反映了温室气体集中度的增加速度，气温上升对更高集中度的敏感性，可能促发偏离反馈的门槛，气温上升导致经济破坏的程度和类型以及它们在像中国这样幅员辽阔的国家中的地理分布等方面都存在不确定性。

技术进步上的不确定性有两种。对清洁技术的支撑要么还没有发明出来，要么远未达到市场推广的程度，这些都存在根本的不确定性。有关技术扩散速度方面的可计量的风险也有日益增加的不确定性，这些技术已经投入使用，但成本很高。它们的应用依赖于恰当的公共激励。战略规划必须进行上游投资、组织研发、学习和创造竞争以加速扩散。不确定性下的内生增长模型得出的结论是：最佳方式是立刻启动低碳投资项目，由碳的最初高价值来支持。根据对众多未知参数取值范围的模拟，碳价格定在每吨未排放二氧化碳 50—60 美元比较好。

3. 不确定性下折现未来以配置资本

在传统的成本—收益分析中，折现因子是折现未来成本和收益的影子价格。在通常的 Ramsey 最优增长模型中，它是经济主体为增加一个单位未来消费而愿意放弃的当前消费数量。在完美预见力的世界，相应经济折现率是无风险利率，等于纯时间偏好率加上增长率，再乘以边际效用替代弹性。后一参数等价于不确定性下的相对风险规避。

鼓吹市场的经济学家认为，来自金融市场的指示应该用于提取无风险利率。在其 2007 年有关气候变化经济学的著名评论中，尼克拉斯·斯特恩（Nicholas Stern）明确表示反对。对于评价污染造成的未来经济损失，以及随后为允许不确定性的各种情形模拟，他出于伦理方面的原因，将纯时间偏好率的值估计为 0.1%。后来在证明其选择并回应争论的时候，斯特恩解释了为什么参照当前市场利率是完全错误的。社会面临的问题不是受市场价格调节的，遵循给定经济路径的成本—收益分析，而是极端不确定性下对不同路径的选择，它是一种政治选择，表达了社会对自身未来生存的态度。由于社会可以永远延续，而个人终究会死,所以社会时间偏好率与个人时间偏好无关。它应该取值为零,如果取值稍大于零,唯一的理由是生态崩溃的可能性,我们知道,生态崩溃将结束地球上的生命。

环境问题是另外一个可为低折现率辩护的理由。回顾一下社会福利函数的模型化,以及框 6.1 中给出的可持续增长路径的条件。该函数假定环境服务不能完全替代消费。追求环境的长期保护应该在经济可持续路径下实现。可以证明,在社会福利函数中,存在一个反映环境—消费相对价格的生态折现率。私人消费与环境服务之间的替代性越低,相对得自金融市场的无风险利率的生态折现率就越低。

这里的意思是,长期来看,环境问题在可持续增长路径中极为重要。若要长期保持自然资本,生态折现率更重要,它在长期会渐进地收敛于纯时间偏好率,接近于零。显然,生态折现率不是金融市场上自发决定的价格。就像碳的价格一样,它是一个政策驱动的价格,目的是更好地配置资本和促进创新投资以实现可持续发展。

可持续增长的路径关键性地依赖于经济、人力和其他无形资本与自然资本之间的可替代性。经济产品与环境产品之间的替代性越低,可持续增长路径范围受到的限制就越多。这种理论给出了战略规划的逻辑理由。在推动可再生能源、基础设施、城市化和耐用品中碳含量减少等方面进行创新投资的过程中,政府应该认识到私人消费与环境服务之间的互补性。总之,要用实际财富可持续扩张这一更具一般性的目标来取代 GDP 增长最大化的目标,促进经济政策的深刻变化,建立社会福利改进的增长体制。战略规划必须依靠针对所有类型资本的度量,必须基于无形资本与自然资本的重新权衡来改进价格制度,在从前增长体制中,这些资本或者没有得到发展,或者发展的程度还不够。

在下一部分,我们运用上述概念框架去分析改革新阶段日益突出的主要问题:一个是旨在改进无形资本对社会福利贡献的劳动与服务改革;另一个是将为未来几十年可持续增长提供主要驱动力的城市化和环境保护,以及气候变化缓解和适应。

6.2　劳动力和服务市场改革

中国 20 世纪 90 年代中期以来追求的出口导向型增长体制导致的过度积累，以及世界经济中财富和权力的剧烈转变（被全球金融危机的结果放大了），为中国经济提供了重构增长基本条件的力量。

强劲的资本密集型积累将无以为继，积累的有效性和回报率都将大打折扣，因为这种过度积累损害了投资赖以生存的市场：劳动力市场正经历着深刻的社会人口结构变化，资本市场长期扭曲资本配置，服务部门发展缓慢，以及原生资源稀缺性上升和环境恶化。

6.2.1　人口结构与劳动力市场中的不平等扩大

对外贸易和城市化导致制造业急剧扩张，吸引了年轻的非熟练移民工人进入东部城市，享受非常低的工资水平。因此，生产率收益全部归于大型制造企业和小型外贸企业。中国社会科学院的研究表明，2000—2007 年间移民工人的名义工资年均增长了 5%（实际增长只有 2% 左右），而国有部门正式工（permanent worker）的工资年均增长了 16%，平均工业工资增长了 14%，利润增长了 28%。结果，工业利润占 GDP 比重从 2000 年的 2% 上升至 2008 年的 10%。劳动占国民收入的比重下降是导致同期家庭收入占 GDP 比重从 55% 下降至 48% 的主要原因。于是，工资比重缩小导致消费/GDP 比率明显下降，尽管城市中产阶级已经开始兴起（如第 4 章所述）。

年轻工人劳动力供给的所谓无限弹性导致劳动力内部的不平等快速增长，这是工资占 GDP 比重下降的主要决定因素。不平衡的收入分配已经停止扩大，很有可能在多个因素组合作用下出现逆转。这些因素包括如劳动力市场的结构变化，工人在企业内部议价能力的增强，中央政府上调最低工资和社会转移支付的收入政策，等等。某些拐点已经出现。2010 年东部地区比内陆地区平均工资只高 4％，而在 2004 年要高 15％。

社会政策的研究放到下一章，这里我们集中讨论劳动力市场可能出现的结构变化和规制。

1. 劳动力市场的结构变化

劳动力市场的结构变化在刘易斯拐点的思路上得以概念化。英国发展经济学家阿瑟·刘易斯(Arthur Lewis)是诺贝尔奖得主，在 1954 年发表了一篇有影响力的论文《劳动力无限供给下的经济发展》(Lewis，1954)，提出了所谓的"刘易斯拐点"(LTP)。它是劳动力市场在廉价劳动力剩余耗尽时出现的结构。刘易斯争辩道，发展中国家没有同质劳动力市场，因为它们的经济属于城乡分割的二元结构。只要农业部门提供剩余劳动力，过度供给就可以满足城市对低技能劳动力的需求，维持快速的工业增长而要素价格不上升。在理论上，劳动力市场出现一条无限弹性的劳动力供给曲线。它确保工业部门的剩余价值(源于生产率增长)增加利润，促进资本积累。

这就是第 4 章所阐述的、在中国改革第二阶段运行的模型。在那个阶段，公司法、财税改革和外国投资最终打破了亚当·斯密的高均衡，促进了资本密集型积累。刘易斯拐点如图 6.1 所示。劳动力供给曲线的水平部分是无限弹性的劳动力供给曲线。只要劳动力需求足够低，劳动力市场便会在固定生存工资上实现平衡。随着人口过程(demographic processes)降低劳动力增长，工业化推动劳动力需求向右移动，进入劳动力供给上倾的区域。劳动力市场标准化，即劳动力需求随着收入上升而右移，均衡的实际工资增加。刘易斯拐点是体制变革的转型点。

实际上，在经济的长期动态中有两个拐点。中国已经走到了第一个拐点，即制造业部门对非熟练劳动力的需求超过了给定固定工资下的劳动力供给。城市低技能工人实际工资开始随着劳动力需求的增加而上升。工资增长降低了利润，从而降低了资本积累的速度。在第二个拐点，从农村部门到工业部门的劳动力转移不再反映过度供给，而是受到价格机制的推动，即城市活动与农村活动之间的边际生产率差异。第一个刘易斯拐点宣告进入凭借较少劳动力来实现发展

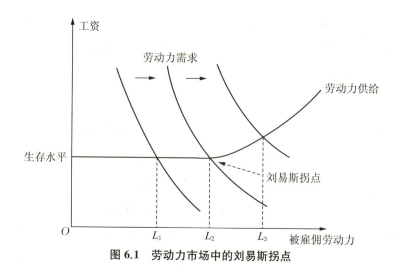

图 6.1 劳动力市场中的刘易斯拐点

的阶段,并且城市食品需求的增加推动食品价格上升。这会导致农业利润相对更高,诱致种子、肥料和机械等方面的投资,提高农业边际生产率,降低与城市活动的差距。人口因素导致的总体劳动力增长下降为零,然后为负,和农业中劳动的边际生产率提高,共同导致城乡劳动力市场的整合。

尽管如此,这一过程还有很长的路要走,因为农业部门与其他经济部门之间的生产率差异仍然很大,前者比后者低 6 倍,而在发达国家两者大致相等。差距缩小要求农业就业在相应的城市化过程中明显下降,以及分块土地集中化主导的大规模农业投资。这就是为什么要谨慎设计规制移民流动的政策。需要用社会政策和农村土地改革去增加农村收入,以便进城农民及其家庭有足够的财富去把握向上的社会流动的合理机会。但是这些政策不应该是通过补助将农民固定在土地上。

在中国,人口结构正在快速变化(见图 6.2)。过去,为了在工业部门就业而移民至东部城市的年龄组(农民工)是 15—24 岁之间的青年工人。该人口群体于 2008—2010 年间达到顶峰,在刺激计划有力地促进增长时开始下滑。因此,在"十二五"规划开始之前就已经达到第一个刘易斯拐点。从 2015 年往后将出现老龄化。抚养比将从 2015 年的 27% 迅速上升至 2040 年的 37%。劳动力的规模在 2015—2025 年间将保持平稳,然后趋于下降。因此,第二个刘易斯拐点将发生于 21 世纪第二个 10 年的后半段。

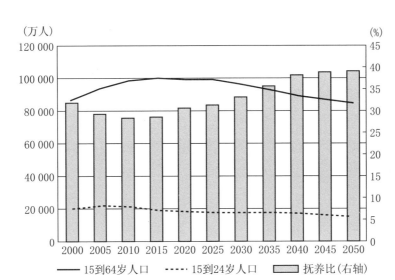

资料来源：UN, demographic trends to 2050。

图 6.2　中国人口趋势 (2000—2050)

　　因此,城市平均工资将取决于一个类似扩展的菲利普斯曲线的关系——基于 CPI 调整的名义工资是企业对劳动力过度需求的递增函数。只要增长还保持高速,并且企业继续竞争劳动力,工人就能获得议价的权力。由于劳动力的老龄化,所以企业管理者将面临成熟的、具有家庭意识的工人,他们比过去年轻工人的诉求要高得多。他们将需要共享生产率收益。由于 2020 年的第二个拐点,中国必须在人口开始减少之前提高人口的总体实际收入,一旦人口下降,增长只能来源于技术进步,代际转移将变成最重要的社会问题。这将提出近十年里的劳动力调节问题。

　　同时,根据中国社会科学院对农村劳动力的调查,年龄小于 25 岁的劳动力占总量的 10%,只有 1 700 万人,30 岁以下的占 19%,有 3 300 万人。这远远少于城市地区对农村工人的需求。根据中国国家统计局 (NBS) 发布的 2009 年农民工调查,这一年农民工在整个东部地区减少了 8.9%,在珠江三角洲地区减少了 22.5%,而这恰好是全球金融危机后快速恢复的时候。再者,中西部地区在政府推动下增长开始加速,意味着在 2008 年剧烈下滑期间回到家乡的年轻移民在当地找到了工作,没有返回东部地区。

简而言之,移民工人已从过度供给转变为短缺。直接结果是议价权力的转变,以及随后的工资上升,再加上政府鼓励地方政府大幅提高最低工资(预计到 2015 年将提高 20%),从而推动了这种趋势。这将造成几个方面的结果。在供给方面,东部地区生产商面临上升的劳动力成本,他们要么升级生产线至更高附加值的产品(如果可能的话),要么重新选择劳动力成本更低的地区。第一个选择意味着投资于无形资本、人力资本和组织资本,从而发展服务业部门。第二个选择涉及在地域上重新平衡生产结构,即制造业集中到华中地区(武汉周边的六省),自然资源采掘业集中到西部地区,同时关注生态问题并具有低碳有效的运输系统。在需求方面,随着低收入阶层短缺推动和高技能需求拉动的工资普遍上涨,中产阶级购买力将稳定增加,并促进私人消费的强劲扩张。然而,劳动力紧张必须得到调整,让工资增长变成正在形成的增长体制中的核心价格。

2. 劳动力市场调节、公司治理与公民社会

工人与企业管理者之间的劳动关系,也就是抽象劳资关系的具体表现,充满着潜在冲突。进一步,在增长体制主要依靠大部分人口真实收入稳定增长以及消费模式发展和多样化的发展阶段,总体需求波动必须用收入决定内在稳定器来加以平滑。发达国家的历史经验表明,劳动力调节源于制度建设:工会权力,企业或行业层面上的集体议价,劳动法和劳动司法,以及多个维度的社会福利(失业保险、最低工资、社会救助、福利住房、税收政策、卫生保健和教育)。

在中国,劳动关系提出了特殊的理论和政治问题,促使把改革理解为经济发展—社会政治转型互动过程的研究者探索中国未来的社会形态。以下将进一步解释第 1 章界定的文化遗产、社会网络的决定性作用以及对中国政府性质的基本理解。有关社会制度和政治体制可能演进的大多数猜想,将在最后两章加以阐释。但是,这一章我们假定可持续增长是有助于理解今后改革方向的经济概念。这一概念体现了经济意义上的劳动调节,并涉及制度建设。在更宽泛的背景中,可持续增长涉及公民社会对公共产品供给和社会选择的更多参与——阿

玛蒂亚・森所谓的真正民主。

　　缓解社会张力和局部动荡方面的问题在于,劳动冲突如何在企业层面得到缓解? 政府干预经济的能力将从哪些方面影响收入分配的重新平衡? 政府如何才能把生产要素的流向从固定资本转向人力资本,从有形资产转向无形资产? 政府能够重新平衡经济结构,摆脱出口导向优先性,避免临时大规模失业和无法控制的移民吗? 彻底的治理改革等同于增长体制的转型,即根源在于劳动关系的社会模式联合转型。

　　劳动力市场调节的制度背景的基础在于 1995 年的《劳动法》。该法在理论上覆盖了所有雇主和雇员,要求书面的劳动合同,遵守社会保障并及时支付工资。但在中国法律有时得不到强制执行。2005 年,城市雇员总数中只有 50% 有合同,私人公司中移民工人不到 10% 有合同。

　　2008 年引入了三部新的劳动法律。第一部法律是《劳动合同法》,强制使用固定期限或无固定期限的书面合同。县级或县级以上政府的劳动巡视员有义务检查劳动合同,回应工人和工会的抱怨。这部法律还精炼和更详细地说明了就业保护规定。第二部法律是《劳动争议调解仲裁法》。它针对劳动争议中的仲裁和调解,规定了工人和工会在仲裁委员会(arbitration tribunals)向雇主提出申诉的程序。第三部法律是《就业促进法》,规定政府要负责提供就业服务、就业保险、职业培训和积极的劳动市场规划。

　　这些新的法律提供了赋予工人权力的综合规制工具,以便他们能实际获得应有的报酬。明确禁止强制性加班和雇主扣押雇员的财产或货币。如果要改变合同规定的工作条件,必须与雇员商量。

　　问题在于如何在私营企业执行这些法律。到目前为止,就业保护适于国有企业,在某种程度上适于外资公司。强制执行的关键在于雇员利益如何被代表,以及他们在劳动冲突中是否能有效地使资方妥协。这些冲突在 2008 年金融危机之后倍增,主要发生在东南沿海地区,那里的出口导向企业由于西方经济下滑而遭受损失。

　　新一代工人年龄更大,受教育程度更高。他们渴望更好的工作和生活条件,不再害怕与车间的现场管理正面冲突。组织独立工会可能性不大，因为中国政府不希望独立的利益团体出现，以免它们变成多元政治社会的基础。雇主也不能组织联盟。这就是为什么各个地方公开爆发冲突并日益增多，却只停留于零散状态，没有合法途径相互联系并统一成为阶级冲突。然而，新闻可能通过互联网在全国各地快速传播，引发领导层不愿看到的争论。的确，美国新政时期和欧洲第二次世界大战后（基于社会各方集体议价的劳工社会）的制度建设过程在中国没有政治基础。但是，必须建立社会调停机制去应付对公民社会的渴望，因为庞大的中产阶级的兴起、更高的教育水平和人口老龄化都在推动这种社会转型。

在西方国家，金融资本接管了公司治理。调节战后增长的收入共享的社会妥协，已经被企业目标中的股东价值至上所破坏和取代。根据所有潜在股东的利益来规制企业，意味着企业战略决策被包藏于股票市场的专政当中。金融的主导权力已经破坏了从前的社会妥协，急剧弱化了以美国为首的主要国家实际国民收入中劳动所占的比重，阻碍了向上的社会流动性，让人们陷入债务约束。

在第4章所述的强大资本密集型积累下，中国改革第二阶段的国民收入中劳动所占比重和社会权利剥夺已经出现了类似的恶化。权力关系偏向国有企业管理者和地方党政官员的利益。土地的攫取和转让已成为扭曲社会平衡的主要推动力。

不管是在西方还是中国，全球金融危机都显示了追求这种社会模式的不可持续性。但是，由于政权性质完全不同，改变这种模式的力量也存在差别。中国政府不像西方政府那样被资本家利益所渗透。即便私人活动的比重一直增加，占GDP比重最大，但政府权力高度集中，为经济提供了其他国家所没有的政治杠杆。过去，《劳动法》没有强制执行是因为政府把通过密集型资本积累实现增长最大化放在了优先的地位。优先性的改变将为建立基于法律的经济关系提供道德理由。一些主要城市的地方政府正在启动试点项目，让新移民在当地注册，让同一居住地的所有人平等地获得教育，让移民获得补贴廉租房和医疗保险。在企业层面，政府可以在大公司中指导官方工会，监督劳动法的执行情况，照顾劳动者利益。在工资决策上,政府除了确定最低工资以外,还能够建立工资指导方针。这些政策在各行政区域有所不同,已经引入用于调节国有企业雇员的工资,这些指导为不同行业和地区的企业确定工资基准。

如下一章将要解释的,在改变导致腐败盛行的权力关系纽结时,土地市场是关键。乡镇和农村人口努力争取维持或恢复配置集体土地用途的权利,这是公民民主(citizen democracy)。集体土地得到宪法的认可,政治上合法,但大多被地方官员与公司经理、城市开发商勾结起来征用了。就在最近,一则有关广东乌坎村居民的标志性斗争新闻在微博上迅速传播。在与警方对峙的 10 天当中,村民接管了村子。他们选举其领导作为新的村支部书记,迫使广东省委领导出面干预,承诺调查村民对非法攫取农村土地的申诉。即便他们没有完全成功,但最近发生的许多事件也足以表明民主意识的增强,并可能因为互联网的四处传播而得到促进。只要一元政府的政权仍然合法——所有民意调查显示它至今仍然是合法的——如果中央政府对社会需求作出回应,能够把官员利益与人民群众的需要结合起来,草根民主与共产党一元领导的原创组合就可以运行。

在公司内部,工人必须能够组织起来委派代表或接管官方工会。通过发展深深嵌入中国文化的互惠原则(reciprocity),也许可以创建一种新的企业文化,使职工用忠诚交换工作保障和生产率收益共享。可以鼓励自治的工作团队,通过战略规划来促进合作。不是通过公开劳动力市场来实现外部劳动力弹性(outward labor flexibility),而是采取另一种公司治理模式,通过公司内部合作实现内部弹性(inward flexibility)。这将有助于根据公司治理的利益攸关者(stakeholder)模型,减少工资设定的不确定性和限制不平等。

因此,缓和工业关系中社会冲突的可行办法是吸收亚洲风格和模式的公司治理。在微观层面上,企业在国家大政方针指导下提高战略规划执行效率,将是针对劳动力市场变化进行调整以及获取更多生产增加值最有效率的手段。为了充分利用规划,尽量挖掘生产率潜力,工业公司必须能够得到更好的商业服务。

6.2.2 产业升级与发展服务经济

1. 针对劳动力和土地价格变化做出回应

最近大幅上升的两类相对价格对制造业的区位布局至关重要:劳动力成本与地租成本。平均来看,这两类成本在制造业中占了总经营成本的约70%。这些成本最近急剧上升对沿海城市的打击最大,影响了本土公司,也影响了外国公司。商务部2009年针对后者发起了"迁往内地"运动,主要集中于以武汉(湖北省的省会)为中心的中部六省,即安徽、江西、河南、湖北、湖南和山西。这六个省加起来占全国总人口的28%,占GDP的20%。这一运动的目的是把大部分制造业集中到华中地区,把高科技、研发、技术极(technopoles)和高级商业服务留在大型东部城市和周边省份。

政府意图和制造商的动机相符吗? 根据产品最终市场和运输效率的不同,在劳动力和土地上节省的成本可能超过(或不超过)运输成本的增加。因此,建设能快速运输商品的高铁是一项明智的政策。在对待高铁的态度上,我们与一些著名西方经济学家的观点恰好相反。他们草率地否定高铁项目,只能证明他们根本不了解中国。中国的问题在于地方政府的政策。为了吸引企业,他们扭曲价格,以过低的工厂租金抵消企业的土地成本。主要的东南城市(广州、上海、深圳)与武汉等中部城市的租金成本差异大概是1到2倍。

劳动力成本呢? 全国的最低工资都增加了,工资增长的大趋势在各个地区都是一样的。但是,各地工资标准不同,强制性的社会福利缴费也不同。商务部估计总体劳动力成本中部地区要比东部地区低60%。因此,总租金再加上劳动力成本是中部地区重要的成本优势。在最近几年巨额的铁路投资以后,运输成本也不可能抵消这么大的成本优势。

然而,公司的战略决策不仅在于成本优势。不同行业成本函数中的人力资本分布可能是一个突出的选择因素,因为一些地区难以招聘到高技能专家。其他一些行业主要取决于关键投入品(电和水)供应商或者营销设施的临近性。因此,我们要超出成本分析的范围,阐明中国以及其他新兴市场国家如何为新世界彻底变革工业技术,在这些新经济体中,来自庞大中低收入群体的消费需求将大量增长。

2. 创造企业家精神和推动本土资源节约型创新

我们已经习惯于劳动分工的世界,可交易创造性源于西方跨国公司及其广泛的分包商网络,而其他国家则进口技术制造商品。这种差异在中国被利用到极致,中国通过众所周知的加工贸易变成"世界工厂"。

根据标准的增长理论,这就是追赶所指的含义。存在这样一个技术前沿,它决定于大多数发达国家新技术投资产生的知识状态。这种技术通过不同渠道扩散:购买产权、欢迎与技术联结在一起的外商直接投资、盗窃和模仿。发展中国家离前沿越远,吸收进口技术的机会就越多,全要素生产率增长也就越快。

然而,吸收能力在发展中国家会遇到制度障碍。经济权力在社会各阶层之间的分布,可能阻碍企业家阶层的发展。腐败可能阻碍政府进行教育、公共卫生和基础设施投资的政治意愿和能力。政治精英也许无法创造有利于吸收外来影响的市场制度。这些因素意味着从技术扩散到社会变革,没有单一的最佳方法。这一过程是互动的,由政治进行协调。缺乏致力于包容资本主义现代化的政治领导,会阻碍经济发展动力。例如,在城乡分割严重的国家,第 2 章和第 3 章所述的亚当·斯密高均衡陷阱,会有力地阻碍国家发展。

框 6.2　熊彼特增长理论中的创新与追赶

1. 全要素生产率增长与追赶

在熊彼特增长理论中,最新技术取代已经过时的老技术(见框 2.2)。这一过程促发领头国家的增长动态。对于世界其他国家,将出现一个特定地区在全要素生产率方面的追赶过程。追赶的不同速度反映了发展中国家全要素生产率离前沿面的距离,受发展中国家吸收新技术能力的调整。处于技术前沿的国家(美国)的全要素生产率为 $A_{1,t}$,假定其外生性年增长速度为 $\bar{g}$: $A_{1,t} = (1+\bar{g})A_{1,t-1}$。技术进步扩散至国家 (i) 由以下方程给定:

$$\frac{A_{i,t}}{A_{i,t-1}} = (1+g_{it}) = \left[1+\lambda^t\right]\frac{A_{1,t}}{A_{1,t-1}}\left[\mu_i^t + (1-\mu_i^t)\frac{A_{1,t-1}}{A_{i,t-1}}\right]$$

第一个括号内表示领头国的技术进步由于技术创新扩散中的时间缩短而导致扩散加速。这意味着 λ 是增长率收敛的加速器。第二个括号内表示全要素生产率相对于领头国水平(A_1/A_i)滞后所导致的追赶效应,追赶受制动器 μ 的调节,因为难以创造确保快速扩散的恰当社会条件。

---

2. 本土技术进步与两类增长来源的混合

追赶型国家不必仅进口和模仿外国技术，可以发展自主技术进步。TFP 增长的第二个因素是本土人力及组织方面的无形资本（h），以及创新所需的有形资本（k）。

$$\frac{A_{it}}{A_{i,\,t-1}} = [1 + \gamma_i(h_{i,\,t},\ k_{i,\,t})]$$

中国可能得益于两种来源的增长，比重分别为 θ 和 $1-\theta$，因此 TFP 增长率变成：

$$\frac{A_{it}}{A_{i,\,t-1}} = \theta(1 + g_{it}) + (1-\theta)(1 + \gamma_{it})$$

尽管如此，中国在第 3 章和第 4 章所述的 20 世纪 70 年代末以来的改革过程中，很大程度上克服了这些障碍。然而，TFP 增长被认为是一个标准的技术扩散过程，并通过强有力的资本积累实现（框 6.2 第一段）。但是，如果中国继续追求相同的增长轨迹，将违背框 6.1 中所界定的可持续性条件。

为什么在当前改革阶段本土技术发展成为首要目标？因为发达国家的消费方式已经不再是一个好的范例。全世界都面临信贷诱致、自然资源浪费和恶性污染排放的"美国生活方式"不可持续性的威胁。追赶型国家必须超越那种无限制移居城郊、普遍有车和消费品加速淘汰的历史时期。本土技术必须是资源节约型的。

资源节约型技术不是二手技术，而是用最发达的知识存量来创造新产品线。它们让低收入群体享受到现代化，并且是环境友好的。因此，它们改变了技术前沿面。资源节约型技术创新适于中低收入国家，在可持续性约束下也适于发达国家。因此它们是逆向创新，把低成本与创新性结合起来，节省了不可再生资源的使用，生态影响较小。新兴市场国家的企业最适合采用这种技术，因为它们接近低成本简单商品的巨大需求，可以薄利多销。在中国，它也许是私营企业的领地。

创新的主体完全不是那些基于技术突破的全新产品，那些产品首先由西方精英购买，最终向社会普及。在经济上更重要的是那些改进产品和过程的渐进型创新。正是这些创新才能满足下一个二十年将进入中产阶级的千百万人民的需求。资源节约型创新可以来自节省原材料、减少环境影响的现有技术改进，中国和印度将在这种成本集约、环境友好的渐进型创新上相互竞争。而这两国的企业可以与西方跨国公司展开成功的竞争。

《经济学家》(2010 年 4 月 17 日)在一份特别报告中提供了几个例子。一个具有巨大社会利用价值的低技术设备是印度 Tata Chemicals 发明的滤水器。它用稻谷壳(rice husks)净化水,经久耐用、价格便宜(最初投资 24 美元,每 4—6 个月投入 4 美元,具体取决于滤芯的更换情况)、便于携带,可为大家庭提供充足的干净水。另一个改进型健康设备是手提便携式心电图仪器(ECG)。它简化了操作,压缩了硬件,可以装入小包方便运输。这种 ECG 比传统 ECG 的价格下降了2.5 倍,监测成本降低至每位患者 1 美元。在中国有一家叫迈瑞(Mindray)的公司,专门开发廉价且易于操作的医疗设备。威高(Weigao)是一家类似的中国企业,在北京顺义区建立了一个医疗技术研究和制造中心,与成熟的美国企业Meltronics 合资设计和开发 Meltronics 自己不愿制造的廉价新产品。近十年来,医疗技术销售额在中国爆炸式扩张,中国政府计划在 3 年内花费约 1 250 亿美元扩展大城市以外的医疗系统,从而使中国成为全球医疗技术的主要力量,威高只是其中的医疗企业之一。

中型民营企业可以在联合供应商的灵活网络中运行,这些供应商通过"关系"组织起来。它使针对需求波动的调整更加容易,容许低剩余产能和产品快速上马。大城市中的消费者研究中心可以处理文化的复杂性和口味的多样性,以帮助公司转型新产品(如化妆品、牙膏、药用茶等),迎合地方口味。最成功的创新是可以为从未消费过工业品的人创造市场的创新。他们依靠能迎合穷人日常习惯的特定营销。为了渗透到农村,地方政府在大规模巡回教育(on-the-run education)投资中起着重要作用。例如,教育人们基本的卫生知识是销售肥皂和清洁剂的前提条件。

西方宏观经济学家喜欢自鸣得意地建议转向消费者增长模型,而对模型具体意味着什么却一无所知。以劳苦大众为消费者的资源节约型生产,要求新的管理概念和中国并不缺乏的企业家精神。新的管理范式是基于传统思想——消费者是上帝,规模经济大幅降低单位成本。然而这些思想被应用于全新的市场环境——潜在需求来自今被排除在市场经济之外的千百万消费者。当前所发生的事情使人联想到从前范式的变化,那些变化使消费者市场扩展出原有的范围。这是 20 世纪 20 年代美国公司处理耐用品大众消费时引入的流水线概念(staff-and-line concept),也是 20 世纪 60 年代日本公司实行精益生产概念的情况。及时生产将不利条件(缺乏储存空间)转变为力量。现在的问题是要把消费者的贫困转变为力量。

由于私有企业在中国如此至关重要,所以资源节约型创新将成为这十年可持续增长极为重要的推动力。2010 年,在中国约 4 300 万家公司中,私有企业占了 93％,雇用了 92％的劳动力。这些公司的发展壮大需要有效的服务和资本。服务部门转型将是改革新阶段最重要的部分。

6.3　城市发展与环境保护相结合

麦肯锡全球研究院(MGI)在 2011 年 3 月出版了一份优质报告《城市世界:定位城市的经济力量》,预测发展中国家的城市生活正在大幅改进。MGI 拥有强大的数据库 Cityscope,涵盖 2 000 个城市,搜集了 2007 年的人口和经济数据,可反映直到 2025 年的城市发展路径。到那时,全球 600 个最大的城市将拥有 20％的人口和 60％的全球 GDP,但这些城市的组成和排名将剧烈调整。发展中国家多达 136 个新城市将进入 600 强,中国将占压倒优势(在 136 个城市中将拥有 100 个城市)。

超大城市(Megacities)是人口超过 1 000 万居民的城市。然而,对城市人口增长(通过移民流入)和人均收入增长贡献最大的,通常不是超大城市,而是中型城市。2007—2026 年间,中国 216 个中型城市有望贡献全球城市增长的 30％。

城市发展将是中国重新获得全球地位的驱动力。MGI 预测,从 2007 年到 2025 年,大中华地区(包括大陆、香港、澳门和台湾)的最大城市将增加 3.25 亿居民,产生全球 GDP 的 20％(2007 年只有 5％)。

然而,这些预测要变成现实,还必须有详细的长远规划和高超的管理技能。大城市由于集聚力而享有巨大的成本收益和创新需求。但是城市会由于土地价格高、交通拥挤和污染造成规模不经济,从而产生反向扩散力。为了在克服扩散力时实现更好的平衡,多层次、多功能的战略规划必须结合强有力的基础设施建设、私营企业高技能工作岗位的激励、对各种活动及互动的明智协调,以便控制污染。

不是所有城市都相似。由于中国将有机会创建和发展全新的城市,所以城市规划者有责任选择好的城市模式。这种模式必须考虑城市居民的偏好以及环境约束。这种结构选择将影响城市生活数十年,从而影响未出生人口的消费方式。因此,我们首先必须学习最先进的城市经济理论,然后基于经验教训甄别出有益于可持续增长的城市规划类型。

6.3.1 城市集聚与扩散的动态学

什么让城市如此重要?因为他们承载了人类相互作用的集聚过程所导致的递增报酬。聚集源于通讯和信息密集型活动。它们促进了由地理临近导致的纯外部性。这些活动是城市功能的特征。城市为市场和政治协调提供制度架构。城市还生产高级商业服务:研发、金融、营销、管理、咨询等。这些商业服务成为经济力量的源泉。城市还通过文化活动、历史纪念馆、美学建筑和便利设施的提供,成为象征性权力的所在地。权力集中在城市中心,那里直接的人际互动至关重要。

本质上作为协调和知识的中心,城市通过面对面的交流(由于地理临近性)把有才能的居民相互联系起来。城市还通过提供虚拟临近性的信息和通讯技术(ICT),促成与农村及其他城市的远程互动。两类互动是互补性和层级性的,而不是替代性的。这就是为什么在几乎每种社会活动中,信息和通讯技术的使用强化而不是弱化了中心的领导地位的原因。随着全球金融的兴起,一些超大城市已经或正在变成全球性城市,如 1991 年萨斯基娅·萨森(Saskia Sassen)在《全球性城市》一书中所描述的那样。

1. 城市功能与聚集过程

后工业城市化有两个特征:移民流入的速度和城市人口规模成正比;服务行

业的就业比重和增加值与活动复杂性成正比。在物质产品生产的上游，是需要大量知识和信息处理的新产品开发；生产的下游是营销和分销。这些非物质活动的生产过程涉及无形资本，主要是人力资本。它们固定成本较高，但边际成本随着生产规模而快速下降，也就是说，具有强规模报酬递增。只要这种报酬递增的外部性来源于空间距离的缩短，就会促进有利于面对面的人际互动的聚集。这类互动把规模报酬递增与协调差异化产品的概念、生产和分销的灵活性结合起来。

更好的服务之所以集中在全球中心城市是因为高端研究实验室中高技能人力资本的紧密协作是新知识生产的根基，而且提供复杂的、定制的商业服务必须临近客户。信息技术强化了这些聚集的驱动力。作为非竞争性商品，信息产生空间外部性，因为显性信息（codified information）和隐性信息（tacit information）是互补的。前者要求巨额固定成本以便有效的远距离传送。后者要求面对面的交流，是人力资本密集型的，发展于城市中心的空间临近性社会联结。

报酬递增促发了路径依赖过程。城市可以基于最初的偶然推动或政治意愿而内生地产生和发展，并自我组织。由于空间天然是异质的，因此一些地方在自然资源或交通设施上具有相对优势。聚集力可能始于很小的偶然性空间差异，但启动之后将促进不可逆转的、自我强化的人口集中，以及具有空间外部性的活动。然而，如果聚集力随着聚拢的活动集中度而增强，那么为什么整个国家的人口不集中在一个城市？要理解为什么人类空间被组织成农村环绕城市的系统，就必须解释扩散力以及聚集与扩散的辩证关系。

2. 扩散力与城市蔓延

扩散的主要内生力量产生于土地和房地产价值。对临近性的需求所导致的土地竞争性使用创造了区位租金，这种租金决定了与土地使用有关的价格分布。人们需要在居住地与工作地的土地价格和交通成本之间作出取舍。很容易观测到，大城市房地产价格中土地价值的比重一直在上升。

土地产生租金，因为它是一个有着固定供应量的非生产商品。土地可以交易，因为它可以私人所有。土地的外部性激发人们对土地的需求，导致市场机制无法有效地调节土地价值。土地是一种区位性的多功能商品。在经济意义上，生产、消费、财富积累和纯投机等活动都会形成土地需求。在象征意义上，土地是权力和社会地位的表现方式。这是为什么在城市之间和每个城市内部，土地价格的分布范围非常大，并具有高度的动态波动性的原因。

交通成本影响商品分布以及人们在居住地与工作地之间的日常双向移动。扩散与聚集之间的均衡受交通成本变化的巨大影响，因为交通成本影响流动工人的选择。较低的交通成本促进了城市中心的聚集，但推动了中心的土地价格和工资上升。后一生产成本的上升诱致标准化服务的区位外移（delocalization），这些服务仍然与中心保持联系，通过正式信息的传递来加以协调。因此，一个城市会向周边蔓延，可能围绕一个单一的城市中心，更可能创造多极城市，这时蔓延本身的结构取决于空间异质性。

蔓延可以用很多方法来度量。最有用的一种方法是密度梯度法。一种被普遍接受的关系（克拉克法则）认为，人口密度是距中心距离的递减指数函数（见框6.3）。当以对数表示的时候，这种关系便成为线性的了（见图6.3a）。密度梯度是右下斜直线的斜率。梯度越低，任何给定距中心距离的密度就越高。看看这种关系随时间的变化，梯度降低意味着距中心某一距离的密度增加。因此，周边比中心的人口增加更快。这就是城市蔓延。图6.3b也显示了累积人口是距中心距离的凸函数。蔓延用距中心任一距离上的人口增加速度来度量。

什么决定了聚集与扩散的互动关系呢？从消费的角度讲，对便利性的偏好吸引具有足够可支配收入的人们向城市中心聚集。他们依赖于对环境和医疗便利的偏好函数。从生产的角度讲，劳动分工是的企业外包无形资产秘籍的服务，由于这些服务依赖于隐性知识，因此也会形成一个强有力的聚集因素。

框 6.3 蔓延的度量

1. 密度梯度

人口密度（单位空间的人口数量）d 是距中心距离 x 的递减指数函数：

$$d(x) = d_0 e^{-\gamma x}$$

$$\log(d(x)) = \log d_0 - \gamma x$$

γ 是密度梯度,即人口密度随距离而递减的速度。

如果 $|\gamma|$ 随时间而减小,那么就意味着城市蔓延。

2. Lopez 和 Hynes 的蔓延指数

密度用每一基本单位的人口普查轨迹来计算。密度值按密度高低排序;h 是高密度单位数的百分比,l 是低密度单位数的百分比。蔓延指数取值在 0 到 100 之间。

$$IE = \left(\frac{l-h}{100} + 1\right)50$$

3. Burchfield 的蔓延指数

梯度下降与距离不完全一致,也不是各方向同性的(isotropic)。城市内部有城市化了的区域,也有未城市化的区域。它们在聚集中扩散。这种蛙跳运动根据以下程序来度量:空间被划分为多个基本单位,然后测量每个基本单位中非城市化空间所占的百分比。蔓延指数就是都市地区(metropolitan area)所有单位平均的百分比。

4. 压缩指数(Index of compacity)

根据城市市区表面画出最小的圆圈。压缩指数是圈内有效建设土地的比例。

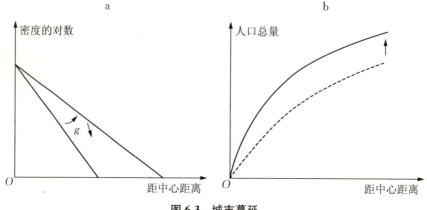

图 6.3　城市蔓延

如果空间消费随实际收入而增加,如果城市在内生的自组织力量下发展而没有受到城市规划者的干预,平均收入上升可能是造成蔓延的一个因素。除了收入增长之外,市内交通也是决定城市聚集或蔓延的关键因素。当空间需求随着收入而增加的时候,土地价格上升,导致居民住所向外围转移。周边密度增加,梯度下降。如果城市周边地区有充足的免费土地,以及密集公路网络建设导致私家车受到偏好,那么这种市区向周边的迁移运动会被进一步放大。公路网络减少了进出市中心的往来通勤时间,增加了周边的吸引力。这是亚特兰大、休斯敦和洛杉矶等城市的蔓延模式(Alain Bertaud, 2004)。在这些城市,每个成年人拥有一辆汽车,房子很大且都装有空调,促进了最大的污染和能源消费。这些城市的空间需求一直在扩张,只受到更高农村土地价格的限制。农村土地机会成本增加了周边地区的空间购买价格,限制了城市的扩张。还有更糟糕的情况。在约翰内斯堡、巴西利亚和莫斯科,人口密度随距中心距离的远近而增加,直到超出 20—30 公里的范围! 正斜率拉长了平均的距中心距离,提高了交通成本。这种异常模式揭示了一种完全无效的土地市场。与此相反,亚洲城市(北京、香港和曼谷)显示出密度快速递减的正常行为模式,至少到 21 世纪早期,这些城市都保持了高梯度高聚集的形态(见图 6.4)。

紧凑型城市(compact cities)缩短了日常交通的距离和时间。如果有一个高效率的公共地铁和公共汽车网络可以通达市中心,那么城内旅行便可以徒步或骑自行车。进一步,单中心城市(monocentric city)降低了旅行次数,因为它们都向市中心会集。如果是单中心的紧凑型城市(密度梯度较高),那么用人口加权后的总距离就最小化了。再者,尽可能减少在往来市中心的旅行中使用汽车,可以把空间留给有意义的活动,因为汽车必须停车并竞争性使用稀缺空间,即便得到补助(因为不可能通过停车费来获得真实的租金价值),情况也是如此,只有新加坡是个例外。所以,没有哪个城市规划通过行政规定严格限制停车,而汽车肯定会破坏市区的舒适性。城市中心停车场所增加显然会扭曲土地配置,导致商店、办公机关、住房和文化建筑相对减少。

再者,空气污染程度与城市形状有很大的关系。低密度、蔓延性的城市增加了交通产生的空气污染。低密度具有双重有害效应:增加旅行距离,提高驾车旅行相对公共交通工具、本地步行和骑自行车的比例。

尽管如此,人口向大城市迁移的压力使蔓延仍不可避免。为了限制大城市的扩张,就必须通过强有力的政治意愿使长期规划合法化。战略规划必须协同考虑城市设计者、交通工程师和金融家等方面的专家意见。让我们来看看现有理论对恰当的大城市模型有何建议?

3. 多极城市与城市系统

让我们阐明城市发展所面临的挑战。城市产生像磁铁一样的聚集力。人口

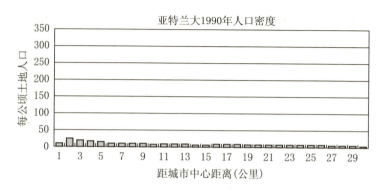

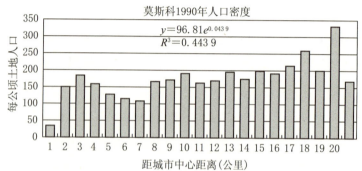

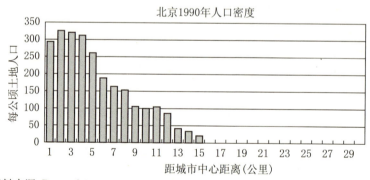

资料来源：Bertaud 2004。

图 6.4　密度图的例子

向市内迁移的压力推动土地价格上升。如果对空间使用没有任何公共管制，土
地市场便无法有效地配置空间，因为城市产生了强大的外部性。土地市场刺激
了无政府蔓延，促发了对个人交通方式和必要公路网络的有力需求。结果是环
境质量严重恶化，这至少是不利于可持续增长的。对于控制城市蔓延、投资公共

交通基础设施、防止自然资源浪费和维持农业用地这三个相互关联的目标,战略规划是必不可少的。最适合指导战略规划的城市发展模式是什么?

多极城市形成了城市增长的最新趋势。它们是聚集力和扩散力之间复杂的相互作用的结果,从商业历史中心优势地位的意义上看它们是层级性的。中心拥有最受欢迎的活动:高等教育和研究、金融和保险、法律服务、媒体和营销、历史和社会休闲。从这个意义上讲,这些城市仍然是单中心的。然而,城市劳动分工形成了差异化活动的极。每个极聚合了一致性的经济活动。极的位置沿着河流、高速公路或铁路等交通线路分布。由于居住用房比就业蔓延得更远,所以除了同心交通以外还有极与极之间的往来交通。

多极大城市是城市系统。它们是如何组织起来的? 聚集力存在于专业化活动的内部。当不同地方的企业执行相同的活动时,它们的利润会随着相互间的距离而下降(见框 6.4)。当企业聚集时,工人必须运动以遵循劳动力市场,并承担包含于工资中的单位距离交通成本。这就是扩散力。如果由企业聚集产生的边际利润增加高于工人交通距离产生的单位成本上升,那么从事相同业务的企业集中度会进一步提高。不同空间组织形式的出现,依赖于这一比率。实际上可以发现三种类型的城市结构:完全分散,多极围绕一个中心且居住地分散,企业位于单一中心、居住地蔓延。如果企业利润不是线性的,而是距离的递减凸函数(意味着离聚集中心越远,利润下降速度越慢),那么更有可能形成多极结构。如果聚集的正外部性足够大,低交通成本就会有利于形成紧凑型城市。

现在考虑生产的多个部门或生产过程中可外包的不同功能,生产单位网络中企业的组织导致城市极的空间差异化,协作与执行相分离。于是,城市系统依赖于聚集力和扩散力驱动的分散化决策。企业寻找临近的产品市场和多样化劳动力市场。工人如果接近多样化劳动力需求,便会有更多的就业机会。这些是聚集力。扩散力是企业间竞争的激烈程度和交通成本,企业距离越近,竞争就越激烈,而交通成本则随人口规模而增加。由此可得,来自聚集的收益随人口规模而增加,直至最优人口规模 N^*。然而,由于私人主体决策不能将外部性内部化(由于它们相互作用),所以自组织过程是非效率的。城市变得规模过大。只有战略规划可以通过基础设施的初始投资(产生正的外部性)引导人们移民到新的城市。这正是中国规划者所为,西方媒体却无法理解为什么中国政府创建所谓的"鬼城"。在这一过程中,战略规划可以建立城市系统,控制土地市场,从而使外部性内部化。

框6.4　单个生产部门中的企业聚集

考虑位于 x 的一家企业,它与其他地方 $y \subset Y$ 的企业相互作用。距离 d_{xy} 对 x 地企业利润的影响为 $\pi_{xy} = \beta - \alpha d_{xy}$,$\alpha$ 表示聚集力的强度。如果 $m(y)$ 是 y 地企业的密度,那么 x 地企业的利润为:$\prod(x) = \int_Y (\beta - \alpha d_{xy}) m(y) dy$

扩散力的强度用单位距离交通成本 t 来度量。因此,α/t 越大,x 地企业集中度就越高。

如果利润函数与距离是非线性关系,那么 $\pi_{xy} = \beta e^{-\alpha d_{xy}}$,$d\pi/d_{xy} = -\alpha\pi$。利润随距离而递减的速度就会随距离增加而下降。

城市最优规模依赖于其中聚集的活动的类型,因为聚集力是因这些活动而异的,而土地价格、交通成本和拥挤导致的扩散力,对任何生产部门或经济功能都是相同的。由此可得,专业化使城市具有优势。由于具有协调功能,高级商业服务和休闲设施产生了比工业更强大的聚集力,所以全球性城市的最优规模 N_S^* 高于工业城市的最优规模 N_I^*。尽管如此,土地和劳动力的相对价格可以调整,以便来自聚集的网络优势在每个城市均等化(见图6.5)。

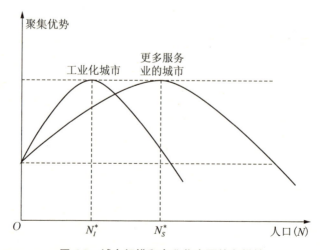

图6.5　城市规模和专业化方面的多样性

一个国家可以发展层级性的城市系统,让超大城市的协调服务去满足工业城市的需求。交通基础设施、不同地区的土地价格和相对工资决定了去中心化的内生过程,以及可跨区域移动的工业活动重新布局。这就是中国"西部大开发"的目标所在。

6.3.2　城市化:中国可持续增长的推动力

爱德华·格莱泽(Edward Glaeser,2011)在其最近的畅销书《城市的胜利》中,总结道:

> 看来中国领导人理解了高密度将使从前贫穷的国家变得富裕,并了解了这样的事实,即高楼大厦可以提高生产率,降低环境成本。如果中国奉行垂直发展而不是水平蔓延,那么全球碳排放将会更低,地球将会更安全,全球变暖的风险将变弱,中国也将更少地依赖于中东地区的石油生产国。

其实,中国领导层把可持续增长和城市化看作一枚硬币的两面。在下一个 20 年,4 亿人口将从农村移民到城市并成为永久居民。避免蔓延的城市模式选择以及随后的战略规划将成为增长模式的关键所在。

本章所述的理论给城市发展的规划过程提供了指导。为了最有效率地利用资源,必须基于非常紧凑的城市核心来建立多极城市。为了调节土地价格,城市开发商应该开发更高的建筑,增加每平方米土地的居住空间。在城市中心或周边更密集地发展是确保环境可持续性的唯一途径。强有力的核心城市关键性地依赖于人力资本。大规模教育投资使商业中心能够提供大幅提高人均生产率的服务。将农业人口移民到城市是彻底消除贫困的最佳方法。之后农业用地全面调整,变得更加集中,农场生产率也将大幅上升。加强活力十足的城市与腹地之间的互补性,并以此决定性地克服城乡分割。

然而,和谐发展将不会自发地发生。城市可能造成巨大的不平等,因为高密度是有成本的。为了减少这些成本,向每一个人提供基本的公共服务,政府必须在清洁水和卫生设施、健康保健服务以及优秀公立学校等方面进行大规模投资。中国当前所为恰好相反,更好地实现社会服务公平与效率的结合,要通过全国而不仅仅是地方的资金投入。这一路径要求财政制度的深刻变革,这一点将在下一章讨论。

富裕的城市是消费性城市。然而,创新消费的前提是基本的公共服务:良好的治安、来往中心快速可靠的公共交通、优质的学校、收费合理的社会服务。若没有能提供这些社会基础设施的巨大投资,重新部署国内需求与消费比重的路线号召就只能说说而已。把基础设施联系于可持续增长,就必须进一步深入研究城市发展。

1. 中国城市发展的增长潜力

中国目前有两个特大城市(居民超过 1 000 万):北京和上海。根据 MGI 的预测,中国到 2025 年将增加 6 个新的特大城市:天津、广州、深圳、武汉、重庆和成都。它们加总起来将占全国 GDP 的 25%,将吸引最有才能的人和大量的外商直接投资,成为许多较小极的聚集中心,共同形成全球性城市的多极系统。那些极将是人口小于 500 万的中型城市。那些集群内部的网络效应将刺激经济增长。

中国(还有印度,只不过程度稍逊)城市化的推动力将把世界经济的梯度中心从西方彻底转向东方。在 2007—2025 年间全球新增的 2.5 亿城市家庭中,大中华地区可能会占到一半,如果持续遵循恰当的城市政策,这显然意味着巨大的消费潜力。在这一过程中,基础设施投资与商品/服务的消费者需求之间将保持紧密的互补性。因此,在人均消费稳定增加时,消费占 GDP 的比重却可以保持不变。对于希望中国经济中投资比重下降的那些人,我们要重申一遍,紧凑型城市中的交通和平价住房是经济中两个资本最密集的部门。中国可能需要新建 800—1 500 条轻轨和地铁,直到 2025 年以前每年建 16—19 亿平方米住房。

教育投资及相关高技能服务对中高收入家庭的快速增长是必不可少的。2007—2025 年间,中国新的大中型城市将能够容纳 7 500 万中等收入以上的家庭(收入>2 万美元)和 3 000 万较高收入家庭(收入>7 万美元)。如果城市化以这个速度发展,那么大中型城市人均 GDP 的增长将可实现 9%,加上人口因为移民会按大概 2.5% 的速率增长,使 2007—2025 年间城市经济总体增长达到 11.5%。这足以实现全国总体 8% 或更高的增长速度。

2. 战略规划是关键

这里问题出现了,中国未来能实现这种预期吗? 在 20 年内吸收 4 亿人进城是一项艰巨的任务。如果成功了,它将把中国带入发达国家的行列。要获得成功,必须推行最有效的城市增长模式。我们知道,这一模式由一些特大城市和多极单中心城市系统构成。城市发展的主体在内地,中部地区的武汉将成为工业转移的中心,重庆和成都将成为西部大开发战略的桥头堡。

2009 年 3 月的《中国评论季刊》(*China Quarterly Review*),汤姆·米勒分析了武汉案例(Tom Miller, 2009)。在华中地区武汉的地理位置最好。武汉横跨长江与汉江交汇区,是联系主要特大城市的节点,南北通达北京与广州,东西通达上海与重庆和成都。武汉是重要的教育中心,这使它成为移民的磁石。人口增长压力使它必须采纳多极系统,吸收 500—1 200 万人口。这些多样化的发展极将创造就业机会,以最小化往来城市中心的日常通勤。交通规划预设了高速公路和高铁把所有卫星城市与中心连接起来。实行严格监管阻止城市蔓延,保持核心城市地区的紧凑性。大量基础设施投资(跨长江的桥梁和隧道)被作为城市发展的优先领域,以便缓解交通瓶颈。其他发展中国家容许郊区蔓延,成为大城市的毒瘤,而中国则不然,规划者认为应该首先进行基础设施投资。如废水处理和大规模住房建设项目等公共服务正在建设之中。

在武汉和其他地方仍未得到处理的最大问题是,如何让城市移民与原居民均享社会服务。这一根本性问题把城市化模式与收入分配和社会公平联系在一起。全球性城市内部的社会稳定必须依赖全面的社会保障。但是中国当前的财政体制,地方政府用于兑现承诺的财力非常有限,导致一些大型发展中城市无法实现其社会目标。如前文所述,必须大力调整财政责任制,大幅增加中央政府提供社会服务的责任。必须让移民能够获得这些服务,在城市安居乐业,变成城市消费者家庭。提高中央政府的作用还有另外一个优势,即改进整个中国内地版图上战略规划的一致性。

再者,只有通过改进商品分配,大幅降低物流成本,同时发展资源节约型技术,让年收入5 000—1万美元的群体能够买得起工业产品(如本章前一部分所述),才能提高大城市中消费者增长的潜力。

最后,尽管城市发展迅速,但农村人口规模仍然庞大。1950年,中国人口几乎全部在农村。根据中国国家统计局的数据,2007年农村人口仍占总人口的55%。城乡分割或多或少是户口制度造成的。每个人都根据他(或她)的出生地而被限制在城市或农村的某个位置。这是一种避免移民流动混乱的空间控制手段,可以避免出现像在孟买、圣保罗、拉各斯等城市不可控制的贫民窟。但时至今日,户口制度已经成为一件令人头痛的大事。重庆和成都正在进行土地流转的各种尝试,容许农民出售建设用地土地使用权。此举是让农民拥有足够的资源,这样当他们移民到城市的时候,有望获得社会住房和子女教育,从而有机会在城市扩张中向社会上层流动。

3. 城市发展与能源节约

能源节约是把城市发展与可持续增长联系起来的关键。多极城市群必须是绿色城市群。城市模式中必须体现能源节约。紧凑型城市化比蔓延更具有能源效率,但还有许多工作要做。如第一部分可持续增长模型分析中所述,能源节约途径主要是政府采取价格政策,为经济主体的行为提供指导,让他们理性地行动,实现更高的能源效率和更低的碳排放。

能源节约依赖于能源生产中的重大创新,或者投资于可再生低碳能源,或者使用传统能源生产电力时降低碳排放。中国政府优先考虑可让国家升级至技术前沿的战略产业。本章最后一部分阐释引导新型环保技术的政策。

然而还有许多事情要做。交通方式和日常消费的选择是污染排放和环境恶化的来源。根据Enerdata旗下的数据库GlobalStat的数据,2008年总能源消费中城市能源消费的比重在中国为27%,印度为30%,而法国和英国为70%,美国高达76%。这意味着在城市化和收入水平上升的过程中,中国不可能模仿西方的消费模式。节能的发展模式不能单独依靠技术,还应该促进消费模式创新。

这是可能的,因为对于人均收入水平大致相同的国家来说,能源消费与 GDP 之间是弱相关的。在人口密度和汽车使用这两个对能源消费影响较大的方面,日本与美国之间形成鲜明的对比(见表 6.1)。紧凑型而非蔓延型城市以及更高的能源消费税,导致日本交通能源效率比美国高 3 倍。这里的教训是,中国应该避免美国人的生活方式,遵循空间组织和消费模式的亚洲方法。利用战略规划,甚至有可能跨越发达国家现有的趋势,发明 21 世纪的消费模式。为了探索低能源消费的城市政策,中国环境与发展国际合作委员会在 2009 年成立专门工作组研究有关城市规划的政策建议。

表 6.1　2008 年美国和日本的汽车使用和能源消费

	美　国	日　本
人均 GDP	43 000 美元	37 000 美元
平均密度	31 人/平方公里	350 人/平方公里
每个家庭汽车数量	2.4	1.2
每人每年由于交通导致的能源消费	1.82	0.6

资料来源:Global Stat,Enerdata。

国家间比较的主要结果不足为奇:能源价格越低,城市蔓延的空间耗费就越大,汽车使用就越密集,能源消费和温室气体排放也就越高。因此,中国的城市规划必须弱化城市能源消费与收入增加之间的联系。进一步,降低二氧化碳排放可以通过直接征收足够高的碳税(大约未排放的二氧化碳每吨 50 美元),从而在私人消费模式选择中起到劝诫作用。中国政府已经开始着手逐步提高能源价格。如果能对低收入家庭进行补助,碳税将可以完成这种相对价格变化,使住房采用更好的隔热机制。再者,在紧凑型城市,往来市中心的公共交通班次多、速度快且分布合理,中心内部步行和骑自行车将形成环境友好与健康促进相结合的生活方式。对于公共交通不发达的城市,电动自行车也许是一种结合低能耗交通和流动性的有效方式。然而,2009 年刺激计划中对汽车产业的支持与可持续增长的长期目标相矛盾。总体说来,城市规划、基础设施建设与公共交通管理之间的协调不能令人满意。只有借助中央政府更有力的介入,才可能得到根本的改进。

当前,缺乏在全国范围内优先发展公共交通的统一规则。因此,土地收购、基础设施融资以及运营交通网络的合法权利，均没有共同的合法规划框架。中央政府对公共交通融资补助不足，从而对系统管理缺乏发言权。收费太低导致公共交通企业亏损经营，降低了服务质量。结果，高收入群体（尤其在东部省份）选择私家车，穷人则由于没有恰当的空间组织而无法提高生活质量。

模仿西方消费模式是对中国发展最严重的威胁。它将继续加大社会不平等，恶化环境。控制城市能源消费是满足城市大部分人需要和愿望的唯一途径。回顾本章开头所述的社会福利和实际财富的分析。人均 GDP 不再是衡量发展的恰当指标。减少能源消费，同时规划多极紧凑型城市群，并在基础设施和教育方面进行恰当投资，这将提高其人力和环境要素的实际财富。为了坚决推行可持续增长政策，战略规划应该对大都市设立能源消费的标准和目标，并使用价格激励。发改委应该监督这些目标在全国和各省的实现情况。只有将城市化的节奏和模式、交通方式和环境影响都纳入国家战略规划，才有可能做到这一点。

6.4　经济发展与气候变化

让我们回到框 6.1 中所示的社会效益函数与可持续发展路径的关联模型。该函数假定消费不能完全替代环境服务。长期的环境保护本身就是为了可持续发展。首要的长期目标是在战略计划中考虑长期环境投资，在计算社会回报时必须使用生态折现率。环境服务相对私人消费的价格越高，该折现率就越低，以便显示出针对低碳未来投资的长期回报。

此外，在选定的目标（限制全球气温上升）与为此制定的政策相互作用链中，存在极大的不确定性。原因是在复杂的相互作用链中，含有可能导致灾难性后果的非线性反馈。这意味着就目前所知，总福利函数对灾难性气候变化存在一个尾部肥大的概率分布。气候变化涉及的系统性风险的本质便凸显出来。在金融系统危机时，并非所有类型的资产都会遭受损失。基础货币作为纯流动性（pure liquidity）独立于其他资产，使得人们规避风险的行为分化。在系统性气候危机时，所有类型的资产都会遭受损失。全世界所有的实际财富都会遭受灾难性的损失。

那些恐怖情形的威胁,说明应尽早采取转向可持续增长所需的预防方法。将风险控制于可接受的水平(世界平均温度增幅不高于 2℃)①意味着尽早控制并降低温室气体(GHGs)的浓度。拖延行动不是个办法,因为高碳能源基础结构的长期性会导致困守高排放路径存在危险。

人类面临的挑战是世界性的。诚然,20 世纪 90 年代中期的资本密集型增长体制使得中国成为能源和碳最密集的经济体。中国的经济结构高度依赖于煤炭发电和高污染工业(如钢铁、水泥、铝等),将经济结构转型为低碳知识型经济是一项艰巨的任务。这意味着能源混合和能源密集型的交通和建筑行业的大规模转型。中国必须加大力度减少碳排放,把排放与增长分离开。由于缺乏大规模新技术,所以会存在一种惯性,导致排放急剧增加。遵守气温上升最高 2℃ 的目标,斯德哥尔摩环境研究所与中国经济 50 人论坛于 2009 年研究了一个可行的方案(《走向清洁:中国低碳发展的经济学研究》)。其中提到中国人均二氧化碳排放密度在 2005 年已达 3.6 吨,并将继续增加,但速度放缓,2017 年达 5.3 吨,然后急剧下降,到 2050 年为 1.3 吨。

要在最短的时间内使碳排放达到峰值,如此快速的大规模结构转型风险很大。必须在经济的几乎每一个方面都要加强创新。现有资产由于提前报废而大幅贬值。严重的资本破坏可能导致令人担忧的就业下降。要使整个过程在政治上可行且能被社会接受,需要有大规模的社会及劳动力市场政策。应该积极追求劳动力市场政策,增强行业间、地区间的劳动力流动,进行大规模的教育及培训投资。下一章里我们会详细阐释这些政策的具体内容。

这里要分析的是交通、住房以及电器污染,证明情况改善依赖于城市化模式。现在讨论中国政府的优先考虑,一方面节省能源,提高工业能源效率,另一方面投资于可再生能源,发电时控制碳排放。结论部分再讨论能源定价、碳定价以及规制和融资等方面的政府政策行为。

———————

① 巴黎气候大会已将这一目标调整至 1.5℃。——中文版作者注

6.4.1 工业节能与环境保护

2008 年，中国政府发布了《中国应对气候变化的政策与行动》白皮书。国家发改委发布了一份进展报告，目标是多重的。首先在 10 个主要产业（房地产、移动通讯、有色金属、钢铁、设备制造、IT、纺织、造船、化工和轻工业）进行生产结构升级。对于汽车和重大转型产业，目标是针对单位产品能耗建立更严格的标准。在这些产业和造船业中，要逐步淘汰落后的产能，启动更多试点项目去推进循环经济，即资源使用的废物回收。在轻工业领域，目标是提高电器的能源效率，强化节能型产品的经济刺激。目标锁定在照明（节能灯）和 10 类电器。低碳可再生能源的投资规模不断扩大，包含光伏太阳能、风能、生物质能（biomass）和生物乙醇燃料。已经作出努力缓解农业中的温室气体排放，推动植树造林，加强碳的吸收。

2010 年 10 月，国务院决定在 2015 年以前发展 7 大战略产业。在那些产业当中，有 3 个直接与能源有关：能源节省和能源保护、新能源、新能源汽车。其他 4 个是新一代 IT、生物技术、高端设备和新材料。尽管目标以 2015 年为界，但它们的发展将会持续更长时间。到 2020 年，预计其中 4 个产业（能源节省和能源保护、新一代 IT、生物科技、高端设备）将获得技术优势。到 2030 年，这 7 大产业将全部成为中国可持续增长的支柱产业。这一点意义重大，因为当前制造业占最终能源消费的 55%。2009 年，中国单位产出的能耗是日本的 7 倍、美国的 6 倍。因此，改进能源效率是首要目标。远大目标是在"十二五"期间（2011—2015）把单位 GDP 能耗降低 17.3%，在"十三五"期间（2016—2020）再降低 16.6%。与此相关，预计在 2015 年石油消费降低 10%，在 2020 年单位 GDP 的二氧化碳排放降低 40%—45%。

投资于高效率的能源节省设备有助于实现这些目标。在钢铁行业，冶炼工艺将转为电弧炉（electric arc furnaces）。在水泥行业，改善源于更低的混凝土含量。在造纸、纸浆和木制品行业，将更多地使用生物质能和农业残渣。在占耗电量 12% 的照明领域，紧凑型荧光灯（CFL）比白炽灯要省电 80%。

发电是二氧化碳排放最重要的生产过程,因为它严重依赖于煤。煤占中国能源消耗的 70%,远高于世界其他地区。政府希望在 2015 年煤占能源的比重下降至 64%,包括核电在内的非化石能源达到 10%,剩余部分是石油和天然气。减排最好的办法是提前撤出低效率的火力发电,大规模部署高效率的、可获取和贮藏碳的火电机组。新型发电机组能减少 90% 的碳排放。然而,这项技术还远未达到商业应用的水准。新型火电厂在 2020 以后才可投入使用,目前的成本很高,且蓄电能力不确定。

同时,中国正大规模投资可再生能源,让能源组合从煤转向其他来源。非化石原生能源包含风能、太阳灯电池板和太阳能光伏、生物质能和水电,以及迅速增长的核电。在技术转移、第三代反应堆以及设备和部件投资的驱动下,核电在中国的发展前景很好。长期来看,风电也是一种前景很好的原生能源。2009 年中国已经超越美国,成为世界最大的风力涡轮市场。短期内,电网是风电的瓶颈,因为风力涡轮机产能的增长远快于电网建设。发改委把电网扩建置于优先领域,以调动闲置产能。它更倾向于“沿海”(go offshore)战略,因为沿海地区电网建设较为完善,而内蒙和东北的发展则可能往后推迟几年。太阳能的潜力相对较低,因为太阳能电池生产行业本身就是能源消耗大户。太阳能比其他新能源的成本相对更高,所以中国虽然是世界最大的太阳能设备制造商,但太阳能发电却发展滞后。这种滞后由于太阳能发电厂与电网不能有效结合而进一步恶化。西部的农场太阳能最有效,不需要与电网连接。

因此,建设智能电网是开发新能源最有益的投资之一。发改委正在规划一个能长距离高压传输的智能电网。智能电网将提高安全性,改进能源效率,消除瓶颈以释放已建成的大规模能源产能。在 2020 年以前将分阶段地发展智能电网。

新能源汽车也很有战略意义。政府的目标是让中国成为高能效、低排放汽车的世界领头羊。这与高密度城市的发展是一致的。国务院宣布投资混合动力车、电动汽车以及相关的零部件配套行业——燃料电池、蓄电池、发动机和电控系统。电力汽车是迅速降低运输领域温室气体排放的极佳方案。它们不仅降低排放,也比传统汽车能效更高。当前问题在于充电速度慢,充电站太少。但是,"十二五"规划正集中于改善质量。政府在 5 个城市(上海、深圳、长春、杭州、合肥)针对新能源汽车实行购买补贴。对于初生行业,政府起着决定性的作用,因为整个价值链上的现金流是负的。政府将为充电站建设提供资金,并以普通车辆的税收来补贴电动汽车购买者。目标是到 2020 年让电动汽车达到至少 17%的市场占有率。

环境保护不仅强调缓和气候变化的政策,而且依赖于适应气候变化的政策。这些政策偏向于农业、林业和其他自然资源。由于中国有大片干旱地区,所以必须改进水资源保护和灌溉,以增加粮食产量。正在努力推进农业研究,以改善种子品种,优化种植结构。同时对林业和自然生态系统也加大投入力度。森林可以吸收碳。已经在全国范围发起植树造林运动,以激发森林集体所有者的主动性。当地政府有义务预防和控制沙漠化。加强基础设施建设,增加水资源保护系统的水供给能力。由于中国当前的水价太低,没有顾及水资源的稀缺性,提高水价将提供减少工业用水的激励。为了扭转生物多样性退化趋势,政府在沿海水资源保护区建立了 18 个海洋生态监测区。为改进海洋生态系统,种植了红树林并保护珊瑚礁。

最后,针对自然灾难带来的健康后果(比如气候因素导致的传染病)制定应急方案。

6.4.2 碳定价与融资创新

在第 4 章阐释资本密集型发展模式的缺陷时,我们反复强调扭曲的价格体系将导致无效率的资本配置和对环境不利的消费。能源和水资源的价格被大大低估,以最大化重工业增长,把中国变成廉价消费品和设备的世界制造基地。利率太低,许多服务定价太高,难以诱致有吸引力的资本回报,以及朝以服务驱动型经济为导向的消费模式转变。这是本地价格结构而不是汇率造成的问题。要转型到可持续增长,就必须进行全面的价格改革。

在本章第一部分,我们已经阐明了碳对可持续发展的重要意义,这里集中讨论碳的价格。恰当的碳价格是任何一项减少排放和提高能源效率战略的核心。能够进行战略规划的国家拥有决定性的优势,因为气候变化是一种十足的市场失灵。碳价格永远不会自发地出现。政府政策必须创造一个可将环境外部性内部化的市场。然而,对碳定高价(我们建议每减少 1 吨二氧化碳至少 50 美元)是一种政治挑战,因为这会抬高商品和服务的价格。这是一种逆向财富分配,导致统一的、全面的税收不能为社会所接受,因此政治上不可行。首先应该逐步取消对化石燃料的所有补贴,作为旨在调整资本配置的全面价格改革的一部分。然后,执行碳价格会产生以下问题。选择什么机制? 怎样确定价格范围,以及如何减轻对穷人的分配效应? 斯德哥尔摩环境研究所和中国经济 50 人论坛提出了一些建议。存在两种机制,碳税或限额交易(cap-and-trade)市场,要让两者在理论上等价。理论并不能决定选择。不能说哪一个比另一个在福利上更优。这种选择完全是政治性的,涉及制度可行性、可接受程度和简明性。

碳税是针对二氧化碳征收的环境税。它们通过抑制高碳产品需求来减少排放。一种体制是直接征收燃料税,即针对原生燃料的投入税(input tax)。另一种体制是间接税,即针对产品的产出税(output tax)。在第二种体制下,可接受性的关键是能够可靠地度量商品的碳含量。如果碳税是上述节能和环境保护多方面政策的一种手段,那么化石燃料投入的碳含量就应该被征税,以利用符合成本效益的所有减排方案。由于中国如此严重地依赖煤,所以应该计算出可让煤价上涨 10%(然后再 20%)的碳价格水平。在任何情况下,得自碳税的部分收入应该实行再分配,以减轻它的负面社会冲击。

限额交易系统通过排放权交易来确定碳的价格。这些权利是明确的、可转让的,由市场来估价,在全球市场中,哪里最便宜哪里的碳排放就会减少。在全球单一碳价格的情况下,国家体系便与全球体系连为一体。然而这种和谐可能难以长久。如果中国决定小规模试点交易,那必然是出于自身利益的考虑。其实,在执行这种体系时存在陷阱。其一是度量陷阱。排放将在个人基础上加以度量和监测,对个体排放者进行鉴别和适当收费。这需要精明老练的管理。另一个是排放许可证的分配。如果免费分配,就会扭曲减排的激励。排污者甚至可能使用污染更严重的技术增加排放,以期在将来获得更多的免费许可证。该系统将会锁定于劣等技术,因为现有工厂将继续运转以获得免费许可证。于是,交换具有货币价值的免费许可证,会鼓励影响政府的私人利益集团加强游说活动。因此,只能选择许可证拍卖,让排污者承担碳成本,从而达到这一机制的目的。政府获得拍卖收入,通过再分配给低收入群体,投资于新技术开发。所以拍卖模式能提供更有力的技术创新激励。

中国应该如何选择? 由于城市化是新增长体制的主体,所以碳税更适于用来减少城市排放。可以将其融入现有政府结构中更宽泛的税收制度改革,而无须任何制度变化。至于限额交易系统,可以在有关世界碳价格的国际协议使之在世界碳市场中可行之后再创建。

除了取消化石燃料补助之外,碳税系统也能为城市基础设施和新能源及新能源汽车方面的创新投资提供资金。电动汽车和碳的获取与贮藏等技术,需要数千亿美元将其发展至商业阶段。其他自生长能源(self-generating resources)由于降低能量耗费而节省成本。由于自然灾害风险降低,公共健康改善,以及劳动密集型工作收入增加(如果采取恰当的城市化模式),所以社会成本也降低了。

要发展可再生能源,对国有公用事业投资的主要资金来源除了公共部门现有的利润之外,主要还是依靠银行贷款。尽管如此,随着时间的发展,其他资金来源必将起到越来越重要的作用。中国不能独自承担将气温升高限制在2℃之内这一共同目标所产生的资金和技术资源。所以,全球限额交易系统将对国际行动的协调起基本作用。发达国家应该从中国购买排放权,使得中国能够获得资金资源,走上一条更具雄心的减排道路。中国将建立综合税收与限额交易相混合的系统,具有最低和最高限价,并与全球系统接轨。

6.5 小结

在下一个20年左右,世界资本主义将转型到一种新的增长体制。就像工业革命以来其他历史时期一样,资本积累的动力已经受到阻碍,金融危机揭示了现行制度无法克服当前增长模式产生的多重矛盾。在每一次转型中,结构变化的驱动力是能够调整整个生产结构并扩散至所有经济部门的普遍创新浪潮。

在 21 世纪初的中国,无法克服的矛盾源于价格制度严重扭曲所导致的人力资本、社会资本和自然资本的巨大浪费,并有政府官僚机构的既得利益卷入其中。这些矛盾导致当前的资本积累路径不可持续。

改变资本积累路径的普遍创新在于社会和环境。要最优化国家总实际财富,战略规划目标就不能再锁定于 GDP 增长最大化。这意味着要重新估价所有被大大低估了的资源——劳动力、能源、农村土地和环境。价格改革应该成为新调控模式的关键。不对各级政府和公司进行重大变革,让人民有更多的发言权,这一目标是不可能实现的。基于全体福利的环境友好型城市化,应该成为实现不公平程度更低的社会结构和后现代消费方式的驱动力。这一共同目标若得到强势政治领袖的推动并通过战略规划持续追求,将涉及教育和研发方面的巨额投资,以提高中国的全球要素生产率,获得技术优势。

下一章将具体研究如何对价格制度及相应的官僚治理进行至关重要的改革。

第7章
中国经济结构转型的路径

第6章阐述了可持续发展的概念,并提出了寻求可持续发展的理论框架。那一章还强调了战略规划必须反映长期的整体社会福利,确定外部性的价格和反映实际代际风险的折现率。由于中国在人口结构转型、快速城市化、气候变化和环境恶化等方面面临更加严峻的挑战,维持当前资本密集型、出口导向型增长体制只会破坏整体财富、激化社会矛盾。但是,如果中国的战略规划能在可持续性框架内成功地把宏观趋势与福利促进型结构变迁协同起来,那么挑战也可能转化为机遇。这就是中文"危—机"的辩证含义。这一章的主要任务就是阐述如何实现这种转变,以及如何展开可持续路径。

在过去10年,中国政治领导人和经济学家多次对中国经济的失衡和不可持续性表示关注。众所周知,中国的储蓄率一直很高,许多行业都存在过度投资和产能过剩。由于国内消费疲软,所以经济的"出口依赖"程度加深,1994年以来一直保持经常账户盈余(2004—2008年间显著增加)。同时,这种偏重投资型增长模式加剧了国内社会及地区间的不平等,也加速了自然资源的枯竭和环境恶化。

所有这些结构性问题使得温家宝2003年出任国务院总理之后立即出台了多方面的重组措施。在这届政府任期内,结构调整与宏观经济政策经常交织在一起。在中国经济过热时(如2004年和2006年),重组力度最大,而在经济增长放缓时,重组措施的实施力度经常会减小。虽然货币政策也被融合在一起,但主要的重组机制是直接对投资过程采取行政规制。例如,提高资本密集型产业的资本要求;限制开发区建设;控制土地供给,并严格控制国家发改委(NDRC)对新项目的审批。另外还通过产业政策倾斜,限制高能耗、高污染和消耗自然资源的生产活动增长。2006 年取消了这些产业的退税。在煤炭、火力发电、钢铁等行业,关闭了许多低效率的剩余产能。为了缓解贸易不平衡,中国人民银行2005 年 7 月宣布启动汇率改革。在接下来的三年里,人民币对美元升值了 22%。

简而言之,中国政府对经济协调及更具可持续性并促进福利的发展路径表现出强烈的兴趣。在"十一五"和"十二五"期间,中国政府构想了和谐社会的美好图景。那些规划准确地阐述了中国社会各个方面的问题,并指出了解决问题的方向。然而,所有努力看来都是徒劳的。经济不仅没有显示出任何协调迹象,而且上述所有失衡进一步快速恶化。

表 7.1 根据支出类型对 1978—2010 年间的 GDP 进行了分解。我们可以清楚地看到,自 2003 年以来中国的投资率一直高于 40%,而消费占 GDP 比重从2003 年的 56.9% 持续下降至 2010 年的 47.4%。最令人吃惊的是国际贸易。汇率改革开始后,中国的对外失衡实际上扩大了。净出口占 GDP 比重 2007 年最高达 8.8%,而 2004 年只有 2.6%。第 5 章已经解释了净出口激增的原因。这里只是再次强调,这种急剧上升主要是由于国内制造行业进口替代能力的提高,使得进口减少。

表 7.2 显示了第二产业在中国经济中的主导作用。2006 年,第二产业占中国 GDP 的 48%,大大高于类似发展阶段的任何其他国家。尽管服务业一直稳步增长,但在 21 世纪第一个十年占 GDP 比重仍然徘徊在 40% 左右,比其他类似发展水平的国家约低 10%—20%。显然,服务行业真正的活力在中国还没有释放出来。更糟糕的是,中国工业尽管规模庞大,但增值能力仍然很弱。1995年、2000 年和 2005 年工业总产出中增加值比重分别只有 38.26%、35.8% 和34.07%,不仅一直下降,而且比经合组织国家要低大约 20%。

表7.1　中国 GDP 的支出构成(占 GDP 比重):1978—2010

年　份	消费(%)	投资(%)	净出口(%)
1978	62.1	38.2	−0.3
1979	64.4	36.1	−0.5
1980	65.5	34.8	−0.3
1981	67.1	32.5	0.3
1982	66.5	31.9	1.6
1983	66.4	32.8	0.8
1984	65.8	34.2	0.0
1985	66.0	38.1	−4.0
1986	64.9	37.5	−2.4
1987	63.6	36.3	0.1
1988	63.9	37.0	−1.0
1989	64.5	36.6	−1.1
1990	62.5	34.9	2.6
1991	62.4	34.8	2.7
1992	62.4	36.6	1.0
1993	59.3	42.6	−1.8
1994	58.2	40.5	1.3
1995	58.1	40.3	1.6
1996	59.2	38.8	2.0
1997	59.0	36.7	4.3
1998	59.6	36.2	4.2
1999	61.1	36.2	2.8
2000	62.3	35.3	2.4
2001	61.4	36.5	2.1
2002	59.6	37.8	2.6
2003	56.9	40.9	2.2
2004	54.4	43.0	2.5
2005	52.9	41.6	5.5
2006	50.7	41.8	7.5
2007	49.5	41.7	8.8
2008	48.4	43.9	7.7
2009	48.2	47.5	4.3
2010	47.4	48.6	4.0

资料来源:《中国统计年鉴》。

表 7.2 中国 GDP 的部门构成 (占 GDP 比重):1978—2010

年 份	第一产业(%)	第二产业(%)	第三产业(%)
1978	28.2	47.9	23.9
1979	31.3	47.1	21.6
1980	30.2	48.2	21.6
1981	31.9	46.1	22.0
1982	33.4	44.8	21.8
1983	33.2	44.4	22.4
1984	32.1	43.1	24.8
1985	28.4	42.9	28.7
1986	27.2	43.7	29.1
1987	26.8	43.6	29.6
1988	25.7	43.8	30.5
1978	28.2	47.9	23.9
1979	31.3	47.1	21.6
1980	30.2	48.2	21.6
1981	31.9	46.1	22.0
1982	33.4	44.8	21.8
1983	33.2	44.4	22.4
1984	32.1	43.1	24.8
1985	28.4	42.9	28.7
1986	27.2	43.7	29.1
1987	26.8	43.6	29.6
1988	25.7	43.8	30.5
1989	25.1	42.8	32.1
1990	27.1	41.3	31.6
1991	24.5	41.8	33.7
1992	21.8	43.4	34.8
1993	19.7	46.6	33.7
1994	19.8	46.6	33.6
1995	19.9	47.2	32.9
1996	19.7	47.5	32.8
1997	18.3	47.5	34.2
1998	17.6	46.2	36.2
1999	16.5	45.8	37.7
2000	15.1	45.9	39.0
2001	14.4	45.1	40.5
2002	13.7	44.8	41.5
2003	12.8	46.0	41.2
2004	13.4	46.2	40.4
2005	12.1	47.4	40.5
2006	11.1	48.0	40.9
2007	10.8	47.3	41.9
2008	10.7	47.5	41.8
2009	10.3	46.3	43.4
2010	10.1	46.8	43.1

资料来源:《中国统计年鉴》。

至于国民收入分配，在21世纪最初几年里，家庭所占比重趋于下降（见表7.3）。再分配机制只是将一部分企业收入转移给了政府。在收入再分配之后，家庭收入略有下降，而不是上升。家庭贫困削弱了中国人口的购买力，使得"刺激内需"成为空头口号。不仅如此，家庭收入的不平等也加深了。2006年中国的基尼系数城市为0.411 92，农村为0.391 8，两者均大大高于改革第一阶段（与1978年以前平均主义社会没法比）。结合中国城乡收入差距扩大的事实（2009年中国城市的平均收入是农村的3.33倍），中国总体基尼系数正接近0.5的危险警戒线，2006年估计为0.469 1（Zhou and Tan，2008）。家庭收入不平等日益增加进一步降低了中国国内总消费能力，因为最富有的家庭相对于其收入的消费倾向更低。

表 7.3 中国国民收入分配：1992—2008

年　份	初次分配后的构成			再分配后的构成		
	家庭（%）	企业（%）	政府（%）	家庭（%）	企业（%）	政府（%）
1992	66	17	17	68	12	20
1993	63	20	17	65	16	20
1994	65	18	17	67	15	19
1995	65	20	15	67	16	17
1996	66	17	17	68	14	18
1997	66	17	17	69	13	18
1998	66	16	18	68	13	18
1999	66	18	17	67	15	18
2000	63	19	18	64	17	19
2001	61	20	19	62	18	21
2002	61	20	19	61	18	21
2003	60	21	19	60	18	22
2004	58	26	16	58	23	19
2005	60	23	17	59	20	21
2006	59	22	19	59	19	23
2007	58	23	20	58	18	24
2008	57	25	18	57	21	22

资料来源：CEIC。

总而言之，到2008年，谨慎地讲，中国的再平衡政策仍然有很多方面有待改进。为了制定更有效率的重组机制，中国领导人应该从每天都在出现的众多问题中跳出来，直接解决从前体制的核心矛盾。前一章中已经有力地指出，中国需要整体战略规划,综合利用价格、货币、财政、行政、社会和政治手段来扭转从前增长体制的根本性失衡,把中国引入一条可持续和福利增进型的内生发展路径。本章接下来将讨论中国应该如何部署未来 10—20 年的战略规划,找到改革第二阶段(1994—2008)的核心矛盾,并提出最有力的矫正工具。

7.1　解决改革第二阶段(1994—2008)的核心矛盾

中国当前不平衡的原因是多方面的,既有内因,也有外因。在过去几年里,许多经济学家对中国的结构性问题给出了解释,其中大部分解释都有一定的合理性。然而,为了构建一整套政策体系,改变核心的宏观经济关系并系统性地把中国引入新的增长体制,关键在于找到 1994—2008 年间增长体制的核心矛盾,这是造成当前主要问题的根源。

1994—2008 年间中国增长体制成形于中央政府的治理危机。在改革第一阶段,中央政府试图实现全体福利普遍改进,但到了 1994 年,中央财政平衡严重恶化,经济调控能力日渐削弱。因此,1994 年和此后的改革措施集中于加强中央政府的财政地位以及对国家经济的政治权力。在这一过程中,牺牲了曾经得到认真保护的工人的利益(特别是城市国有企业职工的利益),大量的公共资产被私有,旧政治特权系统中地方官僚的某些既得利益也被取消(参见第 4 章)。

为维护政府的政治合法性,这些损失必须以其他形式加以补偿。在这种情况下,快速经济增长,再加上有力的投资和出口拉动,成为最直接、最普遍的补偿措施。强劲的增长和轻快的经济活动提供了大量的就业机会,吸纳下岗工人、新增劳动力和数百万农民工。大量的基础设施项目、房地产开发项目和工业园区,为地方官员提供了广阔空间去寻求新的政治庇护和经济租金。充满生机的经济让中国社会充满乐观甚至狂热的情绪。所有这些都有助于中央政府政治体制在该阶段的稳定和可持续性。

因此,在中国改革的第二阶段,快速经济增长本身就是目的。为鼓励和保护这种快速增长,关键资本(包括有形资本和无形资本)定价被扭曲,通过货币、财政和调控政策将其降至最低。这样的价格体系确定了关键资本之间的特殊关系,逐渐导致中国形成当前的经济结构。有形资本价格过低诱致资本密集型投资,挤压了劳动的 GDP 贡献。结果,家庭收入(尤其是工薪阶层家庭收入)占 GDP 比重下降,国内消费也下降。越来越多的资本密集型企业的大量利润推高了储蓄率,导致资本密集型投资动力进一步增强。显然,扭曲的要素价格体系是中国从前增长体制的根本性矛盾。除非建立新的价格体系,正确反映外部性和代际风险,并促进福利提高而不是 GDP 增长,否则中国经济将无法恢复平衡,也无法走上可持续发展的道路。接下来 10—20 年的任务很清楚,那就是改进价格体系,让财富分配向劳动力、其他无形资本和自然资本倾斜,这些要素在从前增长体制中没有得到充足发展,甚至出现退化。

7.1.1 1994—2008 年间增长体制中的要素价格长期扭曲

1. 要素价格扭曲的成本

黄益平(2010)教授认为,不恰当和不完全的价格改革是 21 世纪头 10 年快速增长的重要原因,也是造成使该增长过程严重扭曲,不能进一步持续的重要原因。价格扭曲是不完全改革的部分。产品市场几乎完全放开。正如第 4 章和第 5 章中所述,这导致了在国内和国际上均充满竞争性的经济。这是早在 1994 年采用的政策,它宣布改革进入以最大化增长为总体目标的第二阶段。然而要素市场(劳动、资本、能源、土地和环境)仍然受到严格的行政控制。这种扭曲导致了高速增长和结构失衡这两个孪生的结果。事实上,低估生产成本等同于向要素资源使用者提供补贴,向要素资源所有者征税。使用者没有支付所用资源的边际成本,却享有这些资源的租金,必然不利于推动创新和提高效率。几乎每一种生产要素上都存在这种不恰当的收入分配。

农民工工资极低且无权享受社会福利,这降低了工资占国民收入的比重,阻止了家庭收入上升至应有的比重,抑制了消费者开支。人为压低土地价格,为了工业发展而掠夺农民土地,卖给城郊开发商或外国企业来发展工业园,助长了许多城市的房地产泡沫和重工业产能的过度积聚。相对于增长率的信贷价格太低,驱使大量资本进入大型国有企业,赚取额外利润。能源价格远低于世界价格且缺乏碳价,共同导致了第 6 章所指出的扭曲。在许多工业地区,自然资本被浪费,污染令人担忧。

第 6 章的可持续增长理论模型(框 6.1)已经表明,"正确的"要素价格是估价所有生产要素的经济可持续路径的双重价格。因此,黄益平认为目的不仅仅是在市场自由的意义上放开价格。一些关键要素(如污染或各种无形资本)没有任何市场,或者像土地市场那样市场功能完全不能有效发挥。此外,当市场确实存在(如金融市场)时,却由于全球金融危机而在很大程度上被内生扭曲。因此,经济效率改进需要把资源使用的自由化和调节结合起来,为经济主体提供恰当的激励,以实现整体政策目标。第 6 章明确地指出,这一目标不应该再锁定于最大化增长,而应该是得到仔细界定的可持续增长。

黄益平开了个好头。他对某些要素市场的扭曲进行了粗略估算。对价格扭曲导致的收入转移进行量化,最大的难点显然在于可用来比较实际要素成本的基准。他估算了劳动力、资本、土地、能源和环境的隐性补贴。

对于劳动力市场,黄益平没有使用任何竞争性工资作为基准。他注意到扭曲的主要原因是对农民工福利贡献的支付不足,因此使用雇主严格遵守政府规定时应支付的工资作为基准。它相当于工资总额的 30%。考虑到利率受到严格管制,债务人补贴由于所谓"压抑"贷款利率而增加。低于理论水平的资本成本(等于资本的使用者成本),被认为可以促进杠杆作用、投资和经济增长。但是没有人知道真实的资本成本,因为金融市场在不确定性条件下非常不完善。黄益平猜测性地认为,利率可以基于银行贷款余额增加 2%。以卖给开发商的城市土地价格作为基准,工业用地价格可能要低 30%。国际石油价格波动性非常大,所以年复一年地将其作为基准是不合理的。假定国际石油市场(完全卡特尔化且波动性极大)能产生竞争性的价格,将有助于计算等价的补贴。结果发现平均价格差距是 20 美元。由于环境仍然是一种其损害没有内部化的外部性,所以官方估计成本为 GDP 的 3% 纯属猜测。黄益平认为这五类成本扭曲加总起来占 GDP 的 7%。这一结果有什么实践含义？它有助于确定改革的政策优先领域。让我们更深入地讨论可能存在扭曲的不同领域。

2. 信贷价格

进入改革第二阶段后，中央银行已被赋予制定货币政策的职责（见第 4 章）。尽管中国人民银行根据宏观经济形势经常调整基准利率，但该利率与 GDP 增长和 CPI 相比一直维持在较低的水平。中国人民银行 1 年期存款利率在 2%—4% 的范围内波动，只在 2007 年第四季度上升 1.62 个百分点最高达 4.14%，以遏制经济过热。考虑到同年中国的 CPI 为 4.8%（食品价格上升 12.3%）、GDP 增长 13%，该利率水平仍大大有利于已获得银行贷款的债务人，而不利于存款人。随着 2008 年全球金融危机爆发，基准利率再次迅速回落到 2% 左右。

毫无疑问，较低的银行利率刺激了投资，但对不同类型投资的刺激力度也不同。当银行利率与 GDP 增长和 CPI 相比太低的时候，就不能再作为投资项目未来回报的合理的最低预期回报率。没有高超的风险管理技能，国有银行自然倾向于用土地和其他固定资产作抵押的大规模资本密集型项目，如大型国有企业的投资项目、地方政府的基础设施建设和房地产开发项目，而不是劳动力密集型中小企业的项目。在 2010 年所有贷款余额中，约有一半在国有企业（黄益平，2011），20%—30% 在有争议的地方政府投资项目（中国人民银行，2011）。与此同时，劳动密集型中小企业很难找到低成本融资渠道。温州地区在 2003 年开始试点民间借贷合法化，2003—2010 年间市场 1 年期贷款利率在 13%—17% 范围内波动，私人放贷机构的 1 年期贷款利率在 20% 左右波动，分别比同期央行利率高 10—15 个百分点。这种巨大差异不全部属于风险溢价。它们表明了官方的银行信贷价格严重扭曲，以及可以在银行贷到款的人都存在大量寻租。这一扭曲的融资系统不仅通过对存款人征税，而且抬高了 1994—2008 年间增长体制中投资占 GDP 的比重，而且将投资结构严重扭向资本密集型。也就是说，低利率通过两种机制剥削中国家庭：第一，资本密集型的经济结构使利润流向有机会获得有形资产的实体和个人，降低了劳动在经济活动中的重要性，从而降低了家庭收入在国民收入分配中的比重；第二，普通家庭除了银行存款再没有其他机会获得多样化投资渠道,因此无法获得合理的回报。

3. 针对利用自然资源和环境服务收费

中国针对自然资源的开采收取费用或租金的历史很短。在计划经济时期,针对自然资源的开采不收取任何费用,因为资源及其开采企业都是国有的。部分地由于这一"传统",即便今天,中国政府针对自然资源使用和环境服务的收费仍然非常有限。据不完全统计,在 15 万家采矿公司中,只有约 2 万家是通过市场机制获得采矿权,其他的都是通过分配获得采矿权,成本几乎为零(樊纲等,2010:146)。税费(royalty)只适于数量基础上的矿产资源采掘。①根据矿产资源的不同质量,中国政府对原油收费 8—30 元/吨,对天然气收费 2—15 元/吨,对煤收费 5 元/吨。除税费外,还有使用费用(charges and fees),但数额有限。如此低的收费水平明显低于国际惯例,完全不能体现这些资源的真实社会价值,因此不利于中国经济的可持续性。以原油开采的税费为例——根据樊纲及其课题组(2010)的研究估算,中国的石油公司开采每吨原油所支付的费用要比它们的国际同行低 660 元(约 83 美元②)。这意味着仅 2007 年度,中国政府在原油开采上少收了 1 178.1 亿元,在所有矿产资源的使用上少收了 3 800 亿元。

与其他大多数国家的情况类似,中国企业一直没有支付足够的环境服务费。在"十一五"和"十二五"规划中,中国在减少碳及其他污染物排放方面确定了艰巨的目标。然而,监督这些目标的完成是一项棘手的任务。"十一五"规划要求到 2010 年底,单位 GDP 能耗必须比 2005 年降低 20%。2011 年 4 月,中国离这个目标仍有 8 个百分点的差距。然而,在国务院的强大压力下,2011 年底中国的单位能耗与 2005 年相比突然减少 19.1%。我们不禁担心这种减少的性质。为了实现环境保护更持久的效应,中国必须将环境服务纳入所有要素的价格体系,以便引导所有经济主体的行为。这需要一个制度化的价格方案,通过财政和行政机制(如碳税和价格监管)提出正确的环境服务价格。本章后文将更详细地讨论这些方案。

---

① 对矿产资源采掘征收税费,国际上更常见的方式是基于销售额或利润。

② 这一估计是基于 2007 年的价格水平和汇率。

4. 分散的土地市场

中国的头条新闻经常是房地产价格飞速上涨的消息，讨论中国土地估价过低可能会令人感到困惑。其实，无论怎样归纳中国的土地价格都会有失偏颇，因为中国土地市场非常分散，而且缺乏监管。除了国家管理当局，从省级到农村集体的地方土地管理部门对辖区内的土地都拥有一定的转让权，用于居住、商业和工业等目的。1994 年税制改革集中了大部分财政收入。然而，土地出让金仍留在中央预算之外，完全由地方政府支配。没有中央监督，这些费用成为地方政府的主要收入来源，也促成了寻租和腐败的强大激励。地方官员经常掠夺耕地却不给农民足够的补偿，然后高价转让为居住和商业房地产开发，或者折价转让为工业用途，期待未来丰厚的税收收入，因为工业税比农业税高 10 倍（China Hand，2009）。显然，这种做法鼓励了城郊住宅和工业园的过度扩张，损害了从前土地所有者（主要是农民）和城市新房购买者的利益。到了 21 世纪初，中央政府意识到中国土地问题的严重性，加强了对土地市场的监管。2002 年，国土资源部出台了《招标拍卖挂牌出让国有土地使用权规定》。自那以后，基于市场的方案更好地运用于土地向住宅及商业用途的转让。然而，将土地转让为工业用途（占总土地转让的 80%—85%）置于统一的市场计划下，遭到了更有力的抵制。地方当局在辖区内的招商引资非常积极，以至于 2007 年 1 月中央出台工业用地最低转让金的国家标准之后，工业用地的价格仍然远低于市场价值，一些地方政府为了回避这一最低标准，甚至以退税或其他补贴形式退还土地出让金。

总而言之，中国的土地市场非常混乱。当前的土地转让做法，为地方官员滥用职权提供了便利。工业用地定价较低，刺激了浪费、寻租和粗放型增长模式。最重要的是，所有这些做法严重损害了中国家庭的利益。农民失去了土地，得到的补偿不足以在城市定居。城市居民将毕生积蓄投入住房。通过这样的土地运作，社会财富大规模地从普通家庭转移到地方官员、开发商、企业和富裕投资者手中，对中国经济的再平衡造成了巨大的负面效应。

5. 中国劳动力市场与人力资本价格

2010 年 1 月 23 日，周其仁（中国人民银行顾问、北京大学教授）在清华大学发表演讲,认为2010年中国平均劳动力价格仍然只有工业国家的10％左右。如此低的劳动力价格应该从不同方面加以考察。一方面,中国劳动力价格低廉部分地源于中国的人口结构和发展水平。改革开放初期,中国把大量的剩余劳动力留在农村,其边际劳动生产率几乎为零。因此,任何高于维持生存水平的劳动力价格都能被中国工人接受。近年来,随着中国逐步接近"刘易斯拐点",劳动力价格开始上升(对中国当前及未来人口结构的更详细讨论,见第6章)。然而,根据2010年的人口普查,中国70.14％的人口仍然分布于15—59岁年龄段。这意味着,中国仍然拥有相对丰富的劳动力供给。如果中国拥有较低的劳动力成本(按照国际标准)仅仅是因为这种庞大的供给,并不一定会产生任何问题或不平衡。这种比较优势使中国企业在劳动密集型产业中更具竞争力。如果是这样,随着时间的推移,人口可以享受更充分的就业和更广泛的教育。劳动生产率将随着技术流入和人力资本积累而逐渐提高,从而提高工资,改进社会福利。这大致就是中国改革第一阶段所发生的情况。

然而,这只是故事的一个方面。在现实中,由于有形资产的成本严重扭曲,中国经济在1994—2008年增长时期变得越来越资本密集,而不是劳动力密集。因此,从宏观角度看,经济对人力资本比对有形资本的依赖程度下降了。劳动力进一步失去了对资本的议价能力,工资跟不上劳动生产率的提高速度。这种趋势充分体现于家庭收入占国民收入分配比重下降(见表7.3)。此外,在20世纪90年代大刀阔斧的国企改革之后,中国工人完全失去了计划经济时期继承下来的与管理层议价的工具。而且目前还没有建立新的高效率的平衡机制。因此,单个工人的议价能力非常弱,又不能充分地组织起来主张自己的权利。即使颁布了新劳动法,但具体实施也在地方政府的掌控之下。另外,中国企业充分利用了相对年轻的人口结构。工人没有得到足够的资历补偿。据派克(Park)和蔡(2011)的研究,2005年约46％的中国劳动力为非正式雇佣。也就是说,有将近一半的劳动力被排除在社会保障系统之外。对于农民工,这种情况甚至更加严重和复杂。

现在是消除中国劳动力市场扭曲的关键时期。如前一章所述,中国已经达到了第一个刘易斯拐点，正在接近第二个拐点。职业人口将于 2015 年左右停止增长，这意味着工资增长将最终超过生产率收益，或至少缩小两者之间的差距。在 2009 年和 2010 年，家庭收入占国民收入分配比重略有增加，证明这种趋势正在出现。此外，中国新一代农民工的行为与他们的父辈相比已经发生了巨大的改变。在改革的前 30 年，中国农村充当着工业活动劳动力的蓄水池，农民根据商业周期在农村老家与打工地之间迁移。当经济活动萎缩时，农民工被解雇、遣送回家乡，而几乎没有任何补偿。这种情况将会改变。新一代农民工想在城市定居，即使面临失业，他们中的许多人还是会选择留下来。这就是 20 世纪 60 年代在日本发生的情况。如果还不建立集体谈判的渠道，如果工人的工资仍然不足以过上正常的、体面的城市生活（包括住房、公共服务、照顾家人等），那么未来几年将会出现严重的劳资冲突。

总之，中国的资本价格体系已经扭曲，必须努力调整。这些扭曲是导致中国经济大多数宏观失衡的直接原因。有形资本的过低价格鼓励了重复投资，尤其是在资本密集型、能源密集型和资源密集型行业的过度投资。这样的增长模式降低了劳动力的议价能力和无形资本（人力、制度等）的重要性。国民收入分配倾向于企业、政府和有机会获得廉价资本的个人。财富积累在少数人手中，加剧了社会不平等。普通家庭的实际收入增长慢于 GDP 增长，国内消费不足以吸收经济的产出。幸运或不幸的是，在 21 世纪头 10 年的多数时期，孱弱的国内购买力由于美国的过度消费而得到弥补。于是便形成了一个脆弱的国际"均衡"——中国外汇储备积累，美国债务结构恶化。金融危机已经打破了这一均衡，结构调整势在必行。

更为甚者，能源和环境成本的普遍扭曲为资源有效利用提供了负面激励，成为可持续增长的直接障碍。除了造成严重的健康问题和经济损失之外，环境恶化也经常引发一些极端事件，如华北的干旱和华南的洪涝。于是，用可再生能源替代化石燃料的政策目标以及环境会谈，将为重塑下一个增长体制作出重大贡献。

因此，价格激励必须对优化资本配置发挥更大的作用。不全面矫正价格体系,中国经济再平衡、启动内需、发展服务业和绿色经济都无从谈起。中国下一个增长体制的核心在于社会财富向家庭的净转移,以及对环境服务的充分补偿。

6. 资本价格上调的障碍

我们必须承认近年来对成本扭曲的调整有一定的进展。政府指令中一再强调劳动保护。土地市场规制得到强化,能源价格更接近国际水平,煤价最接近市场价格,电价由政府确定但考虑公众意见。石油产品定价把握国内与国际接轨的原则,提高国内价格使之更接近国际水平,平抑市场价格波动。至于环境保护,政府已经制定了全面的管理规定。碳税也得到广泛的讨论。然而,只要地方政府仍然优先考虑 GDP 增长而不是总体实际财富增加,那么许许多多的措施就不会得到贯彻落实。再者,扭曲最严重的信贷价格尚未得到充分的调整,不能引导投资和提升普通家庭的资本回报。为什么彻底的价格调整会如此困难?

首先,全面调整资本价格是一场复杂的游戏。大幅提高某些价格相当于自杀,尤其是在开放的经济中。急剧提高利率会使经济承受普遍的资金压力。流动性突然紧缩和资金成本骤然上升会使许多企业破产,导致大规模失业。虽然希望这些失业工人因中小企业的兴起而被逐步吸收,但过程痛苦而且危险。提高工资也是一种极其复杂的措施。如果劳动力成本增加,或者更确切地说是劳动力成本和劳动生产率之间的差距缩小,那么一些人就必须为这种增加提供补偿,从而产生收入分配问题。政策决策中最关键的问题是:谁将受损? 政府要郑重承诺提高社会福利并向人民进行大规模转移支付吗? 国有企业应该开始支付真实红利吗? 政府要继续提高最低工资吗? 在后一种情况下,劳动密集型中小企业将成为第一个受损者。其中有些企业可能不得不退出市场,经济将更加倾向于资本密集。这些效应与再平衡的目的背道而驰。显然,资本价格调整是一个缓慢的过程,还需要采用其他制度工具引导资本价格的变化。

在中国,资本价格调整的另一个重要障碍与政治体制有关。中国政治制度的显著特征是高级官员集体决策。资本价格管控和资源配置是从前增长体制中权力系统的两大基石。大量既得利益者侵蚀了资本价格。他们借助国有企业管理者与政府官员之间的勾结,扰乱各部委中的政治谈判。因此,资本价格改革需要中央政府的坚定决心，以及强硬而细致的手段。

大幅度上调信贷价格更直接的障碍是，中国大多数贷款给了国有企业和地方政府。4万亿元经济刺激计划大大促进了地方投资平台的增长，如城市发展投资公司（UDIC）（关于UDICs的详细情况，见第4章）。2010年底，地方投资平台贷款总规模达9万—14万亿元。①因此，信贷价格急剧上升将大大增加这些投资工具的资金成本，促发一连串的公司违约，这反过来又会阻碍中国的基础设施建设，招致地方政府破产，而这是法律所禁止的。结果，中央政府就会成为银行、国有企业、地方政府的最后诉求（last resort）。如果发生这种情况，中央政府的财政健康就会受到损害。因此，要调整信贷价格，就必须彻底清除地方影子银行系统。中央与地方政府间财政关系的再平衡也是一个前提条件。必须让地方政府有与其财政责任相当的稳定收入，以及可以安全地融资的正式工具，以便为国家发改委批准的投资项目提供资金，沿着第6章所述方向实施战略规划。

这些障碍会让中国经济再平衡的希望破灭吗？可能会，也可能不会。如果是寻找可一劳永逸地解决所有问题的快速解决方案，那么成功的机会很渺茫。但是，再平衡是整合所有社会及经济因素的协同演化过程。只要未来规划将资本资产价格作为经济轨道双重价格的试点，确保社会实际财富不下降，便有可能将财富从资本持有者转向劳动者，提升环境服务的估价。然后，经济将释放出未来可持续发展的巨大潜力。强劲的城市化浪潮和巨大的国内需求尚未释放，这是中国未来几年的绝佳机会。未来20年中国领导人的作为，将对中国的未来具有决定性意义，并且很可能对世界的未来具有决定性意义。

中国经济结构的再平衡将是一个漫长的过程。第6章已经阐明，从前的增长体制不再适用于今天或未来的中国。针对土地和有形资产的政治特权削弱了中央政府的公信力和权威。日益加剧的社会不平等引起了广泛的不满，势不可挡的资本积累已经危及人类价值和创造性。同时，网上的一些讨论直接攻击政府的合法性。中国领导人再次面临关键阶段，只有大胆改革才能把中国带入下

---

① 中国人民银行、财政部和其他机构的估计各不相同，主要原因是界定地方投资工具的标准不同。

一个发展阶段。对于进一步改革,问题不在于是否有可能或是否有必要,而是如何改。

在本章剩下的部分,我们提出最有希望让中国实现再平衡的三种机制:发展服务业、财政制度的进一步改革、健全社会福利制度。这些机制结合起来为中国未来改革指出了一条合理可行的路径。

7.2　中国经济再平衡关键在于服务业的发展

经济再平衡需要重组有形资本与无形资本(特别是劳动力与固定资产)之间的价格关系。要启动内需,就必须提高人力资本的价格,使得国民收入分配向家庭倾斜。如第 6 章所述,工人代表的制度化和企业管理模式的转型是保护劳工利益的关键机制。另外一个方面同样重要(如果不是更具根本性),工资取决于劳动力市场上的供求关系。卡莱茨基(Kalecki, 1943)以及其他许多学者均指出,充分就业是提高工人议价能力的最强有力的武器之一。因此,一个更加劳动密集型而不是资本密集型的经济结构将有利于劳工福利。再者,环境可持续性需要中国跨越式进入后工业社会,非物质服务将超过物质消费。老龄化加速和城市化进程也要求更好的社会服务供给。总之,劳动密集型服务部门的扩张不仅是劳资关系的核心,也是中国下一个增长体制的核心。提高全要素生产率(TFP)、吸收劳动力、实现人力资本的价值、降低经济的资源依赖性,都是中国可持续发展的再平衡方式。

诚然,中国第三产业欠发展本身就是从前增长体制不平衡的结果。有形资本价格过低吸引投资进入资本密集型产业,降低了家庭对服务的购买力,从而抑制了服务部门的增长。然而,资本价格扭曲不是服务业发展不足的唯一原因。来自其他国家的经验证据表明,政府政策对服务业发展有很大的影响。例如,福利型政府在北欧国家已有 80 多年的发展历史,它们大力推动社会服务业扩张,创造了大量的就业和社会价值。在我们看来,中国服务业的未来发展同样需要领导人作出适当的政治承诺。尽管直接矫正关键资本资产的价格关系可能会遇到严重的政治及宏观经济困难（上文考察了单方面提高利率或工资的负面结果），但倡导大力发展服务业也许政治摩擦较小，并且还可以对经济起着强大的再平衡作用。

2010年中国城市地区的年人均收入达21 033元（约3 093美元）。根据国际经验，当人均收入超过2 000美元时，第三产业通常会进入一个快速扩张的阶段。中国无疑已经为服务业的起飞做好了准备。把服务业发展与金融体制改革精心结合起来，将成为中国从粗放型增长体制转型为可持续增长体制的最平稳路径。中国政府必须承诺全心全意地发展服务业，尤其是生产性服务业和社会服务业。

7.2.1 发展服务部门的重要意义

1. 发展服务业对提高人力资本报酬的重要意义

所有工业化国家的发展轨迹确定地表明，当财富超过一定水平时，第一产业和第二产业的就业比重会大幅减少。社会需要体现高级技能的高端服务，如管理人员、研究者、保健专家、艺术设计师等。他们是知识经济的推动者。例如在美国，20世纪60年代就业快速增长的部门主要在教育、分销和政府管理等行业，70年代主要在生产性服务业、健康和娱乐行业（Esping-Andersen，1990：199—200）。服务业的兴起，尤其人力资本含量高的服务业的兴起，还通常伴随着中产阶级家庭的增加和福利国家的成熟。这两个趋势将大大有利于中国增长体制的转型。

表7.4显示了中国就业的部门结构。不可否认，中国的服务业在过去30年改革中已逐步形成。然而，与表7.2比较可以发现，中国第二产业与第三产业的资本密集程度存在明显差距。例如在2006年，第二产业贡献了GDP的48%，但只吸收了25.2%的劳动力；而第三产业吸纳了32.2%的劳动力，但只贡献了GDP的40.9%。考虑到中国第三产业占GDP比重远低于同类发展水平的国家，上述比率意味着中国服务业在吸纳劳动力方面的潜力非常大，更重要的是，

服务业可以吸纳受过高等教育的熟练劳动力,提高劳动生产率。

表 7.4　中国就业的部门构成(占总就业比重)

年　份	第一产业(%)	第二产业(%)	第三产业(%)
1978	70.5	17.3	12.2
1979	69.8	17.6	12.6
1980	68.7	18.2	13.1
1981	68.1	18.3	13.6
1982	68.1	18.4	13.5
1983	67.1	18.7	14.2
1984	64.0	19.9	16.1
1985	62.4	20.8	16.8
1986	60.9	21.9	17.2
1987	60.0	22.2	17.8
1988	59.3	22.4	18.3
1989	60.1	21.6	18.3
1990	60.1	21.4	18.5
1991	59.7	21.4	18.9
1992	58.5	21.7	19.8
1993	56.4	22.4	21.2
1994	54.3	22.7	23.0
1995	52.2	23.0	24.8
1996	50.5	23.5	26.0
1997	49.9	23.7	26.4
1998	49.8	23.5	26.7
1999	50.1	23.0	26.9
2000	50.0	22.5	27.5
2001	50.0	22.3	27.7
2002	50.0	21.4	28.6
2003	49.1	21.6	29.3
2004	46.9	22.5	30.6
2005	44.8	23.8	31.4
2006	42.6	25.2	32.2
2007	40.8	26.8	32.4
2008	39.6	27.2	33.2
2009	38.1	27.8	34.1
2010	36.7	28.7	34.6

资料来源:《中国统计年鉴》(2011)。

如果能找出高端服务业的发展障碍并予以消除,整个经济中的人力资本将相应提高,从而稳步增加高技能专业人才的家庭收入。这些人将构成中国未来中产阶级的主体,具有较高的消费倾向和消费能力。并且,对高技能人力资本的预期需求和更高价格,将使他们有激励也有能力进一步投资于子女教育。这将启动人力资本积累与国家总实际财富之间的良性循环,为中国可持续发展做出有益的贡献。

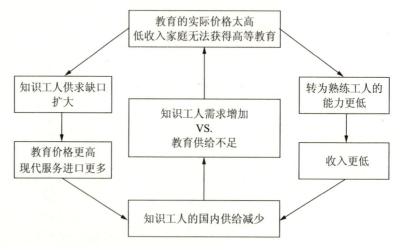

资料来源:参考汪丁丁教授课堂讲义。

图7.1 由于教育落后而导致的恶性循环

2.通过促进生产性服务业提高全要素生产率(TFP)

生产性服务的发展(如物流、金融服务、研发)也能直接提高产业效率,从而有助于中国向价值链高端攀升。例如,供应链管理作为服务业的最大领域之一,其效率的重大改进可以大幅提高全要素生产率。低效率的货物配送严重损害了生产率。根据龙洲咨询公司的研究(Mooney,2009),高交易成本以及运输和物流成本消耗了中国 GDP 的 18%,而美国仅 10%。降低这些成本会影响服务业和商品分销。它将降低商品的价格,让低收入消费者更具购买力,同时也使更多的消费品具有可得性,是资源节约型创新的主要部分。

中国的低效率配送系统从地理上分割了消费品市场,这种市场还不是统一的国内市场。原因在于,批发配送部门由地方交易中介组成,极其分散,它们缺乏资金投资于高效的物流,不能研究需求波动,从而不能最优化库存。零售业本身是分散的,不能标准化供应链经营,因此无法利用配送上的规模经济。

　　由于各省监管的碎片化,导致公共设施结构效率低下,省际运输成本畸高。因此,没有全国统一的交通网络,物流公司却有 76 万家,而平均每家公司拥有的货车数量仅为 1—3 辆。这导致了规模经济的缺失,从而增加成本,降低生产率。国外物流公司全部集中于出口,不从事国内商品配送。然而在 21 世纪头 10 年,世界零售商(家乐福、沃尔玛和麦当劳)在大城市开设连锁店,组建自己的高效率配送网络。它们与国外的物流供应商合作,最终与中国的物流企业达成伙伴关系,提供高品质的冷链食品配送,以及针对所有商品的计划送货。

　　政府已经开始解决这一问题。商务部 2005 年发起了"万村千乡"项目(Rural Retailing Network Project),旨在激励零售商在所有区域设立网点。包括汇源集团、伊利集团和宝洁公司在内,该项目已经覆盖 75% 的农村乡镇。根据香港物流公司利丰研究中心的研究,"万村千乡"项目在 2008 年实现了 1 000 亿元的新农村零售额。另一个是针对农村乡镇需求、仓储和冷藏设施的信息系统投资项目。为减少从农场到零售商的大量浪费,必须投资于冷藏货车和食品安全设备,但资本投入仍然严重不足。因为物流已确定是要重组或复兴的十大新兴战略产业之一,我们有理由相信,这一问题将得到改善。中国已经委托亚洲开发银行制定一个详细的计划,目标是到 2015 年降低全国范围的物流成本。

　　商品配送改革对把增长体制转向国内消费和刺激资源节约型创新具有核心重要作用。中央政府的大力支持对完成这项改革是至关重要的。跨省网络是提高效率的途径,但在省级和市级政府涉及管辖权障碍和既得利益问题。国务院应该授权国家发改委打破地方政府的狭隘抵制。中央政府的最终激励是维持生产率高增长,和支持活跃的消费需求。将这方面的增长体制与环境维持和恢复联系起来,是通往可持续性的道路。如第 6 章所述高技能劳动力、生产率高增长、优越服务和环境保护结合起来,再加上强劲的消费需求,只能在城市的发展中实现。

　　3. 私人服务对中国城市化和老龄化是必不可少的

　　正如第 6 章所估计的那样,在接下来的 20 年,中国将有 4 亿人从农村迁移到城市并成为城市永久居民。从 2015 年起,中国人口将加速老龄化。赡养率(年龄超过 65 岁的人口/总人口)将从 2015 年的 27% 上升至 2040 年的 37%。这两种趋势可能构成巨大的挑战或机会，这取决于中国服务业（尤其社会服务业）的部署。

为了避免快速城市化变成贫民窟聚集，在城市化的同时必须创造城市就业，充分供给专业的、定价合理的公共服务（尤其是教育和医疗护理）。类似地，为了避免高赡养率拖累中国的家庭，医疗保健服务供给的增加应与中国人口老龄化的过程相适应。自 1949 年以来，中国通过改善基础教育和高等教育而积累了大量的人力资本。2010 年中国大学毕业生人数增加到 631 万。如果中国能消除那些阻碍服务业发展的种种不必要因素，大量受过教育的劳动力供给将会促进中国第三产业的扩张与成熟，再平衡中国的产业结构，协调中国社会及人口结构的剧烈转型。

7.2.2 从束缚和扭曲中释放服务业的措施

不采取适当措施增加家庭（尤其工薪家庭）的实际收入，"拉动内需"就会沦为一句空头口号。同样，不采取措施消除束缚和扭曲，"鼓励服务业增长"也只能是一个徒劳的愿望。在要素（尤其有形资本）价格被限制于极低水平，而工资则逐步上升的情况下，劳动密集型的服务业便会受到压制而不是鼓励。中国政府应该采取更积极的措施来保护和促进服务业增长。

1. 从无数行政障碍中解放服务业

中国某些生产性服务和大部分公共服务之所以欠发达，只有一个原因，那就是过多的行政障碍。

首先，这些服务业大多数仍然由国有企业高度垄断，并受到各种政府监管机构的严格控制。私营主体进入面临极高的行业壁垒，即使成功进入，法规的不稳定性甚至政府机构的直接干预也往往给进一步的经营带来困难。2005 年，国务院颁布非公经济"36 条"来保护和鼓励私营主体进入传统上主要由国有企业占据的领域。"36 条"提及较多的领域是服务业，尤其高端服务，如金融、分销和社会服务。然而 5 年后，"36 条"似乎没有解除这些领域中私营活动所受的歧视。2010 年，国务院不得不颁布所谓"新 36 条"，再次强调解除私营活动束缚的重要性。"新 36 条"的效果还有待观察，但中国大多数学者持悲观态度。事实上，要真正促进私人参与高端服务供给，所采用的措施必须更具体一些。例如，要使私人服务提供者摆脱行政束缚,可能需要重新确定有关管理部门(尤其教育部和卫生部)的职责。目前,这两个部门及其地方分支机构直接拥有大多数医疗及教育机构。巨额垄断利益使这些管理部门反对私人参与。如表 7.5 所示,2010 年公共服务和某些生产性服务的私人参与度仍然非常低。对于与健康和文化相关的服务,88.9％的职员受雇于国有企业。教育供给是一个极端的例子,95.9％的教师及其他学校员工都归属公共机构。私立教育活动的稀缺与中国的发展水平不相符。如此扭曲的原因与中国的教育制度规定有关。

表 7.5　2010 年中国服务供给的所有权类型

	总雇佣人数 (万人)	国有企业雇佣人数 (万人)	国有企业雇佣比例 (％)
交通运输、仓储和邮政业	631.1	403.3	63.9
信息传输、计算机服务和软件业	185.8	62.5	33.6
批发和零售业	535.1	137.3	25.7
住宿和餐饮业	209.2	54.6	26.1
金融业	470.1	144.3	30.7
房地产业	211.6	45.4	21.4
租赁和商务服务业	310.1	131.5	42.4
科学研究、技术服务和地质勘查业	292.3	219.6	75.1
水利、环境和公共设施管理业	218.9	189.9	86.7
居民服务和其他服务业	60.2	28.9	47.9
教育	1 581.8	1 517.4	95.9
卫生、社会保障和社会福利业	632.5	562.6	88.9
文化、体育和娱乐业	131.4	113.1	86.1
公共管理和社会组织	1 428.5	1 415.6	99.1

资料来源:《中国统计年鉴》(2011)。

为了更好地理解中国欠发达但发展潜力巨大的服务业与政府行为之间的关系,让我们以卫生保健系统为例。一般来说,中国的卫生保健供给一直处于相对短缺状态,尤其社区医疗供给。在改革第二阶段,医疗设施投资迅速扩大,特别是城市大型医院的建设和改造。然而社区医疗投资却被忽略了。此外,由于医生和护士数量的增加赶不上硬件增长,所以无法充分满足医疗保健需求,特别是门诊咨询的需求(OECD,2010)。教育程度在大学以上的医生只占人口的 0.1‰。医疗保健行业中有限的人力资源分布不均,城市地区的医生占人口比重达 0.9‰（Anand et al.，2008）。

同时令人奇怪的是，中国新培训的医科学生却供给过多。根据 2005 年经合组织的报告，中国具有本专科学历的医学学生达 40 万，而拥有类似资格的医生总量只有 80 万。具有研究生学位的医科学生供给也很充足，2005 年约有 4 万名研究生在医学院学习，而具有这种资格的医生总量只有 4.2 万，形成鲜明的对比。在激烈的竞争中，只有成绩名列前茅的学生才可以获得医生职位。从 2004 年到 2006 年，在北京大学著名的 5 年制临床医学毕业生中，只有 28% 在 2007 年成为医生（Anand et al.，2008）。对于护士专业的毕业生，情况与此十分相似。

上述怪象的主要原因之一在于中国卫生保健的供给结构。在中国，卫生保健（包括社区医疗）的主要供给者是医院，生产了将近 80% 的一级诊疗价值（OECD，2010）。这些医院和其他医疗保健机构大多是国有的，并且受各级政府卫生部门的严格监督。开设私人诊所提供社区医疗服务的准入门槛很高，因此中国私人诊所和家庭医生的数量非常少。医学毕业生从事医疗实践的唯一的机会是通过国有医疗机构。毫无疑问，卫生保健供给的这种僵化结构影响了卫生保健部门创造就业的动力。由于基础设施和管理能力的约束，大型国有医院不会为了完全满足市场需求和吸收新毕业的医科学生而无限扩张。结果，不仅浪费了宝贵的人力资源，而且医疗保健供给集中到城市医院，也增加了享受社区医疗的困难，特别是对于农村地区的患者。有调查显示，医院门诊病人中有 20% 只不过是感冒或肠胃炎（Lim et al.，2002）。通过发展私人诊所网点和家庭医生可以大大降低这一比例。再者，公立医院的垄断也影响了中国卫生保健供给系统的效率。现在，医疗机构需要同时面对数个监管机构，这些监管机构之间往往还缺乏协调，导致医院既不对公共部门指令负责，也不对市场负责，而往往以员工和管理层的利益最大化来指导运作（Hougaard et al.，2011）。

显然，自由进入卫生保健市场，让卫生保健系统摆脱各种行政干预，是中国卫生保健行业起飞的两个关键性对策。不幸的是，目前对中国未来医疗改革的讨论，似乎局限于现有医院是否应该私有化。恐怕这个问题并不是关键所在。在国家卫生保健系统中，公立医院具有不可替代的作用。问题不在于是应该让政府垄断医疗市场,还是让某些个人垄断医疗市场,而是在于如何解放这一市场,让政府和私人站在同一起跑线上。应该建立统一的国家标准,在平等基础上规范公立机构、私立非营利机构和私立营利机构的行为。放开卫生保健市场将大大增加社区医疗供给,吸纳新培训的从业者。并且,这将会促进竞争,从而督促公立医院改进服务。卫生监管机构必须退出对医院的直接管理,而只集中于这一市场的管理。公立医院亟需改进管理。

卫生保健服务的结构性问题是一个典型例子。中国在教育、交通运输和其他服务市场均存在类似情况。来自相关部委激烈的抵制严重阻碍了上述领域的改革进程。然而,在增长体制转型的关键时刻,让这些部委的既得利益继续发声,将会影响中国整体上的经济和社会进步从而妨碍政治体制的可持续性。考虑到这种可怕的后果,无论存在多么强烈的政治抵制,在这些领域里的果断改革不能再拖延了,以便让公共利益占据主导地位。

除了行政障碍和干预,中国服务业还面临着一个不利的税收体制。与工业企业不同,中国服务企业不缴纳增值税,但需缴纳营业税①。营业税是对销售额征税,税率从 3% 到 20% 不等,具体依赖于所提供的服务类型。与增值税相比,营业税的税基更广,并存在双重征税问题。以飞机租赁业为例。飞机的高价格增加了飞机租赁业的收益。由于该行业属于服务行业,所有收益都要缴纳营业税。即使采用最低 3% 的税率,税收总额仍然非常大。沉重的税收负担成为阻碍飞机租赁业以及其他许多行业健康发展的重要因素之一。2009 年增值税改革之后,工业企业税收负担进一步降低,因为可以从增值税税基中扣除固定资产投资。这一改革进一步削弱了中国第三产业相对第二产业的竞争优势。类似的结构性减税改革应该扩展至服务业。

最后,由于中国仍然存在严格的户口制度,不同地区的人所得社会福利仍然不平等,所以中国人口的地理流动受到阻碍。劳动力流动受限从供求两个方面均对服务业发展有着不必要的约束。农民工难以寻求社会服务,特别是子女就

---

① 营改增改革自 2011 年起已逐步推行。——中文版作者注

学问题，许多孩子留在农村，与祖父母一起生活。但是，我们在第 6 章已经阐明，精心规划的城市化将成为未来 20 年发展的有力武器。如果从农村迁移到城市能产生向上的社会垂直流动性，城市化就能够扩散和提高社会福利。由于人类活动的集聚性，城市由于人类活动聚集而成为知识外部性的场所，其根源在于商业和公共服务中的沟通和信息密集型活动。然而为了充分利用这一过程，应该让移民及其家庭能够从大规模的教育投资中受益，和城市居民一样有资格获得同样的社会保护。他们应该在自己新的家园和工作地成为自由公民。这需要对户口制度进行深入改革。改革户口制度以及农村土地所有权制度，确保农民以公平的价格出售土地使用权，应该成为成功实现城市化的战略规划体系的一部分。

2. 处理地方政府融资产生的债务

在金融新激励引入之前，首先亟需完成的任务是清理地方政府融资所产生的债务，它们利用 2009 年刺激计划融资启动了大量未经批准的项目。

政府已经对债务数额进行了严格而全面的评估。2011 年 6 月，国家审计署发布了地方政府债务报告，包括地方政府和地方政府融资平台公司（LGFVs）的债务余额，并披露了借款人、地区、部门、到期日和政府责任的构成情况。几个特点凸显出来。2010 年底，地方政府和所有 LGFVs 的总债务余额达 10.71 万亿元，其中 4.97 万亿属于平台债。79％的债务（8.47 万亿）为银行贷款，其中地方政府负有偿还责任的占 59％，地方政府负有担保责任的占 23％。在债务余额的部门构成中，市政建设占 36.7％，交通运输占 24.9％，囤地占 10.6％，教科文卫、保障性住房占 9.5％，农林水利建设占 4.8％。表 7.6 给出了还款安排。

表 7.6　中国地方政府和平台债务余额的偿还计划

年　份	每年偿还总额的比例（％）
2011	24.5
2012	17.2
2013	11.4
2014	9.3
2015	7.5
2016 及以后	30.2

资料来源：国家审计署。

该报告为我们寻找解决问题的思路提供了一些指引,但是并没有披露银行贷款的资产质量。地方政府没有用土地出让金来偿还或担保的银行贷款占18%,这很可能成为未来不良贷款的来源。进一步,如果某些地方政府无法履行偿还或担保责任,便可能出现更多的潜在不良贷款。这更有可能发生在较小的城市。报告显示,有78个市级、99个县级融资平台的债务超过了它们年财政收入的100%。总之,高达20%的总贷款余额(约3万亿)可能是潜在的不良贷款,因为没有足够的现金流来履行清偿责任。

即使不良贷款比率高达地方政府和平台债务总额的20%(2万亿元),这也还是可以处理的:一部分转给中央政府帮助消化;一部分由地方政府以财政收入、资产出售或转化为长期政府债券的方式自行吸收;剩余约20%的部分由银行核销。考虑到中国银监会(CBRC)一直在努力强化银行资产负债表,银行在过去几年利润丰厚,2008年的不良贷款比率非常低,有能力核销剩余债务。假设剩余债务是不良贷款总额的20%,违约损失率为50%,实际上需要核销的债务不会超过2 000亿元。

3. 深化金融体制改革

在中国发展充满活力的金融系统对服务业的增长极其重要。金融不仅自身是一个关键的服务行业,而且对于其他服务供给者的成长,尤其是以合理成本为中小企业融资和鼓励创新,也起着至关重要的作用。

由于亚洲(包括中国)的金融系统与欧洲类似但与美国相反,是以银行为中心的,因此核心问题是让银行逐步提高竞争力和效率。首先是要进一步强化银行的资产负债表。

为了强化银行的资产负债表,中国银监会发布了2012年开始实施的新的审慎监管。这种监管更加严格,实施进度比巴塞尔协议III要紧得多。资本充足率(CAR),即强加于银行的、相对风险加权资产的最低股本比率,大型银行为11.5%,其他银行为10.5%,而巴塞尔协议III中为7%。非加权资产的简单杠杆率为4%,而巴塞尔协议III中为3%。银监会对反周期附加费(countercyclical surcharge)和两个流动性比率保留相同的限制。整个方案(paraphernalia)以更

快的进度执行:2013 年为系统性重要银行,2016 年为其他银行,而巴塞尔协议
III 的过渡时期直到 2019 年。资本要求是实现更稳健银行系统的一个方面。另
外两个方面是更严格的监督和更好的风险管理。它们与恰当地评估银行资产密
切相关,从而与更充分地揭示风险的价格密切相关。

本章第一部分谈到信贷价格仍然是最扭曲的。在全球金融危机之前,国际
组织(世界银行和经合组织)竟然提倡把全盘金融自由化和全面开放作为消除价
格扭曲的唯一途径。既然华尔街以风险分散为借口推动信贷、联营、证券化及分
销的模式已经走向终结,很难再将它吹嘘为灵丹妙药。欧洲的银行系统那种以
庞大全能银行集团为主体的金融模式也没有什么吸引力。事实上,它已然深深
陷入主权债务危机,且存在监管不力和资金不足等问题。因此,中国金融系统改
革并不是一件轻而易举的事,最棘手的问题是,在当前发展阶段,新兴市场国家
中银行的恰当角色是什么?

对于将转型引向可持续发展路径的战略规划的实施,金融业的角色是至关
重要的。第 6 章已经表明,面向未来的可持续经济路径尚存在巨大的不确定性。
由于金融是时间上的承诺贸易,所以它是构成经济时间的制度。金融为分散的
经济主体确定可能的时间基准,把无差别的不确定性转换为有差别的风险结构,
让风险可以控制和转移。金融价格非常重要,因为它们使体现于任何商业冒险
的未来承诺可以在货币意义加以表达和比较,这些商业冒险使用社会资源,希望
生产出更高的未来社会价值。这些表达就是投资项目的净现值,即当前资金投
入在未来时期的期望现金流折算为当前值,再根据估计的风险加以调整。这就
是为什么为了维护既得利益的行政规则可以持续扭曲金融价格,从而严重扭曲
社会资源配置的原因。

金融自由化的一个重要副产品是财税改革。地方政府应该拥有财政资源,
以充分履行向公民提供公共产品的社会责任。公共投资计划的制定必须符合战
略规划的目标和标准。由中央政府决定的开支超过既定数额的特殊项目,应该
由国家发改委授权给具有恰当专业技能的规划机构进行认真审查。在中央政府
的集中监督和某种担保下获批的项目,其制定的中期投资预算可以通过市级和

省级政府债券进行融资。初始发行可以求助于机构投资者，主要是国内的机构投资者，但也可以适当地面向国外投资者，以寻求投资主体的多元化。银行可以充当二级市场的监管者。由于城市化是一个长期的发展趋势，所以债券市场的增长潜力非常大。

对于银行来说，城市化的融资过程意味着什么？一方面，由于投资数额庞大，银行所需资金超过留存收益所得资金，再加上财税改革（下一部分再阐述）提倡大银行就像其他国有企业一样要向国家支付红利，导致资金缺口更大。由于城市化意味着能够负担得起城市消费模式的群体增加，从而扩大消费基础，所以银行必须建立消费者金融业务，并向低收入者提供多元化的金融服务。如果有足够的资本并受银监会的严格监管（银监会正敦促银行投资于现代风险管理体系），银行就能承受更高的存款成本。这是增加资本成本的正确途径，迫使银行提高金融系统的竞争性，保持存款基础。与此相关，政府应鼓励机构投资者的发展，它们一方面能为银行和非金融企业带来股权资本，另一方面能购买企业和地方政府发行的债券。如果能在稳定的环境中经营，机构投资者是长期投资的关键主体。国内的机构投资者可以成为银行的长期股东，这容许政府部分地退出，而不损害所有权的稳定性。即使政府想要保持多数控制，仍有很大的空间通过机构投资者参与来充实资本。这也有助于让金融系统免遭国际资本流动的影响，同时促进国内竞争。中国是一个幅员辽阔的大国，即便不完全向外国资本开放也能极大地促进竞争。为避免存款的真实收益为负，家庭可以不去股票市场或房地产市场从事冒险投机，而是利用银行存款、人寿保险合同和养老基金建立多元化的投资组合，从而建立金融财富。一个竞争性的银行体系应该能够避免不安全共同基金的繁殖。

除了五个大的零售银行网络（占存款总额的 80% 左右），城市银行也应该发挥更重要的作用，向穷人提供基本的银行服务，向不断扩大的中产阶层提供抵押贷款和消费信贷。城市银行和农村信用社应该将网点扩展至"无银行"地区。至于所有权问题，国有银行、私人银行和互助银行可以共存。在经济低迷时期，这样的混合可以在宏观经济上更强有力地支持信贷。随着时间的推移，国有银行占存款比重将逐渐下降至 50%—60%。

基于税收激励去发展落后地区的银行业，是"十二五"规划中"西部大开发"目标的一部分。有了税收激励和更大的信贷利率调整幅度，只要信贷观念在农村深入传播，农村信用社便有利可图。

4. 增加对生产和公共服务的投资

虽然中国经济投资的比重大，但面向第三产业的投资（尤其一些关键的公共服务投资）仍然有限。根据李文星和彭志刚的计算（Li and Yuan, 2010），中国教育投资占总投资比重从 2003 年的 3% 下降到 2007 年的仅 1.7%。中国的公共服务仍然严重缺乏资金。

社会服务投资率如此之低的原因是多方面的。上述的行政障碍阻止私人投资进入这些领域。因此，当前的社会服务投资只能依靠政府投入。这进一步导致了两个方面的问题：社会服务支出的财政来源是什么？相关政府机构投资于这些服务的动机是什么？目前在中国社会服务供给主要由地方政府负责，但地方政府的社会服务投资愿望并不强。中央政府试图通过社会服务供给评估来调整地方官员的投资偏好，并通过专项转移支付来为这些公共服务注入财政资金。尽管这些措施起到了一定的作用，却不能从根本上、制度上解决问题。为了增加社会服务投资，这些市场必须向私人主体开放，必须有稳定的财政资金投入。

7.3 继续推进未完成的财税改革

财税改革是调整要素价格扭曲和国民收入再分配最直接有力的工具之一。它影响个人、企业和政府等所有经济主体的行为，并通过税收分成计划确定国家的行政结构，包括垂直结构（中央—地方关系）和水平结构（地区间关系）。

中国现行财政体制框架建立于 1994 年。由于面临严重的管理危机，当时财税改革的直接目的是强化中央政府的财政地位。因此，1994 年财政体制设计主要集中于扩大税基，简化税收管理，重新集中财政权力和促进经济增长，而没有充分考虑现代财政体制的某些细微之处。

换句话说,1994 年的财政制度是不完善的。当时政策制定者设想这种财税改革将持续推进,以适应快速变化的中国经济形势。然而,自 1994 年确立以后,改革在近二十年时间里一直没有触及财政体制的核心。

与此同时,中国经历了剧烈的结构变迁。1994—2008 年增长体制已经过了一个完整的周期:诞生、增长、成功、衰退。作为这一时期增长体制的奠基石,1994 年的财政体制也失去了对经济和社会发展的积极作用。新的增长体制的出现要求继续推进未完成的财税改革。本节要讨论的是,应该采取什么具体措施去建立中国下一个财政体制,以促进中国经济的再平衡过程并平稳过渡到下一个可持续增长体制。

1994 年税收改革尚未完成,这可以从三个方面进行分析。首先,正如第 4 章所述,1994 年税收体制是中国第一个现代化的税收体制。此前,政府收入来源主要是国有企业的利润上缴。然而,随着市场经济的兴起,这种计划经济式的财政教义变得不合时宜。由于缺乏有效措施对私营经济活动征税,导致中央政府的税基受到严重侵蚀。为了迅速强化中央政府的财政地位,1994 年税收设计集中于有效开发大件税目(large-ticket tax items),特别是那些易于管理的税目。这部分地解释了当前中国税收制度为何如此严重地依赖于流转税。这一策略成功地扭转了中央财政收入下降的趋势,也为不同所有制类型和不同区域的企业提供了一个公平的竞争环境。由于流转税主要是对消费征税,所以这种税收结构也鼓励了当时亟需的资本积累和固定资产投资。然而,自 1994 年以来,高增长完全改变了中国的经济和社会结构。今天中国面临的最大挑战是如何促进国内消费,如何将财富从资本所有者手中再分配到工薪阶层,以及如何引导增长体制过渡到一条更加可持续的发展路径。因此,一个以消费为主要对象的税收体制不再适合中国的现在和未来。税收体制必须改革,以转变经济结构和重新分配财富。

其次,1994 年分税制重新界定了中央政府与地方政府之间的税收分成方案,但未能认真地重新考虑相应的公共物品和服务供给的费用分摊,没有提及中国最佳的政府间财政关系应该是什么样子,不同层级政府要承担哪些社会职能等重要问题。为了缩小地方政府的收支差距,中央政府对一些省份有专项的转移支付,但伴随着经常性的政治谈判。这样一个非制度化的转移支付体系至少有两个主要缺点。第一,这些转移支付的临时性扰乱了当地的长期规划,并在讨价还价的过程中制造政治摩擦。第二,来自中央政府的转移支付通常下拨至省一级,省级政府完全控制这些财政资源在辖区内的配置。这种自上而下的分配渠道直接造成了中国最基层广泛的财政困难。不幸的是,关键性的社会服务(如基层医疗保健和基础教育)支出却落在这些更低的行政层级。财政资源稀缺严重阻碍了基本社会产品和服务的供给,尤其在农村地区。为了健康地部署下一个增长体制,建立有效的国家战略规划体系,中央必须明确地重新界定各级政府的社会责任,以制度化的方式把每一项社会职能与相应的财政资源相匹配,从而推进未完成的财政分成改革。

最后,1994年财税改革减少了但并未取消预算外项目。最大的预算外项目之一就是土地出让金。从1994年到2008年,各省区市之间的税基竞争使地方政府以低成本将土地配置于工业用途。由于推动中国工业化和城市化进程急需资本积累,所以这种行为起到了积极作用。然而,对于实现平衡和可持续发展以及提高社会福利的目的,这种不受管制的土地流转造成了剧烈的矛盾。掠夺性的土地征用剥夺了从前的土地所有者(尤其农民)应得的公平补偿,从而激发严重的社会不满,阻碍城市化的健康发展。失地农民如果不能获得足够的资源在城市地区定居,将成为中国社会稳定的巨大威胁,因为他们及其家庭不会默默地忍受生活质量恶化。中国下一阶段财税改革必须认真解决的另一个问题是国有企业利润的收取和分配。为维持庞大的资本积累,政府已经向国有企业投入了大量的资源,而国有企业付给国家和中国人民的红利却少之又少。针对这些预算外项目的管理必须得到强化和制度化。

接下来我们将从以上三个方面阐述中国怎样才能继续推进未完成的财税改革。目的是建立一种现代税收体制,它有助于重新平衡中国的国民收入分配格局,消除要素价格扭曲,并引导中国过渡到第6章中所描述的可持续增长机制。

7.3.1　为下一个增长体制重构税制

一谈到税制,很多人可能想到的第一个问题就是:总体税负过高吗? 同样,当讨论中国未来税制时,许多人会问:中国应降低还是提高总体税收水平? 然而,撇开一个国家的经济增长、社会结构、政府职能和社会福利制度,这些问题都没有太大的意义。更有建树的提问不应该关于税收总额的水平,而应该是什么样的税收来源及财政支出结构最适合今天的中国,最适合当前向体现社会福利提高和可持续发展的下一个增长体制的转型。

1. 现行税收结构抑制消费和中小企业产业升级

中国当前税制严重依赖于流转税。2009 年全国税收总收入的 65% 来自流转税①,其中国内增值税占税收总收入的 28%。由于流转税是累退的,所以现行税收结构对促进社会公平和鼓励国内消费产生了负面激励。

在中国当前的税收制度中,所谓国内消费税是针对某些商品(被视为奢侈品或危害公众健康的商品)的消费进行征税,更准确地说是一种奢侈品税或特许权税。2010 年这些税目只占税收总额的 8%。然而,尽管中国的增值税针对生产方面,但最终承担者一直是普通消费者。因此,繁重的增值税增加了消费品和服务的实际价格,降低中国消费者的实际购买力。此外,中国的增值税保持着17% 的全国统一税率(也有 13% 的优惠税率)。无差别的税率意味着贫困地区、小企业和中低收入家庭承担了很大比例的增值税负担。这与国内经济结构再平衡的愿望背道而驰。

中国税收收入的第二大项目是企业所得税,2010 年占全国税收总额的18%。与增值税结合起来,导致中国企业的税收成本高达企业利润的 80%(Fang et al.,2010:126)。这个比例仅低于阿根廷。国内中小企业承担了绝大部分的税收负担。在 2008 年以前,外商企业享受企业所得税的优惠税率。国外和国内的大型企业经常得益于中央或地方政府的税收返还,因为政府希望这样

---

①　这一计算包括国内增值税、消费税、进口增值税、消费税、商业税、关税、城市维护建设税。

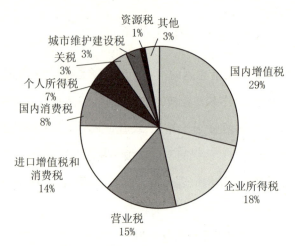

资料来源:《中国统计年鉴》(2011)。

图 7.2 中国税收收入构成(2010)

可以促进它们进一步投资。然而,小型私营企业通常享受不到这种优惠和返还,尽管私人中小企业是未来中国经济最具活力的组成部分,而且也是当前最大的就业岗位提供者。这种不利的税收环境极大地挫伤了私人中小企业的活力,削弱了它们在市场上的竞争力。

因此,在未来的税制中,税基要进一步拓宽,税目要进一步多元化,这样中国的税收才不至于仅对一般性消费和生产征税。必须降低流转税在税收系统中的比重,以建立累进性更强的税收结构,提高国内消费和产业升级的激励。引入新税目并扩大对收入再分配和可持续发展有重要影响的税目(如资产税和资源税),可能是一种很好的解决方案。

2. 强化财政制度的收入再分配作用

对财富再分配影响最直接、最明显的税目是收入税和资产税。然而,这两类税收在中国都没有得到充分的发展。

在 1994 年的税收制度中,基本上没有个人财产税的概念。关于这一点,至少有以下两个方面的原因。第一,在 1994 年,中国人几乎没有任何个人资产,更不要说大规模的个人财富集中。第二,财产税(asset taxes)是直接税,征税成本要比流转税征税成本高得多,尤其在中国尚缺乏全面的个人信用系统的情况下。

尽管近些年来努力填补这一空白,但进展缓慢。中国还没有一个完整的财产税体系。一些重要的税目,如房产税、遗产税和捐赠税等,要么完全缺失,要么征收范围非常有限、税率极低。征收这些税种还有许多工作要做。不征收财产税不仅损失了一个财政收入的重要来源①,而且也损失了一个再平衡财富分配和调节房地产市场通胀趋势的重要工具。中国要建立新的税收结构,为可持续增长提供正面激励,就要把开发此类税收作为一项重磅措施。

不同于财产税,中国已经建立完整齐全的个人所得税,但是个人所得税的结构仍然需要进行系统性改革,以重新平衡人力资本与有形资本之间的关系。这种结构调整应集中于两个主要方面。

第一个方面涉及工资收入税与资本收益税之间的关系。中国的个人所得税制度根据收入来源不同对税种进行了仔细区分,每个税目独立征收。在这些税目中,工资收入税占个人所得税总量的一半以上,而且比重多年来一直上升,2008 年达到个人所得税总额的 60.4%。相比之下,对营业收入和资本收益的征税却相当有限。对资本收益的征税尤为落后。资本收益税不仅税基不够广,而且税率固定为 20%。与工资收入税最高可达 45% 的税率相比,资本收益税的税率相对较低。为建立下一个增长体制,中国需要增加人力资本相对于有形资本的比重。基于这种逻辑,中国的个人所得税结构应该进行调整,以利于技术工人而不是资本所有者。此外,中国家庭间财富不平等日益扩大,这种不平等的扩大很大程度上是由于他们工资以外的收入显著不同造成的。为了加强收入再分配和减少贫富差距,应该调整基于工资的个人所得税与其他类型所得税之间的关系。

未来改革的另一方面涉及工资所得税结构。关于个人收入免征点、税率范围和累进结构等方面的决定,都会至关重要地影响雇员和雇主的行为。

总的来说,中国个人所得税制度并不利于中产阶层的成长,尽管中国的政策制定者在多个场合都强调发展橄榄型收入分配的重要性。在表 7.7 中,我们可以观察到,在 2011 年个人所得税改革前后,中国中等收入阶层的税收贡献都非

---

① 财产税通常是地方政府提供地方性公共产品和服务的重要融资来源。例如,在美国的某些州,财产税构成总地方财政收入的 80%。

常大。在老税制中，税率从 5％ 陡峭上升到 20％；在新税制中从 3％ 快速跃升至 25％。针对月薪高于 10 万元（2011 年以前）或 8 万元（2011 年以后）的雇员，两种税制中的税率上限都是 45％。按国际标准，这个税率是非常高的。

表 7.7　中国个人工资所得税制度（2011 年以前和 2011 年以后）

2011 年 9 月 1 日以前		2011 年 9 月 1 日以后	
应税月收入（元）	税率（％）	应税月收入（元）	税率（％）
0—500	5	0—1 500	3
500—2 000	10	1 500—4 500	10
2 000—5 000	15	4 500—9 000	20
5 000—20 000	20	9 000—35 000	25
20 000—40 000	25	35 000—55 000	30
40 000—60 000	30	55 000—80 000	35
60 000—80 000	35	80 000 以上	45
80 000—100 000	40		
100 000 以上	45		

资料来源：中国国家税务总局。

　　近期的个人所得税改革确实有利于中低收入阶层。新方案抬高了个人所得税的起征点，从每月 2 000 元提升至每月 3 500 元，使 6 000 万名中国雇员免交所得税。最低税率适用范围也拓宽了。这些变化大大促进了中低收入家庭实际收入和购买力的提升。个人所得税改革的方向令人鼓舞，有利于进一步发挥中国税收制度的再分配功能。

　　然而，新的个人所得税制度实际上增加了中国中高收入阶层的税收负担。在旧税制下，20％ 的边际税率覆盖了月收入 5 000—20 000 元的庞大群体。在新税制下，只要月薪超过 9 000 元，边际税率便迅速上升至 25％。受过最好教育的专业人士构成了中高收入阶层，是中国过渡到下一增长阶段的中流砥柱。对这些人课以重税，阻碍了经济的升级换代，使中国在技术人才的国际竞争中处于不利地位。政府应考虑进一步降低中高收入阶层的工资收入税。

　　总之，目前中国的税制还不足以实现收入分配的再平衡，甚至起反向作用。为了缩小财富不平等，中国必须提高直接税相对流转税的比重，尤其要开征财产税和提高资本利得税。实现该目标的前提条件是改进国家的税收管理能力。必须尽快建立一个包含每个家庭财务信息的综合数据库。这是恰当有效地征收所得税和财产税的基础。这种数据库与家庭经济负担方面的信息结合起来,也是调整收入再分配的一个重要工具。

3. 通过税收来矫正自然资源和环境服务的价格

能源效率和环境保护是可持续发展必不可少的两个要素。如第 6 章所述,提高能源效率和环境保护最有效的机制是为资源和环境服务设定恰当的价格。然而,当前中国关于自然资源和环境服务价格的机制都还处于萌芽阶段。这种不完善主要有两个原因:第一,资源和服务使用的产权模糊不清;第二,中国尚未建立一种能对这些资源和服务(相对其社会价值)定价的税收体制。以下将集中讨论税收政策对自然资源和环境服务恰当定价的作用。

1984 年中国首次对自然资源征税。当时设计这项税收的主要目的在于收入再分配。只要来自自然资源的利润率不超过 12%,自然资源的开采仍然是免费的。中国现行资源税是按自然资源开采量征收的。如前文所述,这类税收相对国际标准是微不足道的。2005 年,开采矿产资源的税率小幅调整至上限。然而,曾经被普遍预期的资源税激进改革在 2008 年由于全球金融危机而放弃了。

如图 7.2 所示,2010 年资源税占税收总额的比重很小(不到 1%)。环境服务税几乎不存在。即便在资源丰富的西北部省份,资源税占税收总额的比重也非常有限(见表 7.8)。这种情形不仅阻碍了环境保护和清洁能源投资,也加剧了社会不平等。随着能源价格快速上升,与矿产资源有关的企业利润大大增加,增加了消费者的能源成本。贫困的西部省份的资源并没有得到充分的补偿,从而面临着巨大的环境成本和自然资源开采所造成的生态恶化。中国必须将资源税、环境税以及碳税方面的综合改革尽快纳入政治议程。

表 7.8 资源税在总税收收入中的比例:全国与五个西北省份(2010)

	全国	山西	甘肃	青海	宁夏	新疆
总税收收入(人民币,亿元)	73 211	711	220	89	127	416
资源税收入(人民币,亿元)	418	22	6	10	2	32
资源税占总税收收入的比例(%)	0.6	3.1	2.8	0.8	1.5	7.8

资料来源:《中国统计年鉴》(2011)。

2010 年 6 月中国西北部资源丰富的新疆开始实行资源税试点改革。原油和天然气的资源税按销售额的 5% 征收,取代从前按数量征收固定税额的做法。①这次改革的效果立竿见影。新疆资源税收入大幅上升,从 12 亿元增加至 32 亿元。2011 年 9 月,中国修改了资源税法律,规定资源税按价值征收而不是按数量征收。在本书写作之时,政府还没有公布具体的税率。这些举措显示了积极的信号。

然而,进一步推动资源税改革还需要更有力的政治决议。必须扩大资源税的覆盖范围、上调税率,以便充分补偿资源开采给当地环境、生态和居民生活造成的损失。自然资源税率是资源开采者需支付的价格,因此应纳入国家战略规划。环境服务与此类似,关键是要建立一个明确的税制,以便环境服务的价格体系能将经济主体的行为引上一条更加绿色的路径。

关于资源税、环境税改革以及实行碳税,当前政治争论集中于这些税收对中国经济增长的潜在影响。一种流行的观点认为,在解决环境问题之前,中国必须经历一个污染和粗放型增长阶段,就像欧洲工业化国家过去所发生的那样。这种观点可谓大错特错。中国不是 19 世纪的英国,也决不能成为 19 世纪的英国。中国是一个后发的工业化大国,而地球只有一个,她无法承受中国像英国那样经历粗放型发展,像美国那样实行浪费型消费方式。这种道路注定会导致生态灾难。中国应该实行跨越式发展,凭借环境友好型技术跃升至后工业化社会。对资源开采和污染征集的税款可用于补偿环境损失,并投资于绿色创新。正如阿里吉所说,这是中国塑造新的全球秩序的唯一途径。

4. 税收体制的支出方面

人们对税制的讨论往往集中于收入方面。然而,判断一种税制是否合理,理解支出方面的内容也是至关重要的。中国公共支出规模有多大? 它与收入一致吗? 公共支出是如何分配的? 这种分配结构有助于改善福利吗? 分配支出的过程有效吗? 部分问题将在后文有关推进分税制改革的章节中进行阐述。这里我

---

① 在这项改革之前,新疆资源税为原油 30 元/吨、天然气 7—9 元/立方米。

们集中讨论中国公共支出的总体规模和构成。以下分析基于中国财政支出数
据。在改革第二阶段,随着财政收入增加,财政支出始终快于 GDP 的年增长。
2006 年,中国财政支出占 GDP 的 19.2%。根据国际标准,这一比重并不是特别
高。即使考虑预算外支出,中国的财政支出规模仍然没有什么特别之处。

表 7.9 显示了 1978 年改革以来中国财政支出的完整轨迹。总的来说,中国
财政支出的规模和增长都与财政收入的演进及每一次增长体制的特征相一致。
以 1994 年为转折点,财政支出占 GDP 的比重经历了改革第一阶段的漫长衰退
和第二阶段的稳步回升,从而演化出了一条 V 形轨迹(图 7.3)。这与第 3 章和
第 4 章有关中国改革逻辑和部署的讨论是一致的。

表 7.9　中国财政支出的演进:1978—2010

年份	全国财政支出 (亿元人民币)	全国财政支出 增长率(%)	财政支出占 GDP 的 比率(%)	财政支出变动率/ 名义 GDP 变动率
1978	1 122	33.0	30.8	2.4
1979	1 281	14.2	31.5	1.2
1980	1 228	−4.1	27.0	−0.3
1981	1 138	−7.4	23.3	−1.0
1982	1 230	8.0	23.1	0.9
1983	1 410	14.6	23.6	1.2
1984	1 701	20.7	23.6	1.0
1985	2 004	17.8	22.2	0.7
1986	2 205	10.0	21.5	0.7
1987	2 262	2.6	18.8	0.1
1988	2 491	10.1	16.6	0.4
1989	2 824	13.3	16.6	1.0
1990	3 084	9.2	16.5	0.9
1991	3 387	9.8	15.5	0.9
1992	3 742	10.5	13.9	0.4
1993	4 642	24.1	13.1	0.8
1994	5 793	24.8	12.0	0.7
1995	6 824	17.8	11.2	0.7
1996	7 938	16.3	11.2	1.0
1997	934	16.3	11.7	1.5
1998	10 798	16.9	12.8	2.5
1999	13 188	22.1	14.7	3.5
2000	15 887	20.5	16.0	1.9
2001	18 903	19.0	17.2	1.8

(续表)

年份	全国财政支出 (亿元人民币)	全国财政支出 增长率(%)	财政支出占 GDP 的 比率(%)	财政支出变动率/ 名义 GDP 变动率
2002	22 053	16.7	18.3	1.7
2003	24 650	11.8	18.1	0.9
2004	28 487	15.6	17.8	0.9
2005	33 930	19.1	18.3	1.2
2006	40 422	19.1	18.7	1.1
2007	49 781.4	23.2	18.7	1.0
2008	62 592.7	25.7	19.9	1.4
2009	76 299.9	21.9	22.4	2.6
2010	89 874.2	17.8	22.4	1.0

资料来源:《中国统计年鉴》。

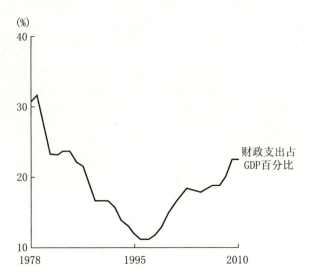

资料来源:《中国统计年鉴》。

图 7.3　中国财政支出占 GDP 比例的 V 形轨迹

然而,当转向中国财政支出的结构时,争论就出现了。最具争议的是资本支出,尤其是基础设施投资支出。2006 年经合组织(OECD)发布了具有影响力的报告《中国公共开支的挑战》,对资本支出占财政总支出及 GDP 的比重进行了国际比较(见图 7.4)。图 7.4 清楚地显示,2002 年中国固定资产的财政资金投入比重高于大多数经合组织成员国(韩国除外)。如果以占 GDP 比重来衡量,中国政府的资本支出是最大的,几乎是经合组织中比重最高国家——韩国——的两倍。由此可得,中国在实物投资上的财政支出太多了(OECD,2006)。

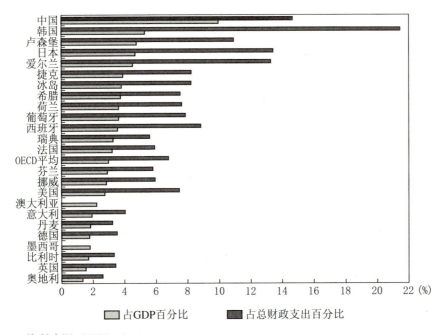

资料来源:OECD,2006。

图7.4　政府资本支出占GDP和总支出的比重:国际比较(2002)

不过得出这一结论仍需谨慎。首先,正如前面章节所述,中国目前的发展阶段和快速城市化需要大规模基础设施投资。如何界定基础设施"过多"投资与合理投资的界限,仍是一个悬而未决的问题。大量低效率和低档次的公共基础设施项目实在令人担忧。这些问题意味着在项目的规划和实施方面需要进行认真的改进和改革。但这些操作上的问题并不一定意味着中国应该缩减对基础设施投资项目的财政支持。

事实上,如果看看中国固定资产投资的资金来源,结果令人吃惊,国家预算资助的比例非常小(见表7.10)。自改革开始以来,预算开支占全社会固定资产投资的比重不断下降。1994年,固定资产投资总额只有3%来自国家预算。在改革第二阶段,这一比率随着反周期宏观经济政策而出现了上下波动。特别是在亚洲金融危机之后,由政府主导的基础设施投资经常被用于刺激经济增长。然而,即便如此,1994—2009 年间,国家预算占固定资产投资总额的比重平均仅为 4.5%,完全不同于大多数发展中国家和工业化国家的情况。

表 7.10   中国固定资产投资筹资来源构成(%)

年份	国家预算	国内贷款	国外投资	自有资金及其他
1981	28.1	12.7	3.8	55.4
1982	22.7	14.3	4.9	58.1
1983	23.8	12.3	4.7	59.2
1984	23.0	14.1	3.9	59.0
1985	16.0	20.1	3.6	60.3
1986	14.6	21.1	4.4	59.9
1987	13.1	23.0	4.8	59.1
1988	9.3	21.0	5.9	63.8
1989	8.3	17.3	6.6	67.8
1990	8.7	19.6	6.3	65.4
1991	6.8	23.5	5.7	64.0
1992	4.3	27.4	5.8	62.5
1993	3.7	23.5	7.3	65.5
1994	3.0	22.4	9.9	64.7
1995	3.0	20.5	11.2	65.3
1996	2.7	19.6	11.8	66.0
1997	2.8	18.9	10.6	67.7
1998	4.2	19.3	9.1	67.4
1999	6.2	19.2	6.7	67.8
2000	6.4	20.3	5.1	68.2
2001	6.7	19.1	4.6	69.6
2002	7.0	19.7	4.6	68.7
2003	4.6	20.5	4.4	70.5
2004	4.4	18.5	4.4	72.7
2005	4.4	17.3	4.2	74.1
2006	3.9	16.5	3.6	76.0
2007	3.9	15.3	3.4	77.4
2008	4.3	14.5	2.9	78.3
2009	5.1	15.7	1.8	77.4
2010	4.7	15.2	1.6	78.5

资料来源:《中国统计年鉴》(2011)。

有人可能认为,中国政府严重依赖于银行和地方政府的预算外收入为政府主导的项目进行融资。虽然这些资金不是来源于财政,但仍然可以看作政府的钱。这一观点是正确的,并且这种现象对经济的发展具有深刻影响。然而,政府鼓励性支出与财政支出是两个完全不同的概念。这里讨论中国税收制度和中国是否公平有效地使用税收资源,我们只需考虑财政支出。所以,与通常看法相反,实际上中国政府的公共投资不是太多,而是太少。于是便有理由追问:政府是否提供了纳税人所需的社会产品? 中国是否有效地利用了税收资源? 如果大部分基础设施建设投入来自银行低息贷款,这是否意味着中国人民承受了隐性的重复征税? 如果大部分项目的投入来自银行贷款和自筹资金,这种融资结构不会将非营利性公共产品供给置于高风险状态吗?

中国公共支出结构演变的另一个显著特点是行政开支急剧增加。行政开支占财政总支出的比重从 1978 年的 4.7% 上升至 2006 年的 18.7%。1994—2006 年间行政开支年均增长 21.6%,是同期 GDP 增速的两倍多。这种并不相称的行政开支增加表明中国官僚系统的公共管理效率极低,侵占了用于社会产品和服务供给的财政资金。极其复杂的政府机构和海量的行政法规介入微观经济活动,引发社会普遍不满。浪费型的和不称职的公共行政还直接削弱了中国政府的政治信誉。因此,中国官僚系统亟需重构,必须进一步厘清各个部委的职责,精简地方行政机构。政治改革不仅仅是指中国是否会采用代议制民主和普选。改善政府结构和功能对行政效果与效率至关重要。本章后文及第 8 章将提出我们对这些改革的观点。

经过以上讨论,中国在文化、教育、公共卫生和研发等方面的财政支出比重极小就不足为奇了。2002 年,中国所有社会服务上的财政支出仅占 GDP 的 5% 稍多一点,低于任何一个经合组织国家(见图 7.5)。如本章前文所述,由于强大的进入壁垒,私人投资很难进入这些市场。结果导致中国社会服务面临巨大的资金缺口。

总结有关中国当前税制的分析,我们得出以下结论。从国际比较来看,虽然中国税收负担整体比例不高,但财政支出结构表明公共管理效率极低,税收资源分配不当。必须大幅提高公共产品和服务方面的财政支出,严格限制浪费性的行政费用。为了将税收资源更好地与生产性用途相匹配,必须重组行

表 7.11　中国行政费用的演变:1978—2006

年份	国家公共行政费用(亿元)	行政费用年增长率(%)	行政费用占总财政开支的比重(%)	人均行政费用(元)
1978	53		4.7	5.5
1979	63	19.2	4.9	6.5
1980	76	19.8	6.1	7.7
1981	83	9.4	7.3	8.3
1982	91	9.9	7.4	8.9
1983	103	13.5	7.3	10.0
1984	140	35.6	8.2	13.4
1985	171	22.4	8.5	16.2
1986	220	28.6	10.0	20.5
1987	228	3.7	10.1	20.9
1988	272	19.0	10.9	24.5
1989	386	42.2	13.7	34.3
1990	415	7.3	13.4	36.3
1991	414	−0.1	12.2	35.7
1992	463	11.9	12.4	39.5
1993	634	36.9	13.7	53.5
1994	848	33.6	14.6	70.7
1995	997	17.6	14.6	82.3
1996	1 185	18.9	14.9	96.8
1997	1 359	14.6	14.7	109.9
1998	1 600	17.8	14.8	128.3
1999	2 021	26.3	15.3	160.6
2000	2 768	37.0	17.4	218.4
2001	3 512	26.9	18.6	275.2
2002	4 101	16.8	18.6	319.3
2003	4 691	14.4	19.0	363.0
2004	5 522	17.7	19.4	424.8
2005	6 512	17.9	19.2	498.1
2006	7 571	16.3	18.7	576.0

资料来源:CEIC。

政机构,重新定位政府职能。这些改革需要强有力的政治承诺,福利改进型社会产品和服务的供给对于中国城市化进程以及向可持续发展道路过渡是必不可少的。

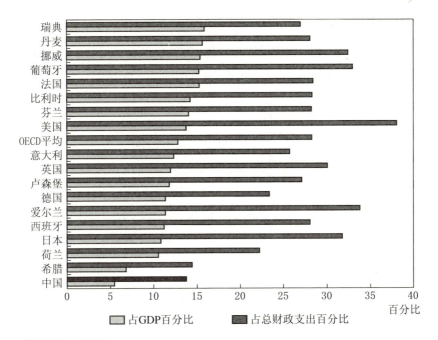

资料来源：OECD。

图 7.5　文教卫和科学研究占 GDP 及总财政支出比重：国际比较(2002)

7.3.2　进一步推动分税制改革

中国是一个中央集权制国家，其管理结构等级分明，尤其是在人事制度方面。中央政府向 34 个省级政府授权，并任命地方长官。类似于上级向下级授权，一直延伸至市、县、镇(图 7.6 显示了中国的行政级别)。但乡镇以下的村则没有纳入正式的行政等级。这种科层式的行政结构和人事制度通常给人这样的印象，即中国的政治体制是高度集中的。然而，从政府间财政关系的角度看，这一判断就变得相当模糊了。

如第 4 章所述，1994 年分税制的主要目的之一是提高中央财政占全国总财政收入的比重。要实现这一目标，就必须在中央与地方政府之间明确分配财政资源并予以制度化。

如表 7.12 所示，最大的税项——增值税——在中央政府与地方政府之间的分配比例为 75∶25，即中央得 75％，地方得 25％。第二大的税项——所得税——分配比例为 60：40(中央：地方)。再加上中央税项(如消费税),1994 年税制改革后中央财政收入比重稳定在国家总预算收入 50％略高一点。因此,在税收收入的分配方面,分税制以后中国财政体制变得更集中了。

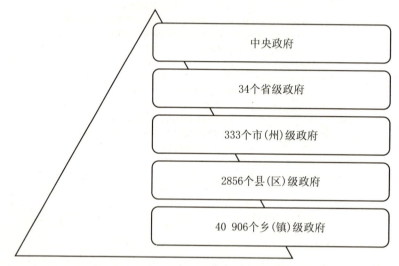

资料来源:《中国统计年鉴》(2011)。

图 7.6　中国的行政等级

表 7.12　中国主要税项在中央与地方政府之间的分配比例（％）

纳税项目	占总税收总额的比重(2010)	中央政府比重	地方政府比重
增值税	29	75	25
营业税	15	0	100
消费税	8	100	0
公司所得税	18	60	40
个人所得税	7	60	40
其他	23	n/a	n/a

资料来源:《中国统计年鉴》(2011)、中国国家税务管理局。

然而,即使是 1994 年税制改革之后,支出方面的财政分权程度仍然非常高。财政收入集中并未伴随着相应的预算支出责任集中。1994 年后,地方政府仍然要负责 70％以上的预算支出总额。这些年来,该比例一直在上升而不是下降。2010 年,地方政府承担了总预算支出的 82.2％。表 7.13 简要说明了 2006 年中央政府和地方政府之间主要支出责任的划分情况。除了国防及利息开支,地方政府负责经常性支出的绝大部分,尤其是要负责社会服务和福利供给。

表 7.13　中国中央政府与地方政府的支出比例(2006)

	总额(亿元)	中央政府比重(%)	地方政府比重(%)
资本建设	4 390	33.8	66.2
创新基金和科技促进基金	1 745	24.8	75.2
国防	2 979	98.9	1.1
政府行政	3 356	13.7	86.3
文化、教育、科学及卫生保健	7 426	9.7	90.3
社会保障补贴	2 124	11.4	88.6
养老金及社会福利救济金	908	0.6	99.4
城市维护与建设	1 699	0.0	100.0
工业、交通运输及商业	581	23.2	76.8
农业生产补助	2 161	9.0	91.0
生态保护	142	26.8	73.2
公共安全、代理诉讼、法院及审判机构	2 174	4.5	95.5
武装警察部队	388	86.4	13.6
外交事务	109	87.5	12.5
对外援助	82	100.0	0.0
欠发达地区补助	220	1.9	98.1
价格补贴	1 388	39.7	60.3
其他部门	1 462	7.6	92.4
其他开支	3 722	13.7	86.3
利息支付	975	100.0	0.0

资料来源:《中国统计年鉴》(2007)。

若考虑各级地方政府(省、市、县、乡)间财政责任划分,财政资源分配和财政责任分担的结构失调更加严重。地方政府(尤其市级和县级政府)不得不承担退休金和社会救济支出的全部责任。乡镇(最低的正式行政级别)承担了农村地区义务教育供给的全部成本以及公共医疗保健补贴的 55%—60%[1](Yang et al.,2006:20)。换句话说,承担主要社会服务供给大部分责任的恰恰是基层政府。

与财政责任重心下放至基层形成鲜明对比的是,财政转移支付体系作为缩小地方政府收支差距的主要机制,是一种自上而下的体制。中央政府每年将大

---

① 由于乡镇普遍陷入财政困难,乡镇的支出责任(包括农村教师工资)逐渐集中到县一级,尤其 2006 年以后。

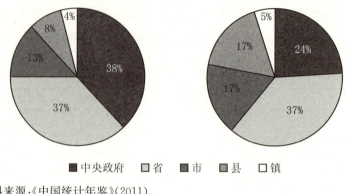

资料来源:《中国统计年鉴》(2011)。

图 7.7　中国各级政府间的收支分布(2002)

量资源转移给省级政府,然后省级政府有权将这些资源分配到更低层级政府。尽管这些资金转移的详细机制在各省之间有所不同,但这种自上而下的资源分配方式有利于较高层级政府,造成较低层级政府普遍的财政困难,尤其在贫困地区。总之,中国基层政府的财务状况令人担忧,损害了中国亟需的社会产品和服务供给。

为什么中国与税收收入集中相匹配的支出分担体制改革如此滞后? 这主要与国家领导人的政治意愿有关。1994 年坚决推行税制改革是由于当时严重的中央政府财政危机(见第 4 章)。改革优先考虑的自然是财政资源集中,而不是财政支出的集中。集中了的财政权力确保中央政府能够指导经济发展,加强了中央政府在一元政治制度中的最终权力。一旦这些目标实现,在支出方面继续改革政府间财政关系的动力便迅速消退。再者,即便 1994 年税制改革之后,地方政府仍可获得大量的预算外收入。在那个时候,中央政府不能或者不想把所有这些项目纳入国家预算,而是在地方政府的预算收入与支出之间留个缺口,这是迫使地方政府将预算外收入用于财政支出最有效的策略。另外值得注意的是,1994 年以后财政收入集中的实际程度并没有通常所感觉到的那样高。一方面,为了能让地方接受财税改革,国务院与大多数省份有过密集的政治谈判。由于较富裕省份的谈判地位更有利,所以中央承诺给予更多的转移支付,以换取他们对改革的默许。结果减少了中央政府实际掌握的财政资源,削弱了中央政府平衡地区财政差距的能力。此外,税收征集方法也有可能削弱中央的财政资源。尽管 1994 年在国家税务总局的直接督查下建立了新的税务机构,以征集中央税和中央—地方共享税,但这些机构的日常运转仍然严重依赖于当地政府,其职员所需的社会产品和服务只有当地政府可以提供。因此,当中央与地方利益冲突时,通常是地方政府占据上风。

随着时间的推移,进一步改革政府间财政关系的上述障碍已经不存在了,但源于这种未完成改革的问题却加深了。基层政府的财政困难大大削弱了主要社会产品和服务的供给,从而抑制人力资源积累,损害社会福利,危及中国社会和经济的长期健康发展,同时也加剧了区域不平等。在当前的政府间财政关系中缺乏资源横向转移的制度化机制。尽管近些年来中央政府加强了对中西部贫困省份的专项转移支付,但这些措施只是权宜之计。缓解地区间不平等需要一个更系统的解决方案。不当的政府间开支分摊制度造成的更直接的危害涉及地方政府掌握的预算外资源。地方财政收入与支出之间的巨大差距成为地方政府获取大量预算外收入的"恰当理由"(carte blanche)。如果在 20 世纪 90 年代,寻求这些资源有利于促进地区间竞争,刺激工业增长,但现在攫取预算外收入不再与中国构建和谐社会的目标相协调。(后文将更详细地解释预算外项目的问题。)残酷的征地侵犯了农民的利益,并引发了尖锐的社会不满和冲突。由于涉及巨大的个人利益,地方政府官员无法抵制诱惑而介入这种危险和激进的行为,如果不尽快遏制这一趋势,不仅会破坏国家的公共财政稳定性,也会损害整个政治制度的合法性。

1. 财政过度分权不利于社会福利

中国领导人必须尽快作出的关键决定是,如何重新设计政府间的财政关系,以使公共财政与其功能相匹配。有两种可能的改革方向:第一,中央政府给地方政府更多的税权和更大比重的国家财政收入,以便与地方支出责任相匹配;第二,中央政府集中某些目前由地方承担的财政责任。这样的集中可以同时减轻地方政府(尤其基层政府)沉重不堪的财政负担,也能加强中央政府的战略规划能力,确保能为全体人口提供相对公平的主要社会产品和服务。以下将讨论财政分权的各种安排,并分析哪种方案更适合中国当前的情况。

　　本章目的不在于从理论上详细讨论财政分权或集权的利弊。因此,我们直接集中于中国的情况。如前所述,中国1994年税制改革只是改变了国家财政收入的划分,而财政责任的分担却保持不变。表7.14清楚地显示,国家财政收入中中央所占比重从1993年的22%跃升至1994年55.7%。尽管在随后几年里这一比例从未超过1994年,但它始终保持在一个相对小的范围内(49%—55%)稳定波动。与此形成鲜明对比,1994年财政支出分摊比重却没有经历任何剧烈的变化。从1993年到1994年,地方政府支出比重只减少2%,与超过30%的收入损失相比显得微不足道。自2003年以来,财政支出分权的程度迅速提高。2010年,地方政府承担的支出责任高达82.2%。这种财政分权化水平超过了大多数其他国家,包括发达国家和发展中国家。

表 7.14　1993 年以来中国中央与地方财政关系的演变

年份	财政收入		财政支出	
	中央比重(%)	地方比重(%)	中央比重(%)	地方比重(%)
1993	22.0	78.0	28.3	71.7
1994	55.7	44.3	30.3	69.7
1995	52.2	47.8	29.2	70.8
1996	49.4	50.6	27.1	72.9
1997	48.9	51.1	27.4	72.6
1998	49.5	50.5	28.9	71.1
1999	51.1	48.9	31.5	68.5
2000	52.2	47.8	34.7	65.3
2001	52.4	47.6	30.5	69.5
2002	55.0	45.0	30.7	69.3
2003	54.6	45.4	30.1	69.9
2004	54.9	45.1	27.7	72.3
2005	52.3	47.7	25.9	74.1
2006	52.8	47.2	24.7	75.3
2007	54.1	45.9	23.0	77.0
2008	53.3	46.7	21.3	78.7
2009	52.4	47.6	20.0	80.0
2010	51.1	48.9	17.8	82.2

资料来源:各年度《中国统计年鉴》。

支持财政支出分权化的争论通常包括以下几个方面：第一，地方政府比中央政府更了解当地情况，因此可以更有效地为当地人口提供社会产品和服务；第二，财政支出分权化可以约束利维坦国家（Leviathan State），控制政府的"掠夺之手"；第三，地方政府间竞争可以提供不同的社会产品和服务供人民选择，从而激励地方政府提供更好的社会支持以扩大税基。

上述观点的有效性严重依赖于若干假定。如罗伊·巴尔（Roy Balh）所指出的，只有当地方政府真正"负责和回应人民的需求和喜好"时，分权化政府才更有效率（Balh and Martinez-Vazquez，2007）；只有"当地方政府在收入筹集方面有充分的自主权和自由裁量权时"，分权化政府才更有责任心（Balh and Martinez-Vazquez，2007）。这两个假定条件是否满足依赖于该国特殊的政治制度。因此，财政分权化的益处并不是理所当然的，而需谨慎对待。达沃蒂和周（Davoodi & Zou，1998）基于 46 个国家面板数据的经验研究发现，发展中国家的财政分权化与经济增长具有反向关系。专门针对中国的其他研究（Zhang and Zou，1998；Qiao，2002）也表明过度分权化对中国的地方经济增长具有负面影响，且损害地区间公平。

这些经验结果不足为奇。等级森严的人事制度迫使中国地方官员对上级意图比对地方百姓意愿更加敏感。因此，他们对地方需要的责任心和回应大打折扣。现行税法和预算法也限制了中国地方政府提高税收收入的自主权。他们不能决定税项、调整税率或从资本市场融资，所以就无法对财政行为负责。

同时，极端的财政支出分权化激发了张永胜所说的地方政府垂直及横向的机会主义行为（Zhang，2009）。垂直的机会主义行为意味着上级政府会保留尽可能多的财政资源，而把财政责任尽可能推到下级政府。横向的机会主义行为是指地方政府（尤其基层政府），面对普遍的财政困难，在诱惑或压力下运用手中行政权力从市场上寻租。此外，极端的财政支出分权化还使得在地方政府间协调社会产品和服务供给变得更加耗费成本，从而导致重复建设和负外部性。在中国这种行为确实发生，对社会福利和政治稳定构成巨大威胁。

2. 把分税制改革与可持续发展结合起来

让财政分权化在中国发挥积极作用,至少需要满足上述两个假定。也就是说,中国政治制度必须从一元结构转型为联邦结构。我们认为这种激进变革在近期是不可能的,也是不必要的。前面几章已经详细阐明,中国无论在辉煌的帝制时代还是在最近改革期间,都保留着独特的政治逻辑和社会结构。希望改变这个国家,而不考虑其独特的轨迹,注定会失败,或者至少需要经历相当长的时间或相当大的经济和政治动荡。

显然,要平衡中国政府间的财政关系,必须寻找其他可替代的解决方案。我们的建议主要包括以下四个方面:缩减地方政府的规模和层级;将主要社会服务的财政责任集中至国家层面;强化财政转移系统的再分配作用并加以制度化;针对地方政府债务开发出有效监管和多元化的债券市场。以下逐个阐释这几个方面。

图7.6显示了中国行政科层的等级,一共有五个正式的行政级别。但是如果包括村,这一庞大科层系统会进一步扩张。不论是与中国自身历史还是与其他国家相比,六级政府系统相对过多了。这样一个包罗万象的科层是计划经济时代的遗产。在中央计划经济体制下,国家需要一个全面的网络来调动资源,监督中央命令的执行。经过30年的市场化改革,如此庞大的官僚系统不再必要,它阻碍中国的健康发展。由于不是每一级庞大的政府都可能有自己稳定的税收收入,所以地方政府成为市场中的"掠夺之手",以自身最大利益为导向来管理资源分配。责任心缺失削弱了地方政府提供充足和高品质社会产品和服务的激励。而且,正是这些正式政府机构的存在阻碍了基层自治的发展。结果,中国主要社会产品和服务的供给面临巨大威胁,尤其在内地农村地区。是修改现行行政科层布局的时候了。

这五级行政是由宪法确定的,所以完全消除某些层级需要长期的政治过程。然而,即使不修改宪法,也有可能削弱某些层级的财政职能并限制其行政权力。可以修改两个行政层级(如地市级和乡镇级)财政职能,以提高效率。地市级紧接于省级之下,在行政层级中的作用非常模糊。通常某个省的几个主要城市会选为地级市,其行政管理涵盖几个邻近更小的城市(县级)。这种地级市与县级市之间的科层关系没有承担不可替代的职能,却让地级政府有机会为自己截留更多的中央转移支付,从而减少了中央政府对下级县政府的转移支付。在浙江、海南和湖北等省份,已经开始试点减少地市级政府的财政职能。以前由地市级政府执行的财政职能部分下放给了县级政府,部分集中至省级政府。这些措施被称为"扩权强县"和"省管县"。另一个应从财政职能中摆脱出来的行政级别是乡镇——中国科层的底层。乡镇在中国当前财政体制中处于最不利的财政地位。特别是取消农业税收之后,乡镇失去了财政收入的所有直接来源,但仍然承担着主要社会产品和服务供给的巨大财政责任。即便近年来中央专项转移支付数额一直在增加,但仍不足以弥补这些县级政府所面临的赤字。安徽省自 2003 年开始试点,将乡镇的财政职能上移至县。2006 年,这种所谓"乡财县管"的措施被鼓励推广至全国。然而,由于县级政府也面临普遍的财政困难,所以这些措施只能缓和而不能解决问题。

一种可能更好的解决方案是集中财政责任,尤其是主要社会产品和服务的供给责任。中央政府可以设置社会产品和服务最低供给的国家标准(Yang, 2006:21),并为多数主要产品和服务的最低供给提供直接融资,而地方政府有权根据当地需要在此最低标准之上自由改善。这些责任包括义务教育和基本医疗服务供给,以及其他社会福利。例如,近些年来,公立学校教师工资已经有了一定程度的集中。但这种集中还可以更加深入,更加广泛,最重要的是制度化。某种财政支出责任的集中不仅对收入分配再平衡及政府间财政关系中的支出分摊至关重要,而且也有利于中国转向可持续发展道路。它更好地保证了社会产品和服务在全国范围的公平供给,强化了中央在全国战略规划中的能力。随着信息技术(如云技术)和现代化银行系统的发展,中央政府可以也应该承担起更直接的财政支出责任,而不会显著增加交易成本。

主要社会产品和服务供给的财政责任集中并不意味着中央政府再无必要向各级地方政府进行财政转移。地方财政收入与支出间的差距很可能持续存在。再者,中国是一个极端多样化的国家,不同地区筹集财政资金的能力大不一样。

因此,一个标准化的收入共享方案,不可能让所有省级以下政府都获得足够资源以满足其支出的需要(OECD, 2006)。为援助经济困难地区和减少不平等,再分配性质的转移支付制度是必不可少的。然而,当前转移支付制度必须加以改进,首先必须将其制度化。临时性转移支付会影响地方政府制定长期规划的能力,鼓励地方官员为获得更多的中央财政支持而过度强调自身经济困难。第二,对不同地区转移支付的数额应该更好地反映重点地区财政收支间的真实差异。转移支付的分配应该在平衡区域差异方面发挥更大的作用。第三,转移支付的渠道应该更加直接,即中央资金要直接转入负责使用这些资金的那一级地方政府的账户中,而不是通过逐级下拨的方式。

一旦地方政府的支出与收入相当,就可以发展债券市场为地方政府的基础设施项目提供融资。运转良好的债券市场有五大好处。第一,在银行部门受到问题贷款的困扰时,债券发行资本市场能够避免信贷崩溃和债权人挤兑,从而有助于平滑投资周期。第二,在银行信贷中,银行管理层要进行私人风险评估和监测,债券市场则与此不同,由整个投资界形成公共风险评估和传播机制,从而提高了资源配置效率。具有市场深度且流动性强的(deep and liquid)政府债券市场可以提供收益曲线,而不再依赖于受严格管制的银行利率。这些市场利率在每一到期日反过来又有助于信贷风险定价,为公司债券的发展提供空间。如果扩展到长期债券,成熟的收益率曲线将为长期投资项目提供新的资金来源。第三,在长期机构投资者的战略配置中,债券是一种基本的资产。对于长期投资者来说,战略性资产配置的无风险保障不是短期债券,而是长期债券,因为长期债券的收益服从均值回归过程,而新旧轮换的短期债券在不确定利率环境下却不会如此。所以在人口正步入老龄化和政府正建立强制性退休计划的中国,成熟的资本市场具有促进机构资产管理的优势。第四,金融市场收集的公共信息越多,中央银行从直接信贷控制转向价格调节货币政策的速度就越快。中央银行能够通过金融市场前瞻性地探测未来的经济路径,从而能够平滑真实变量的波动,使增长道路更加平稳。第五,高效率的国内市场是未来安全地逐步取消资本管制的前提条件。这是国内资本市场与全球市场接轨的其中一步。有了一个更加广泛、更加多元化的资本账户,便有可能平滑地过渡到一个更加灵活的汇率制度。

随着中央对 2008 年经济刺激计划后地方政府与大银行的影子金融相连的平台债务(信托基金、信用平台等)逐步清理,债务市场在未来几年拥有急剧扩张的潜力。

2011 年底之前,财政部发起了一项试点计划,覆盖两个城市(上海和深圳)以及浙江和广东两个省。这些地区将获准发行债券,以缓解财政约束,降低债务扩张导致的风险。然而新的融资方式是有附加条件的。目前是定额发放,但未来债券发行会推广至全国,普遍用于资助公共投资。债券发行将由国家发改委进行中央预算控制,以建立硬预算约束,对融资项目进行审计,在机构投资者持有大量债券的二级市场上进行债券评级。因此这方面的金融改革与我们主张改革政府预算的财政责任集中是一致的。

7.3.3　管理预算外收入对可持续发展至关重要

此前我们关于中国财政体制的讨论仅限于预算内项目。然而,中国预算外收入不仅数额巨大,而且问题重重。1994 年财税改革减少了但并未取消预算外收入项目。而今,地方政府通过这些项目(尤其土地转让)获取收入,这成为社会稳定和社会福利的最大威胁之一。在这一部分,我们将关注土地转让和国有企业利润问题,以阐明这些领域的改革如何对中国可持续发展部署至关重要。

1. 土地转让

在中国谁拥有土地? 这个看似简单的问题,其实有着令人相当费解的答案。根据《宪法》,中国有两种土地所有权形式。在中国农村,土地归集体所有。然而,宪法并没有具体说明拥有所有权的是乡镇、村还是村民小组(村里的自治组织)。在中国城市,土地归国家所有。国土资源部代表国家监督土地的使用。大多数省级政府设有地方性的土地管理局,负责管理当地的土地经营。显然,从法律上讲中国不存在私人自由持有土地所有权。然而,1978 年以后,农村土地承包给农民。农民是农村土地使用权的实际持有者。尽管如此,但农民不能转让①、出售或抵押所使用的土地,也不能将土地性质从农业用地转变为建设用地。在城市,土地使用权可批给或卖给私人单位,这种做法首先在1988年从中央政府开始,然后在1992年进一步下放至市级政府(China Hands,2009)。与农村的情况类似,这些私人单位仅拥有固定期限(通常为50—70年)的土地使用权,但满了租期之后应该可以续租(China Hands,2009)。只有省级政府才有权将地块性质从"农业用地"转变为"建设用地"。根据2004年《宪法》和《土地管理法》修订案,如果土地持有者占有的土地用于"公共利益",政府有权以补偿的形式强制征用(China Hands,2009)。

这种奇特的土地所有权结构和土地政策,大大促进了中国1994—2008年间形成的增长体制。因为只有政府才有权改变土地使用性质,所以中国各级政府成为土地的垄断供应者。通过将土地性质从农业用地改变为建设用地,地方政府至少可以通过两个主要机制获取收入。一是收取土地转让费。1994年房地产开发改革极大地刺激了土地市场。住宅建筑需求直线上升,房地产价格飙升。于是,地方政府对转用于住宅及商业发展的土地索取高价。同时,农业用地的攫取成本通常极低,因为对农村集体补偿的计算依据是土地每年的农业收益,而不是土地未来的市场价值。在土地以"公共利益"为由而被征用时,补偿甚至更低。因此,这两种价格之间存在巨大的利润边际,从而成为地方政府收入的重要来源。2006年以前,土地转让费主要由地方政府收取,根本不受国家预算调节。2006年以后,土地转让费纳入国家预算,中央政府得70%。然而,土地转让仍然是一种丰厚的收入来源,从而诱使地方政府致力于大规模的土地转让活动。2010年,中国土地转让费总额高达2.7万亿人民币,占当年财政收入总额的33.75%。由于大多数土地在转让以前为农业用地,所以地方政府的这种行为加速了中国的城市化进程。从1998年到2005年,城市区域从2.14万平方公里扩大到32.5万平方公里,年增长率达6.18%(Jiang et al.,2010:4)。

_____

① 2004年以后,农民可以将土地转让给同一集体的其他农民,但转让后的土地仍然只能作为农业用途。

　　土地转让也有利于地方税基扩张。如果转让的土地用于住宅建设,房地产开发活动将产生营业税和企业所得税。如果转让的土地用于商业或工业建设,预期的商业及工业活动将为地方政府提供稳定的营业税和增值税收入基础。为了争夺这些税收基础,地方政府愿意以极低的价格提供工业用地。地方政府建造了无数的所谓"科技园"和"开发区",以吸引企业迁入本区域。这种地方政府间竞争往往把地价压至最低,抑制了工业用地价格,刺激了中国改革第二阶段粗放式工业化。

　　土地对于维持 1994—2008 年间极高的投资率也起着关键作用。2010 年,房地产投资占 GDP 比重高达 12%(见图 7.8)。土地转让费和土地抵押贷款是基础设施项目融资的主要来源。第 4 章详细分析了城市开发投资公司(UDICs)通过土地融资的机制。根据中国国家审计署的全国性调查,到 2010 年底中国地方政府负债高达 10.7 万亿,其中 2.5 万亿承诺由土地转移金偿还(国家审计署,2011)。国土资源部发布的报告显示,中国 84 个主要城市的 25.82 万公顷土地共抵押了 3 530 亿元银行信贷。在沿海地区,财政资金占基础设施总投资的比重只有约 10%,剩余资金均与土地有关。典型地,土地转让费占投资总额的30%,其余 60% 都是土地抵押贷款(Jiang et al.,2010:6)。土地成为支持中国快速建设和高投资的魔杖。

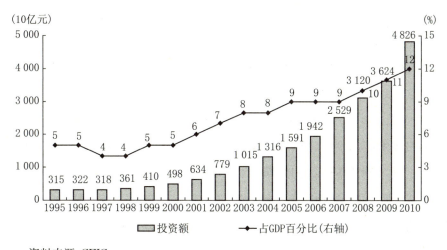

资料来源:CEIC。

图 7.8　中国房地产投资的演变

在 1994—2008 年增长体制期间,地方政府的土地经营行为对中国快速的城市化、工业化和资本化有着积极贡献。然而,由于新增长体制的重点已经转移至可持续性及和谐性,这种土地政策造成的矛盾就尖锐化了。工业用地价格过低鼓励了浪费性使用,对产业升级有着负面刺激。过度依赖土地财政增加了地方政府和中国金融系统(尤其银行系统)的金融风险。一旦房地产和土地的需求和价格开始下降,许多地方政府更加难以偿还以土地为支撑的贷款,于是银行也可能面临违约的风险。此外,地方政府的征地行为已经引起严重的社会不满。一方面,房价飙升,许多家庭无力购买自用住房;另一方面,从前的土地持有者(尤其农民)没有得到足够的补偿。根据现行的土地转让法律和规定,对农民的补偿不到土地年收益价值的 30 倍,而不是根据土地商业价值的市场价格来计算补偿。如果以"公共利益"名义征收土地,价格会更低。地方政府利用"公共利益"的模糊定义,无情地滥用这一术语来装扮商业项目。事实上,这些行为掠夺农民土地,激起公愤。更糟糕的是,即便承诺的有限补偿,也很少能与预期一致地落入农民的口袋。地方政府往往不兑现承诺,并且由于农村土地归集体所有,这些集体为了自身利益而截留土地补偿的现象时有发生。政府控制土地转让的做法鼓励了各个环节上的贪污。中国政府因此而信誉大大受损。中国的土地政策确实该推行深刻改革了。

未来土地政策最关键的问题是对从前土地所有者(尤其农民)利益的保护。失地补偿通常是农民得以在城市地区定居的主要资金来源。因此,确保农民实际地获得足够的征地补偿是中国城市化顺利推进的前提条件。在土地流转过程中,为了更好地保护农民的利益,中国需要做好以下几个方面的工作。第一,农民的耕地和宅基地所有权必须得到更好的界定和保护。在中国农村存在两种类型的土地:农村集体建设用地(即用于集体成员居住的土地)和农业土地。农村集体成员拥有免费使用这两类土地的权利,但大多数农民没有任何法律文件可以证明他们的使用权,因此很容易被地方政府侵占。所以,向每一个农村家庭发放适当的书面文件,明确他们对宅基地和农场的长期使用权,是保护农民土地权利的第一步。这一步也是解决久而未决的户口问题的先决条件,户籍制度被普遍认为是中国城乡差距扩大的一个重要原因。然而,大多数分析集中于这样的事实,即农民工不能像城市户口持有者那样平等地获得城市社会产品和服务,认为取消户籍制度将能够增加农村户口持有者的利益。这种结论是错误的,也是危险的。农村户口是可以证明农民农村集体成员资格的唯一官方文件,因此也是农村家庭免费使用农村土地的唯一官方文件。由于中国社会福利制度尚处于发展初期,城市户口可提供的实际利益不足以补偿失地价值,也不能确保农村家庭在城市地区得到妥善安置。所以,以书面租约和许可的形式给予农民对农村建设用地和农业用地的长期土地使用权,是取消户籍制度之前必须做的一步。如果没有这一步或处理不当,取消户籍制度将进一步加剧中国农村家庭的贫困,扩大中国城乡居民间的贫富差距。

　　一旦建立了书面的长期租约,农民的这些权利就能得到充分的法律保护,不会遭到任何借口下的更改或废除。即使农民户籍由农村转为城市,他们的土地使用权也不会被收回。为了促进土地的有效利用并使农村人口从土地的真正价值中受益,应该允许农民将土地进行交易、转让、出租、抵押,只要经营合法并符合政府的规划。应该建立一个独立于政府运作的土地使用权自由交易市场。农民与未来的土地使用者对土地使用权进行直接交易,切断农村集体和城市地方当局的"掠夺之手",不再介入土地经营。政府在土地经营方面的作用应该局限于规划、监督及管理等职能。四川省这种自由土地市场实验证明,它大大提高了土地的转让价格。北京大学国家发展研究院一项为期三年的实地调查研究表明,农民出租农业用地 30—50 年可获得平均 3.2 万元/亩的收益,是地方政府永久征收所得收益的两倍。对于农村建设用地,从自由市场获得的补偿比地方政府支付的补偿要高出 10—40 倍。显然,如果农民的土地使用权能得到法律保护并且可以交易,将给农村家庭带来巨大的好处。这些利益确保从前的农村家庭可以顺利地融入中国的城市化和工业化进程。

　　中国土地政策接下来的重要问题是如何提高土地利用效率和加强土地的国家战略规划。上述自由土地市场的建立将有助于农民合并从前的零散耕地,在农业生产中利用规模经济,从而对土地的有效利用作出积极贡献。此外,中国需要一个全国性的土地使用战略规划。目前各级土地管理部门都拥有一定的城市规划权。结果，中国的发展部署缺乏大局观。每个地区发起系列项目和建设的目的是吸引更大的税基，而往往忽略了当地的现实情况。在贵州、青海和甘肃等生态脆弱的省份盲目推行工业化，对中国环境造成了不可逆转的破坏。中央政府应该在土地使用战略规划中发挥更大的作用，从地方收回某些规划权，以减少城市建设的负外部性和重复性，确保中国发展的可持续性。2010 年底，中国终于发布了一项宏伟的国家规划，把中国划分为四大主功能区，每个区都有一个未来发展的重点。该规划是更有效率、更可持续地利用土地的重要一步。然而，这种战略规划必须得到恰当执行，以发挥它真正的权威作用。根据规划设计，有些地区重点在于生态保护或农业生产；因此，它们可能比工业化地区面临更大的财政困难。中央政府必须将财政分配改革与全国土地使用规划结合起来。必须建立一个横向转移支付系统，以协调不同地区的功能，减少区域不平等。

总之，中国目前的土地政策与财政政策纠缠在一起。自 1994 年以来，中国地方政府日益依赖于与土地有关的预算外收入。这种趋势必须加以限制。土地利用规划必须服从全国或大区域计划。通过土地转让获得的预算外收入必须全部纳入国家预算管理。对于地方政府收入与财政责任之间的不平衡，可以通过简化地方官僚结构、把某些财政责任集中到中央、建立制度化的转移体系等方式来解决。事实上，深化土地改革可能给地方政府提供一个更加稳定合理的收入。如果可以开放自由土地市场，那么土地交易将更加活跃，地方政府便可以从中获得可观的土地转让税。再者，如果可以出台财产税，也将为地方财政提供一个稳定可观的税收来源。这些与土地有关的税收资源是累进性的，鼓励可持续性。它们还可以激励地方政府加强土地管理责任，而不是土地掠夺。这就是中国下一个增长体制所需的土地政策。

2. 国有企业利润

中国国有企业的规模非常庞大。虽然 1995 年以后中国国有企业数量大大减少，但它们仍然把持着中国 40% 以上的资产，2010 年贡献了所有企业利润的

60％以上。在 2011 年中国企业 500 强排行榜中，国有企业有 316 家。中国国有企业主要集中在几个行业，一般都是高额垄断利润的行业（如电信、电力电网、烟草），或与资源及能源高度相关的行业（如采矿、炼油等）。尽管国有企业是独立的公司，但它们享有广泛的优惠待遇。最明显的是，土地、信贷及其他关键要素通常以极低的价格流入国有企业。

然而，从 20 世纪 80 年代中期到 2007 年，这些国有企业从未向主要股东——国家或确切地说是中国人民——支付一分钱红利。换句话说，国有企业这 20 多年一直在免费使用公共资产。这样的行为既不合理，也难以接受。自 2008 年开始，国务院国有资产监督管理委员会（国资委，SASAC）开始收取国有企业部分利润作为股息。然而，这种要求仅适于国资委直接控制下的 128 家国有企业。金融（包括国有银行）、铁路、媒体、出版、教育等部门的国有企业以及地方国有企业都不属于国资委管，所以在 2008 年以后仍然无须支付股息。对于那些支付股息的国有企业，股息率也只占净利润的 10％以下，具体比例因行业而异。在 2008 年、2009 年和 2010 年，国有企业向国资委分别支付了 548 亿、870 亿和 440 亿元股息，只是国有企业利润总额很小的一部分。例如 2009 年国资委直管下的国有企业净利润为 7 023 亿元人民币，但 2010 年支付红利（基于 2009 年利润）仅 440 亿人民币。也就是说，这些国有企业的净利润只有 6％作为股息支付。如果考虑中国所有的国有企业，这一比例至少减半。2011 年，中国扩大了国有企业股息收取的范围和比例。须交纳股息的国有企业达 1 631 家，股息率提高至 5％—15％。预期的股息总额为 630 亿元人民币。显然，尽管与从前相比有所增加，但中国国有企业支付的股息仍然非常少。值得注意的是，国有企业支付的微薄股息并未注入国家总预算，而是留在国资委管理的一个特殊基金中。该基金的主要职责是支持国有企业增长。于是，国有企业支付的股息实际上又重新注入国有企业。整个机制只是在国有企业当中重新分配资金，而不是在整个社会范围重新分配资金。

国有制存在的主要理由就是它能够在全国范围进行收入分配再平衡。在自然垄断行业和自然资源依赖型行业很难引入充分竞争或消除外部性，但这些行业中的国有企业有可能帮助将巨额利润引导致国家或全体国民手中,而不是落入少数人手中。为了实现这一目标,国有企业应将利润的一大部分贡献给总预算、社保基金或直接返给国民。显然,中国国有企业还没有很好地执行它们的再分配职能。在过去几十年里,中国把经济增长作为首要目标,所以高投资需要成为国有企业保留大部分利润的借口。然而,近些年来,这些截留利润越来越多地浪费于过高的行政管理成本和重复投资。对处于向可持续发展转型时期的国家来说,应该加强国有企业再分配国民收入的作用,将收入从资本持有者转向普通家庭。由于中国国有企业利润数额非常巨大,将其用途从投资转向家庭福利,会直接影响整个经济结构。这是启动内需、放缓投资、减少经常账户失衡、快速提高社会福利水平最直接、最合理的措施之一。中国不应该也不能忽视这种再平衡经济和促进经济向"和谐"增长体制转型的妙招。

总之,中国必须将国有企业利润的更大部分纳入国家总预算。国有企业支付的红利是财政收入的必要部分。国有企业完全有责任向最终所有者——中国人民——支付红利,而且在巨额红利向普通家庭转移时,可以系统性地促进中国当前的转型:从粗放型增长体制转向更加可持续的福利增进型增长体制。中国要从总体上实现国民收入分配和经济机构的再平衡,就不能忽视这种直接有效的工具。

7.4 社会福利:强化社会归属感

增长本身不是一个社会的最终目的。它是一种有可能调和以下两方面关系的普遍现象:一方面是利润和资本积累需要,另一方面是劳动者阶层的进步与凝聚力需要。这种调和不会自发地出现。资本的动力可以是一种巨大的生产力,也可以是一种汹涌分散的破坏力。任何类型的资本主义自身都具有调动人类活力的能力,并将其转化为经济增长。然而,它不能抛开既得利益冲突而构建社会的凝聚力。结果,彼此截然不同的社会可能实现类似的经济增长率,但一些社会是名副其实的噩梦,其他社会则是人类幸福的天堂;一些社会造成不平等和社会边缘化,其他社会则保护雇员免于经济风险;一些社会充斥着无限制追求个人财富的贪婪,另一些社会则有效利用精诚团结的集体制度。资本主义释放出来的冲突催生特定的制度,产生的调节模式(mode of regulation)可导向经济增长,从而改进雇员的生活条件。适于社会进步的调节模式是否可行首先依赖于政治制度。

政治干预使得资本主义发展中产生的制度(institutions)转变为一套系统(system),从而让调节模式具有实际内容。政治关系的突出作用从社会化的本质中即可观察出来。与许多新自由主义经济学家相信或宣称的相反,社会不是个体缔约者的联盟。社会契约不是平等、自由、自利的个体之间的交换。在资本积累的逻辑下,个人从事市场交换的平等原则带来的却恰恰是平等的反面,导致无产者被有产者压迫,难以反抗。这就是市场驱动的保险合约无法确保精诚团结的原因。团结需要一整套规则和制度,它们容许某个民族去共同面对构成社会生活威胁的风险。社会凝聚力的问题在于,个人主义社会最终不可能保持这种凝聚力。如果对公众产品的尊重不融入市民的愿望,那么被普遍提倡的民主便不能正常推行。即便如此,我们还必须理解能使社会规则合法化并改进调节模式质量的更高原则的起源。

就像经济学的纯市场神话一样,政治学的社会契约神话也是非常脆弱的。这是一个由各特殊利益的政治代表赋予国家权力的过程。尽管如此,如果在某个社会根深蒂固的官僚主义及严重的利益冲突扩大了不平等,那么本身作为最终诉求的政府权力就会破坏这个社会,除非通过类似儒家思想那样强有力的伦理规范将这种权力合法化。如果没有其他的合法性来源,一个只是自说自话地声称自己代表人民意愿的政府是得不到信任的。哪怕是有自由主义伪装,政权仍然会受到威胁。当政府无限制地成为政党派系的战场时,每一个政党都会假装代表人民意愿,却无法让人民认识到社会成员的共同价值。

在经济与政府之间存在一个公民社会,但其中嵌入的规则、行为、惯例和制度并不是社会成员拟订契约的结果。它们来自一项集体遗产,即一种关系系统,这种关系代际相传,将社会的短暂延续转为持久传承。政治斡旋通过集体价值来体现这种关系系统,给定社会的成员将这种集体价值作为社会成员资格的原则。这些集体价值被嵌入社会,并使社会成为一个不同于所含个体的整体。政治努力是从社会的历史遗产中提取这些价值的手段。它们塑造民族个性,表现为符号、共同信仰和法律的基本规范。一旦政府拥有这些价值,它将能取得权威和合法性,使其权力高于其他一切权力。

通过集中关注公民社会,我们可以驱除全球化(作为整个地球均质化的压路机)的妖魔。由于调节不是一种机械玩具,改革的工具主义观念实际上已经走入死胡同,所以批评政府的经济非效率或不同国家选择不同发展道路的事实,是毫无用处的。

第二次世界大战后的欧洲,社会进步成为社会归属感的核心价值。这种价值被写入福利、教育和住房计划。它建立的社会福利体系成为欧洲增长体制调节的有效部分。大多数政党都认同这种调节模式的再生产能力。即便在政治口号中没有宣扬,社会民主也是利益相关者增长体制的关键概念,从而实现让每个社会成员都能受益的增长。在过去 30 年,西方民主受到金融化的侵蚀,因为这种金融化催生了一个政客—金融精英阶层,他们的目标在于攫取巨额社会租金,已经成功地吞噬了过去 30 年所取得的大部分的社会发展成就。同时,全球化扩散在中国已经形成一种需要耗费巨大社会成本的增长体制。这些成本体现在城乡分割加剧,以及产生庞大的被剥夺了社会成员权利的工人阶层。这种趋势导致社会分化并损害政府权力的合法性。这是为什么过渡到可持续增长体制的关键在于实施适于中国社会的社会福利制度的原因。

7.4.1　社会福利与宏观经济调节

社会福利的原则已从政治视角得到了证明。任何一个社会成员都不应该受到冷落,所有人都应该得到平等对待。制度化的社会福利模式和要实施的具体机制,依赖于劳动力在资本主义社会中的地位。在中国,大范围的国家所有权将使所选择的模式具有独特性。

1. 资本主义社会中的劳动力社会再生产

资本主义的基础在于市场经济中的社会分割,在社会阶层的产生过程中,这种分割创造了一种权力关系。资本家是那些拥有货币去购买生产资料的人;工人是出卖劳动力去赚取货币的人。这就是为什么为自身利益去积累货币(比如将货币转化为资本作为经济活动目标)的愿望要求拥有对他人的权力。工资是确定时期内劳动量的货币价格。

因此,与表面看起来相反,劳动合约并不是一种交换合约。在交换合约中,合约双方具有相同的起点和基础,对称性地承担着供给关系和产品及服务需求中不确定性导致的风险。在劳动合约中,工人服从于管理阶层,在履行合约时最终服从于企业目标。工人承担的经济风险与合约履行无关,但与企业财务状况及宏观经济形势有关。这就是失去工作的经济风险,而在这种情况下单个工人是没有保护手段的。此外,劳动补偿是基于劳动时间,最终受劳动激励的调节,即所谓的效率工资,它取决于不同生产行业中竞争所确定的正常标准。劳动强度不是合约的一部分,管理层为了企业利益会尽全力提高工人的劳动强度。这就是为什么技术创新通常不会给工人带来直接利益的原因所在。技术创新提高劳动生产率,悄悄增加了工人劳动强度,但不会转换为更高工资,从而加深了工人的从属地位。所以,国家所有权并不比私人所有权更文明。只有劳动法,强大的工会监督企业规章,以及独立的司法仲裁,才能减轻劳动力地位固有的权力关系所导致的滥用。

因此,社会福利始于企业内劳动力地位的改善。要实现这些改进,工人必须能够集体组织起来进行利润共享合约谈判。这意味着,劳动报酬除了补偿劳动时间的正常工资之外,还应该基于整个企业的生产率收益。中国的政治领导层将中国的现行体制视为具有资本主义特征的社会主义经济,那么,就更应该充分发展这种利润共享机制。多年的集体谈判是具有以下特征的利益相关者经济的关键:名义工资的价格指数化,实际工资与生产率收益挂钩,工资随技能和资历稳步攀升,向上流动性和工作保障。

集体谈判制度非常重要,因为它是劳动力社会再生产的企业层面与宏观经济层面的媒介。马克思将后者定义为再生产的双重过程:通过货币流动的再生产,从而社会阶层自身地位的再生产(见图7.9)。工人花钱购买消费品(可替代的和耐用的)、投资住房,从而再生产劳动能力。资本家用利润和利息进行再投资,从而在更大规模上再生产购买工人劳动力的能力。

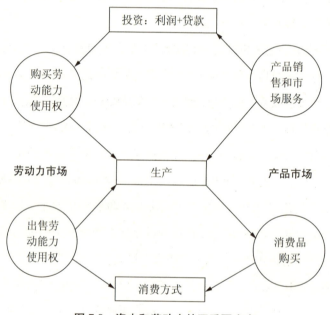

图7.9 资本和劳动力的双重再生产

2.社会福利与宏观经济稳定

这种经济再生产不会消除失业。如果劳动报酬脱离了生产率收益,就像改革第二阶段那样,那么生产率收益将全部转化为利润。工人的购买力增长速度过慢,不足以吸收完全就业下的消费品生产。这就是1994年城市土地使用私有化之后,只有通过大规模出口和房地产繁荣来维持充分就业的原因。

如果过渡到可持续增长体制是未来十年的目标,那么劳动力的社会再生产就应该作为消费稳定增长的主要导向(vector),它能够在没有强劲资本积累的情况下实现充分就业(见图7.10)。劳动在处理资本和技术进步过程中创造的价值表现为劳动生产率,以集体谈判为媒介分割为利润和工资。劳动收入的花费和利润的再投资,都是受银行信贷调节的国内需求的主要组成部分。由此得到的总产出水平与工资基金维持生存消费所需的就业水平相一致。

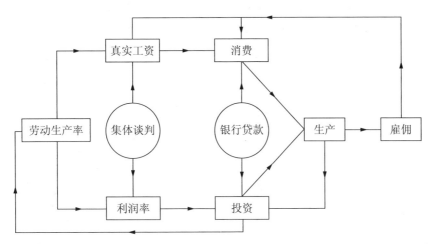

图 7.10 消费主导型增长体制中的宏观经济关系

集体谈判制度是调节劳动收入以使潜在供给与有效总需求相匹配的主要机制。要在如此庞大的劳动力基础上实行这种制度,任务是非常艰巨的。没有中央政府的坚定意志,以及公司治理的变革以允许工人集体议价体现于收入形成之中,这一任务是无法完成的。但是,调节初次收入还不够。

中国已经得益于受监管的金融机构。政府限制它们从事房地产金融投机,并重新分派它们对福利住房进行融资的任务。后者确立消费模式的社会标准,因为它能促发一系列耐用消费品需求(家具、家电、通信及休闲设施)。即将到来的消费模式的另一个也是最重要的支柱是社会转移支付制度。

社会转移支付制度包括社会保障、失业救济、最低工资、累进所得税以及低收入家庭援助。它们的宏观经济影响包括平滑国内总需求波动,在家庭主要收入暂时性减少时部分地减轻家庭可支配收入的波动。社会机构主要包括社会保险(社会保障、退休收入和失业救济)机构,它们提供补充收入。它们向暂时(失业或疾病)或永久(退休)退出劳动力市场的人提供收入。累进所得税将收入从低消费倾向家庭转向高消费倾向家庭。转移支付具有内在稳定器的作用,因此是反周期的。当总需求疲软,产量下降而导致初次收入减少时,税收收入将减少,失业救济金将增加。内生性暂时的预算赤字产生正的需求乘数,抑制对需求的负面冲击。对低收入家庭在住房、教育、健康等方面的援助,促进了社会公平,提升了社会凝聚力,同时也有助于促进国内需求。

社会福利缺乏与累退税收制是许多发展中国家增长不平衡和不稳定的最重要原因,也是第二次世界大战后比日本更富裕的拉美中等收入国家追赶停止的主要原因。中国应该立即采取决定性的驱动,以更好地将强大的金融资源重新导向人民。

以下将考察中国当前的社会福利制度及其在国民财富再分配中的作用。中国政府的政治合法性始终建立在主要社会福利改进的基础上,所以在中国建立福利社会是政治制度的必要组成部分。然而,自20世纪90年代社会主义社会福利制度崩溃以来,中国仍然在努力探索一种合意且可行的福利国家模式。尽管改革第二阶段的快速增长在一定程度上掩盖了社会福利制度的缺失,但建立福利国家的需要日渐紧迫。中国会出现哪种形式的福利国家?本章也许无法给出唯一性的回答。但我们希望通过思考中国的过去、现在和未来,为中国未来的社会福利制度改革指出可能的逻辑。

7.4.2　中国当前社会福利制度的简要回顾

中国的经济学家和政府官员早已意识到建立福利国家是提升家庭在国民收入分配中的地位和促进国内消费的一个主要补救措施。社会福利系统通过增加家庭实际收入(收入效应)和减少预防性储蓄(保障效应)而刺激国内消费。但是,这两种效应的产生至少依赖于两个首要条件。第一,存在有利于家庭的净财政转移支付;第二,必须设置可信的制度来确保社会计划融资的灵活性。1978年以后,尤其是1995年大规模国有企业改革以后,中国的社会主义福利系统彻底崩溃。在改革第二阶段的大部分时期,中国对重建福利国家没有任何系统性方法。自2008年以来,政府相继宣布了一系列重大的社会福利制度改革。下面将简要回顾中国当前的福利制度,重点关注劳动保护、医疗保健和养老方面的改革。

1. 劳动保护

中国大部分社会福利都涉及雇佣关系,所以理解劳动力市场和劳动保护是评价中国当前社会福利制度的第一步。

2010 年 2 月,中华全国总工会声称,几乎所有的国有企业员工和 90% 以上的民营企业(年收入 500 万元及以上)员工都签订了劳动合同。这是所谓"新劳动法"带来的一个巨大飞跃。一系列关于劳动力市场监管的法律在 2008 年 1 月生效。除了经常谈及的《劳动合同法》,还有《劳动争议仲裁调解法》,它详细规定了投诉雇主的程序;以及《就业促进法》,它规定政府有责任促进就业和提供就业服务。引入这套新法律是为了给雇佣关系创造一个更公平的基础,为雇员(特别是中小私营企业的那些非技术工人)提供更强大和更详细的就业保护。《劳动合同法》规定,书面合同是强制性的,而且雇主必须向每一位雇员提供社会保障。改变劳动条件的程序要求更加严格,在按时和全额支付工资方面(尤其加班),雇主必须承担广泛的义务。

如果那些官方数据是真实的,如果"新劳动法"的所有条款都能够得到贯彻执行,那么中国的劳动力市场将成为一个提供有力的劳动保护的市场,并且社会福利制度也将有一个坚实的基础。然而,现实远没有那么乐观。问题不在于政府说谎,问题在于官方的调查只覆盖了大中型企业。而没有覆盖到的小企业,恰恰这些小企业是问题最多的。对于农民工之类的社会弱势群体来说,"新劳动法"的实施进度更慢。一项基于深圳 300 名工人的调查显示,虽然员工人数超过 1 000 的大企业几乎与所有员工都签订了合同,但在较小的内资企业中只有一半雇员签订了书面合同(打工者农民工中心,2009)。2009 年上半年,北京致诚农民工法律援助与研究中心对 15 个省的 581 名农民工展开调查,结果显示受访者当中只有 27.5% 的人签订了有效的书面合同。虽然这一比例与 2008 年的 12.5% 相比已经翻了一倍,但仍然有相当大比例的农民工没有任何劳动保护。甚至大型企业(包括国有企业),也想尽办法避免和减轻"新劳动法"的影响,特别是针对仅需非熟练工人的工作岗位。

　　几乎没有人否定改善中国工人工作条件和报酬的必要性。然而,最好的解决办法是否诉诸法律,却引起了许多争论。我们采访了许多社会研究者和活动家,他们大多肯定新法律的积极作用,认为更具保护性的法律有总比没有要好。然而,反对者(特别是一些经济学家)指出法律无法改变基本原则,即劳动力与资本之间的权力平衡。在他们看来,得不到严格执行的法律几乎不可能改变中国工人在雇佣关系中的不利地位。由于劳动力供给丰富,工人没有联合的自由(所有工会都隶属于中国共产党有效控制的中华全国总工会),雇员的议价能力仍然非常弱。粗放型经济增长模式的特征是高度依赖于资本投入和低利润率,导致情况进一步恶化。因此,有效的劳动保护要依靠提高全要素生产率,通过允许工会自由联合来增强工人集体谈判的能力。法律保护确实必要,但其有效性很大程度上取决于政府严格执法的倾向以及工人在劳动司法中必须承担的成本。地方政府从来没有热衷于有力的劳动保护。经济危机的爆发让他们有了很好的借口去放松对新劳动法实施的监管。在劳动检查机构和工会都消极怠慢的情况下,员工只能转向诉讼和仲裁,但司法程序通常非常费时,并且员工要承担高昂的费用。在写作本书时,还没有报道表明关于"新劳动法"实施取得了重要进展。

2. 社会保障制度(医疗保健和养老)

　　2009 年 1 月,中国政府宣布了一项雄心勃勃的医疗保健制度改革计划。该计划的关键要素之一是医疗保险到 2011 年实现 90% 的覆盖率,到 2020 年实现全覆盖。我们对实现这些目标持乐观态度。有正式职业的城市居民一直被某种医疗保险计划所覆盖,而农村的医疗保险覆盖范围过去一直很小,但在 2003 年实施"新型农村合作医疗制度"(NRCMS)之后,纳入医疗保险计划的农村居民数量大幅增加。2009 年,90% 以上的农村人口都纳入新型农村合作医疗系统。2011 年,国务院宣布,95% 以上的人口(12.7 亿人)都纳入某种医疗保险计划。医疗保险的第一步目标确实完成得很好。

　　至于养老金计划,近些年来也得到了明显改善。约 40%—45% 的人口纳入了某种养老金计划,但城乡之间存在着明显的不平等。2010 年,90% 的城市居民享有养老金,而享有养老金的农村居民还不到 1/4。与医疗保险计划类似,政府的目标是到 2020 年也实现养老金全覆盖。然而,不同于针对医疗保险的总体乐观情绪,大多数分析家认为养老金全覆盖目标是不现实的。韦策尔等(Woetzel et al., 2009)在麦肯锡研究报告中估计,中国养老保险覆盖率在 2025 年将达到 60%,来自世界银行的辛(Sin, 2005)预测该覆盖率在 2055 年达到 90%。

为了创造一个灵活的养老金体系,中国还必须克服两个主要问题。首先,必须调整退休的官方年龄。目前,中国平均的退休年龄是 56 岁。法律设置的最高限是男性 60 岁和女性 55 岁。与其他国家的最高年限相比,两者都太低。提前退休将增加未来养老金支付的负担,特别是现在,中国正进入一个快速的人口老龄化阶段。第二,目前分散的养老金计划应该被统一在国家的体制之下。根据就业类型(如公务员或私人雇员)、"户籍身份"(农村居民或城市居民)和住宅地点的不同,中国的养老金计划有很大的不同。这种分散的形式阻碍了中央政府对养老金计划的有效监管,并妨碍了劳动力在国内的自由流动。

尽管在医疗保险和养老金覆盖方面取得的进展是中国建立福利国家的重要步骤,但只有对家庭积极的净转移支付才能对家庭实际可支配收入产生实际影响,增加家庭的消费倾向。中国的社保计划有多慷慨? 社保基金从哪里来? 存在政府、企业向家庭的净转移支付吗? 以下将考察中国社会保障制度的筹资情况。

迄今为止,医疗保险的报销比率和养老金供给的替换率①仍然非常低。虽然承诺住院治疗报销比率为 70%,但真实的报销比率平均只有 23%(OECD,2010)。至于养老金,当前替换率平均只有 33%。在计划经济时期,替换率高达77%(OECD,2010)。中国社保计划提供的有限补偿也没有累进性地分配给人民。城市居民一般都比农村居民获得更高的补偿,富裕家庭实际上比贫困家庭获益更多。这种逆行现象主要是由于社保缴费和补偿仅仅以个人工资为基础。也就是说,缴纳的越多,受益就越多。中国社会保障制度的现有安排对人口收入

---

①　替换率是不上班时期的每年净工资与上班时期的每年净工资之间的比率。

再平衡只能起到很小的再分配作用。

社保基金的主要来源是个人和企业基于个人工资的社会缴费。以工资为基础的社会缴费机制意味着劳动密集型企业比资本密集型企业的社会负担更重。根据我们的计算,由雇主和雇员支付的社会缴费占总工资的40%—50%。相比之下,中央政府在这些社会职能上只承担很小的财政责任。到目前为止,还没有明显证据表明政府向家庭的净转移支付。

具有讽刺意味的是,中国普遍存在从家庭到政府的逆向转移支付,特别家庭通过社会缴费向地方政府的转移支付。例如,自1993年以来养老金的社会缴费由省一级收取。理论上讲,这些资金应该分作两个单独的账户进行管理。一个是"个人账户",直接与具体某个人相联系,他或她缴纳8%的月薪存入该账户,雇主将他/她月薪的20%也存入此账户。另一个账户是"社会账户",存放针对社会用途而注入的预算资金。然而,地方政府大多将"个人账户"资金滥用于现有社会支出。因此,中国的社会保障制度实际上变成了"现收现付制"。到2005年,有8 000亿元从那些"个人账户"中消失。换句话说,家庭一直在出钱承担那些本该由政府承担的社会责任!同时,那些"空头"账户对于相关个人而言意味着巨大的风险。一旦退休,他们可能得不到事先承诺的退休金。

7.4.3 具有中国特色的社会福利制度

艾斯平·安德森(Esping-Andersen, 1990)在其名著《福利资本主义的三个世界》中,界定了三种福利国家制度:保守型、自由主义型和社会民主型。保守型福利国家制度的典型例子是奥地利、法国和德国。在这些国家中,社会福利供给是普遍性的,没有歧视。但社会阶层间的地位差异仍然存在。这种社会福利制度几乎没有再分配功能。国家试图取代市场作为福利的提供者,但不介入传统上被视为家庭责任的事务,除非家庭已经没有了为其成员服务的能力。自由主义型社会福利制度盛行于美国、加拿大和澳大利亚。这种制度最显著的特征是受约束的社会权利、最低补助和基于市场的福利供给。经过严格核查之后,向最穷的人提供歧视性社会保险。自由主义福利制度不相信劳动力去商品化

(de-commodification)的必要性,也不相信那样会减少社会阶层分化。在平等基础上接受政府救助的穷人与通过市场机制获得社会保障的大多数居民之间,社会形成了一种阶级—政治二元性。北欧国家福利制度具有"社会民主"的特征。之所以称之为"社会民主",原因在于它是"社会主义"与"民主"的特殊混合。在这种制度下,由政府提供社会福利,平等地覆盖所有居民,不依社会地位、就业状态或收入水平而歧视性对待。劳动力去商品化的程度非常高,社会不平等降至最低。社会福利供给与充分就业目标是统一的,家庭(family-hood)的成本事先就社会化了(Esping-Andersen, 1990:26—29)。

中国能适合以上三类福利国家制度中的一类吗? 乍一看来,答案似乎是"不能"。中国医疗保险和养老金供给的全覆盖雄心类似于保守型和社会民主型,但最低补偿似乎具有自由主义特征。由于社保计划仍然与就业关系紧密相连,所以中国社会福利制度的去商品化效应较小,这一点也类似于自由主义制度;不过在中国,政府是社会福利服务的主要供应者。公务员和国有企业员工在中国享有特殊的社会福利计划,家庭的社会福利供给通常被利用。这两个特征都可见于保守型体制主导的国家,如法国。如果不复制任何现有的福利国家制度,中国应该构建什么形式的福利国家呢? 以下将基于中国历史、社会及政治因素的相互影响,初步推测中国福利国家发展的未来道路。

尽管中国的福利国家制度还不发达,但已经有了几项主导性的战略决策。第一个选择是关于社会权利。政府已经清楚地表明要实现最低补贴的全覆盖,高社会补贴的有限覆盖。全覆盖的主要目的不是去商品化,而是要提供基本社会保障以满足人民最低需要。这一倾向与中国长期延续的政治传统是一致的。自中华帝国时代以来,中国政府一直将其合法性基础建筑于向人民提供最低的稳定、安全和福利。不能提供基本的安全和福利将危及政治体制,而没有多元利益集团的监督,政府就没有激励提供最低要求以上的社会权利。

第二个选择是关于福利制度在社会阶层分化中的作用。中国社会福利制度的设计具有一种明显的趋势,即加强了收入水平和地位的现有差距。这种强化效应主要通过两种机制来实现。第一,中国福利制度的设计严重依赖于雇佣关系。缴费和补偿(尤其养老金)的计算都是基于个人在职时期的工资,而不是社会平均收益。因此,它强化了现有社会差距,弱化了再分配效应和平衡效应。另一种机制更糟糕,直接形成了中国社会的二元化。与私营部门员工相比,公务员和国有企业员工享受特别有利的福利计划。2004 年,私营企业退休人员平均每年养老金比国有企业退休人员少 6 830 元,也比退休公务员少 8 451 元。中央政府的所有员工以及地方政府和国有企业的大部分员工,还或明或暗地享受免费的医疗保健。卫生部原副部长尹大魁先生在一次会议上透露,投资于医疗保健的总财政支出中有 85% 是花在政府官员身上。而对于普通老百姓来说,医疗保险补偿相当有限,不管多大的病都设有年度补偿上限。这种普通福利计划与政府雇员特殊福利计划之间的尖锐对比,加剧了中国社会的两极分化。自 2009 年以来,尽管政府采取了一系列措施来减少并最终消除这种两极分化,但公务员与私人雇员之间的差别待遇仍然在扩大。消除这种二元体制的困难与中国的政治结构直接相关。中国政府要依靠官僚队伍来实现政治目标。只要中国继续严重依赖于国家资本主义,公务员与私人雇员之间的两极分化就不可能消失。

第三个基本选择涉及国家、市场与家庭在社会福利供给方面的关系。如第 1 章所述,几千年来,中国人最灵活、最持久的需要满足来自家庭及其他宗族集团。中国社会的运行已经严重依赖于非正式的社会网络,而不是正式的组织。虽然工业化打破了传统的基于家庭的社会凝聚力,但家庭及其他由家庭引起的社会关系仍然是中国的资产,值得将其融入对福利和可持续发展的追求。最近的社会福利政策已经清楚地表明,中国不会放弃家庭关系作为人们最终安全网络的基本作用。在福利国家的设计中,政府有意利用家庭的能力。尽管如此,我们也必须清醒地认识到,中国已不再是基于家庭的农业国家。在工业化社会,政府支撑的社会福利制度不仅是家庭体制的补充部分,同时也具有单个家庭无法承担的宏观职能。在未来 10 年或 20 年,中国必须加大对普通家庭的社会转移支付,以促进国内消费和促进经济增长方式的转变。家庭需要更多的来自专业服务提供者的积极帮助;国家必须为人民提供平等的社会福利。

总之,对于国家与家庭在社会福利供给方面的关系,在中国基本形成共识,尽管仍然需要一些微调。但是,对于国家与市场在社会福利供给方面的关系,仍然存在激烈争论。至今为止,国家仍然是大多数社会服务的主要提供者,但这种国家主导型社会服务供给经常面临效率低下和僵化的质疑。我们认为,容许私营企业进入社会服务供给市场,其实有助于社会福利制度更加灵活地满足人民的需要。但我们提醒读者,对于私有化现有公共医疗设施的主张,需保持高度谨慎。提高社会福利供给的效率,关键在于如何打破市场垄断,而不在于这种垄断经营者是国家还是私人主体。在同等条件下,由国家提供大部分福利,事实上更容易使福利国家的支付系统与供给相一致。政府所要做的就是停止限制私人部门进入福利供给市场,实现政府职能转变,从协调社会服务提供者的日常管理转向监管这些市场(包括公共主体与私人主体)的健康运行。

上述战略选择有可能演变为一种具有中国特色的完整的福利国家制度。这种福利国家制度的第一个支柱是全覆盖保险。在中国的传统中(见第 1 章),政府是宏观稳定的保护者和调节者。为了维护主权的合法性,中央有兴趣建立一个全国性的社会保障系统,确保最小的全覆盖保险。如前所述,这种偏好在中央政府扩大社会保障覆盖率的雄心中得到了清楚的说明。第二个支柱是社会资本的最大化。中国的制度,特别是发展于帝制时代的那些制度,强调物质增长方面社会秩序的可持续性。政府早已意识到社会资本,尤其人力资本的积累对实现这种可持续性的重要性。两千多年来,中国一直是一个精英治理的社会,教育的重要性得到广泛承认。孔子认为不同智力和功德的人应获得不同的财富和社会地位,垂直流动和机会平等(尤其是教育的机会公平)一直被鼓励。因此,当涉及社会及人力资本保护时,中国社会表现出再分配性。一旦社会不平等程度阻碍国家的社会及人力资本集体积累,社会便会发出强烈的再分配声音。当许多人为生存而斗争时(例如,在自然灾害的情况下),社会规范迫使富人伸出援助之手,提供教育捐助。在过去 100 年里,虽然中国社会经历了剧烈转型,但这种行为至今仍然可见,我们认为应该鼓励这种传统的复兴。第三个支柱是公民社会对社会福利供给的必要作用。儒家的精髓是理解人类与人类社会的关系。中国作为一个基于复杂和重叠性人类关系的自组织公民社会,有着悠久而强大的传统。政府负责宏观稳定和社会福祉，社会的微观组织在很大程度上是自发的。虽然在工业化社会，有组织的家庭的经济职能减少，但充满活力和广泛的社会网络在中国仍然盛行，它们是补充国家主导型社会福利供给的宝贵资产。中国共产党已经学会如何积极地将公民社会融入当前的福利制度，并引导其发展，而不让地方政府去干预其运行。

构建上述福利国家最令人担忧的障碍是从家庭向政府的逆向转移。福利制度改革中最重要的是确保公平。做到这一点需要仔细辨别哪些补贴是需由被补贴方缴费（contributive）的，哪些是无须被补贴方缴费（non-contributive）的。需缴费的补助用于补偿直接与工作有关的风险（工伤）和经济风险（主要是失业）。这笔资金应该来自雇员和雇主的社会缴费，以工资收入为基础。缴费比率在行业层面确定，根据工会与雇主行业协会间的具体方案进行谈判和重复考察。缴费和补助由专门的机构来管理。缴费比率定期调整，以便这些机构的预算保持周期平衡。

无须缴费的补助包括一般性风险。没有理由让其资金来源以工资为基础。这些补助大部分是健康保险和资源有限条件下的低收入家庭援助（包括住房、生育和养老）。它们的资金筹措应该是普遍性的，包括劳动和资本收入，有房家庭享有的租金和估算租金（imputed rents）。税基越广，给定补贴总量的缴费比率就越低。

如果中国要建立一个具有全覆盖保险和社会资本积累特征的福利国家，非缴费补助将构成该系统的主体。因此，社会资金的筹集不能仅通过以工资为基础的社会缴费。基于所有家庭收入并由产生个人收入的经济实体直接缴纳的某种社会税，既公平又简单——涉及工资总额由雇主缴纳，涉及养老金由退休基金缴纳，涉及利息和红利由信托机构缴纳。类似的税收也可用于企业所得，而不考虑企业的工资成本。中国还可以利用庞大的国有资产和企业来增加社会福利基金。国有企业的分红可作为社会福利制度主要的、稳定的资金来源。简而言之，这种社会税可以实行累进制，作为社会政策它要保持经济有效和社会公平。一旦把社会税作为社会福利资金的主要来源，便有可能出现正向的社会转移支付。

再者,普遍的社会税将有助于统一中国目前分散的社会福利制度。中国的社会福利制度确实缺乏全国统一性,因为大多数业务(包括社会征缴、基金管理和补贴支付)都由地方政府操作。许多省份在资金管理方面缺乏必要的技术,因此无法获得所持基金的合理回报。更糟糕的是,分散的基金使中央政府很难监督其使用,从而诱使地方官员挪用基金,社会福利账户成为空账户。如果社会福利基金能够集中起来,不仅使基金管理更有效和更负责,而且降低了整个社会福利制度的交易成本。利用现代信息技术,可以很容易建立一个全国性的社保数据库,存储和计算关于中国社会福利的所有信息,将款项直接打入受益人的银行账户。此外,统一的国家基金(统一的国家福利计划更好)将大大促进中国劳动力的自由流动。由于个人社会保障账户很难跨省转移或城乡转移,所以中国的农民工损失了许多本该享受的利益。社会福利和社会福利基金管理的全国统一,可以增加中国社会福利制度的信任度。全国统一福利计划的反对者经常提到生活开支的地区差异。这种说法很难站得住脚,因为中国的社会福利计划仅强调满足最低需要,而且地区差异在缩小。事实上,生活开支差异可能会诱使一些人迁移到开支更低的地区。这种流动有助于平衡地区间的发展。2001 年中共中央和国务院建立了国家社会保障基金(NSSF)。这是致力于社会福利的第一个国家基金。然而,它并未集中由各省管理的基金。它的大部分资金来自总预算的财政投入、福利彩票基金的利润以及国有上市公司的分红。2010 年底,国家社保基金已增长至 8 568 亿元。

一旦向家庭的转移支付来自政府和资本所有者,资金管理得到加强,中国就要考虑适当提高社会福利计划的补助。在当前,中国家庭社会负担的任何缓解都将实际地刺激中国国内消费和重新平衡中国经济。

7.5　小结

这是本书最长的一章,这样安排有个很好的理由。针对中国从目前粗放型增长体制向可持续及福利改善型体制的转型，本章指出了一条相对详细的路径。

整章分析了 1994—2008 年增长体制的关键矛盾，即无形资本与有形资本相比的不利地位。由于种种原因，1994—2008 年间中国关键要素的价格被扭曲至最低水平。这种扭曲鼓励了资本密集型项目的广泛投资，从而减小了生产投入中劳动力的作用。工资保持在较低的水平，从而抑制了家庭的购买力。巨大产出不能被内需吸收，也不能进入国际市场，导致广泛讨论的经常账户失衡。与此同时，国内消费疲软，社会不平等扩大。

为了纠正这一关键矛盾，中国需要国家战略规划去提升无形资本（特别是人力资本）相对有形资本的价格。有三大主要机制可实现这种调整。第一，服务业必须摆脱无数的行政障碍。高端服务业（特别是生产性服务和社会服务）是经济再平衡的关键，因为这些行业能获得全要素生产率收益，吸纳高学历人才，提高人力资本在经济中的重要性，为中国即将到来的城市化和老龄化提供急需的支持。另一个强大的机制是深化财税改革。这一部分讨论了当前税收结构的改善，政府间财政关系的调整，以及对预算外项目的监管。财政体制承担着基本的再分配职能。每一项财税改革以及财税改革的每个方面，都将系统性地影响未来的经济社会发展轨迹。最后一个但极其重要的机制是，建立具有中国特色的福利国家，这不仅是提高中国家庭财富地位的关键因素，也是中央期望构建和谐社会的关键因素。中国社会的凝聚力和中国主权的合法性，依赖于中国降低财富分配不平等和改进低收入群体福祉的能力。

中国能否重新平衡经济，平稳过渡到具有可持续性和社会福利改进特征的下一个增长阶段，很大程度上依赖于下一个 10 年中的政策选择。以上建议政策的实施需要强大的政治决心和中国领导层的坚定承诺。在本书最后一章，我们将考察与那些政策有关的中国政治传统及现状。

第 8 章
从政策到政治

　　时代在变化。苏联解体已经 20 多年了。这一非凡事件预示着自由资本主义的胜利,在里根和撒切尔极端保守的反向革命(counter-revolution)之后,自由资本主义走向繁荣。美国哲学家弗朗西斯·福山(Francis Fukuyama)宣告了历史的终结,建议全球都采纳英美资本主义的政治结构。由于美国坚持人权的普世价值,所以它的全球扩散可能导致中国古代思想家所说的"普天之下",即全球和谐。

　　然而,20 年之后,同样还是这位弗朗西斯·福山写了一篇文章发表在《金融时报》上(2011 年 1 月 18 日),标题是《美国的民主没有什么可以教给中国的》。什么促使了这个 180 度的大转弯?与此同时,在伊拉克和阿富汗以及最近在利比亚,战火纷飞。通过军事入侵去推动民主并非这种思想得到认可的最好方式!非洲已成为对抗的土地,"阿拉伯革命"正朝着背离西方民主的方向转变。封装着历史终点思想的华盛顿共识,制造了一连串金融危机,亚洲危机使亚洲国家认为出口导向型增长和外汇储备积累不足以恢复经济主权。最后,使美国监管政策服从华尔街利益的金融自由化,导致了毁灭性的金融危机,以及对西方经济的长期后果。

　　面对既得利益,美国民主的无能让全世界感到困惑,提高美国债务最高限额的闹剧让人哭笑不得。在华尔街获得政府纾困之后,政党争端导致美国再无力作出坚定决策。同时,社会不平等急剧扩大。美国的公共基础设施濒临崩溃,卫生保健制度改革止步不前,针对气候变化挑战的国家决策陷于停顿。

因此,很难说服世界去追随西方的民主模式。本世纪第一个十年的事件对21世纪政治体制的基础提出了更深层次的问题。这些质疑把我们引向社会福利问题。仍然支持代议制政治制度的18世纪原则还适于表达体现于可持续增长的长期社会需要吗? 在带来环境保护所需的消费模式发生变化的合法政治决定中,应该如何体现民主? 未来几代人将承担当前决策或不决策的长期后果,怎样才能表达他们的意愿?

我们将讨论各种民主之间的演化问题,一方面是代议制民主,另一方面是草根民众、参与民主和互动民主。然后,我们重点讨论中国古代哲学家关于好政府的观点,这有助于克服现在政治对社会福利体现不足的缺陷。最后,我们提出中国政治在国内外事务中可能的变革方向。

8.1 民主与社会福利

即便抛开不属于社会科学的幸福问题,整体上揭示社会的经济福利也超出了经济学的范畴,因为社会福利无法在效用理论框架内加以衡量和解释。效用分析用价格来整合国家福利核算所提供的措施。但是市场价格与边际效用之间的关系存在很大问题,特别是用基数效用加总个人偏好时,这不仅仅是因为寻求个人间的效用对比存在着无法克服的困难。阿尔弗雷德·马歇尔(Alfred Marshall)早在他的《经济学原理》一书中就怀疑在市场价格邻近范围以外理解效用价值的可能性(Marshall, 1890)。对于经济福利的加总衡量,另一种方法是考虑经济活动所追求的最终目标,但这种方法前景也不好。因为它必须阐明最终目标是什么,并寻找实物度量的多"目标"标准,将这些标准合而为一要么是不可能的,要么是完全武断的。

如果政策目标在于从长期改变经济结构,问题将变得更加复杂,这就是可持续增长的题中之义。如第7章所述,必须考虑旨在减少不平等、改善低收入公民福祉的社会政策,这是国家提升社会凝聚力的一个条件。这种政策取向的合法性来自伦理标准,超出了效用理论的范畴。它本质上属于阿马蒂亚·森(Amartya Sen)的方法。在 1976 年《真实的国民收入》一文中,他使用了序数效用框架(Sen, 1976)。森指出,同样的一美元,让穷人占有比让富人占有拥有更高的边际价值。因此必须根据阐明伦理价值的判断来考虑收入分配以及人口的结构和规模。对中国古代思想家来说,这些价值是政治原则的基础。

民主明确要求政治权力的唯一合法来源在于人民。它是主权的统一表达。然而这一原则意味着一致同意。彼埃尔·罗桑瓦隆(Pierre Rosanvallon, 2008)在最近的书中提出了这样一个问题:意味着分化的多数人投票如何反映人民的普遍意愿?部分可以代表整体的原则缺乏实际上的公正,而只有程序上的公正。后者导致了政党政治及其对民意和代理人的操纵,屈从私人经济利益。此外,这种制度也就是每隔几年才问询人民的意见一次。它假定定期大选可以反映这一授权时期人民的意愿。由于这些缺点,代议制陷入进退两难:它是一项不可逾越的程序,但它不再是社会福利的可靠表达。

随着现代社会变得越来越复杂和开放,从前国家在金融、交通和通讯管制方面的特权开始私有化,未通过选举产生的独立权威(如中央银行)、国际官僚组织(如欧盟委员会),都会削弱代议制民主的合法性。此外,新自由主义花言巧语地伪称市场是集体福利的代理人,尽管早已证明这是欺骗。公务员对实现公共利益的公共使命不再有兴趣。他们恬不知耻地勾结私人利益。表达集体意愿的多数人同意原则已经成为一个空壳,正如社会也变得越来越差异化,公共利益让位于更多的具体目标。这就是为什么对选举程序的挑战越来越大,大多数国家的选举搞了一轮又一轮。显然,民主的合法性必须重建。在什么基础上重建?公民权本身如何从政治上表达?如何行使政治权力才能考虑所有公民的需要?

不通过法律棱镜(一种形式平等的抽象法律原则)来思考社会,合法性应该基于所有具体情况的政治意识和处理。罗桑瓦隆称之为"关注特殊性的共同利益"。这类民主削弱了选举程序的重要性,是日常生活中不断变化的民主,是公民持续互动和参与的民主。推断西方国家还是中国更有能力创建这类当前尚未出现的民主,是一个开放的问题。然而,正是这种合法性才可以支持第6章和第7章所述的社会及环境可持续性政策。

公民特别关注直接影响其生活的决定。然而,在比较决定和判断制度的行为时,他们会参照自己的公平观念,这又依赖于已经作出决定的那些人对所感知到的情形特殊性的意见。许多基于调查的研究都强调了这一倾向。对制度公平的感知培育了个人的自尊,可称为程序公平。由于公平伴随着对特殊性的关注,所以它与关爱密切相关,这是与他人关系的伦理观念。罗桑瓦隆指出伦理的二元性:一方面是社会公正的一般原则,另一方面是对特殊性的行为态度。重新界定民主的主要问题是基于伦理构建政治的合法性。

互动型民主意味着亲民的政治权力,它在连续时间里既是自下而上,也是自上而下的。它要求公民社会在一系列社会结构中带着政治目的进行自我组织:区、村和乡镇的地方委员会;公民控制城市发展所产生问题的智囊团和会议;消费者协会;学会和非政府组织;互联网博客。所有这些政治治理结构都是参与式民主的组成部分。早在20世纪60年代,美国就开始了这方面的运动。然而,它始终无法使政党政治衰退,也不能使国家政治恢复活力。地方参与式民主应该通过何种制度联系促成了全国性的民主辩论?如果国家政治仅基于"法治国家"和抽象"人权",这是不可能发生的。这种机制对于实际政策行动的所有问题,都应该建立在伦理基础之上。让我们考察一下中国古代思想家对此说了些什么。

8.2 伦理与好政府

中国政治哲学形成于长期的激烈争论,跨越"春秋"(前770—前476)、"战国"(前476—前221)时期,止于秦始皇统一中国。生活在"春秋"后期的孔子(前551—前479)在世界文化中熠熠生辉,尽管他没有创造任何类似于佛教和基督教这样的伟大宗教,也没有像苏格拉底和柏拉图那样提出人类行为的理想哲学。孔子的思想是务实的,很多涉及政治。然而,他的教育构成了人类的伦理观念,之后逐渐成为中华文化(如第 1 章所述)。其实,中国从来没有创建自己的宗教信仰,也没有基于教条信仰的超验性质的行为指导。中国"天"的观念就是自然与人类之间的全面和谐。

8.2.1 古代思想家的中国政治学

孔子主要关注政治问题。朝代如何衰败,政治秩序为何崩溃,"普天之下"的和谐缘何消失? 孔子的思想体现在他的授课中。教育是根本,主要不在理论,而在于实践成效。接受教育可以使人成为对社会有用的人。这意味着,孔子对人的本质有着一个相对观念。他称这种观念为"仁",即人性的意义和品质。人在与他人关系中成为人。如程艾兰(Anne Cheng, 1997)所强调的,"仁"是构成人类本性的道德粘力。然而,"仁"不是固有的、天赐的,而是个人努力对他人公平和智慧行动的过程。于是,遵守"仁"的关系网络是互惠的、团结的,就像家庭一样。孔子认为,人性的意义表现于遵守礼仪(即尊重社会规范)的行为。仁与礼相互交织。"礼"要求尊重他人,因此确保了社会及政治关系的和谐。总之,为人是一个学习以礼待人的过程。

好政府的儒家观念源于仁礼统一。统治不是行使权力,而是显示协调人际关系的能力。负有政治责任的人应该是社会中最博学、最明智、最守礼仪的人。明君并不是强加规范和实施惩罚的人,而是在追求社会和谐的过程中身体力行地教育人民的人。当礼仪受到侵蚀时,个人便会充满私欲,蔑视他人。社会便会陷入紊乱和暴力。无论权力多大,君主不再受尊重。孔子曰:"政者,正也。"

中国政治学形成于"战国"时期孔子的竞争者与追随者之间的争论。其中最著名的竞争者是墨子,他的生活年代处于孔子去世(公元前 479 年)与孟子出生(公元前 372 年)之间。

墨子是墨家创始人,有一套完整、深刻的思想体系,与孔子的教义不同。墨子的核心思想是理性的。他批判孔子所谓的"仁"过于依赖对亲近者的情感,当个人远离家庭时"仁"便消弱。墨子断言,对他人的关爱应该基于共同利益。与儒家所倡导的主观的、礼仪的互惠性相反,墨家极力主张君主与人民之间的社会契约思想。在人性问题上,墨子比孔子更悲观。墨子强调通过政治秩序将冲突的个人利益转化为共同利益。因此,好政府有责任采用普世的道德原则。这种原则在政府中产生,依赖于选拔和运用人才的双重机制:自下而上的民主推荐政府职员,自上而下的服从上级安排。更高社会科层上的公平感是实现共同利益的基础。

惊人的是,来自墨家政治秩序理论的权威观念仍然影响着今天的中国。它使帝国政治制度一千年来延续制度化的考试系统,根据能力标准(如科举考试)从社会基层招募政府职员。禁止官位继承或买卖,容许了社会的垂直流动性。

孟子是公元前4世纪儒家学说的杰出捍卫者,他反对墨家及其他反儒家的知识流派。通过不懈努力,孟子把孔子的格言发展为富有逻辑的论述,目标是将好政府的原则教给君主,例如如何通过施行"仁"来治理国家。孟子当时所处的政治气候是非常敌对的,当时的国君和诸侯一心追求自己的战略目标,并不愿意听从孟子的宣讲。

孟子主张,爱民是统一认识从而确保社会凝聚力和稳定性的唯一方式。人民若能感觉到君主符合人类"普天之下"的意义,便会认可君主的合法性。君主若不忠于人民的授权,人民就有理由罢黜他。因此,孟子将儒家观念推至逻辑上的必然结果:道德是政治的基础。政治科层若依靠"仁",它就是合法的。最重要的劳动分工是政治职能与其他社会职能之间的分工。它促进互惠,从而产生社会凝聚力。

除了有关社会秩序的伦理政治理论之外,孟子还反对所有人性本恶的观念,在这一问题上孟子既是现代的,也是非宗教的。道德是人性内在的。它容许了自然与人类之间和谐的可能性。这是中国哲学的永恒主题。人之所以成为人,是通过教育实现道德的本质倾向,而不是因为圣洁的血统。它是一种自我产生的过程。好人与坏人的差别在于道德人性化的程度。肉体与灵魂无法两分,也不存在善恶之间本体上的斗争。相对于其他事物来说,人类是一个整体。

战国末期的中国思想在社会秩序治理实践中发展了政治理论,强调维持和巩固国家的途径和手段。对于社会的组织,荀子和韩非子代表了两个对立的极端,一方是儒家礼官,另一方是法学家。

荀子通过引入新的理论观点而恢复了儒家礼仪:礼仪的结构摹拟了大自然的和谐("道")。通过礼仪实践来学习"道",可成就人性的文化。

法家的主要理论家是韩非子,其历史分析具有现代意义,归本于"黄老之学"。与孟子和荀子认为法律需要道德基础的观念相反,法家认为法律是自我实现的。他们宣称,公平包含在客观的、书面的和已发布的法律中。每个人都应该严格服从法律,而不管其社会等级排序。法家要解决的问题是确保国家的运转,而不管君主的道德状况。他们认为国家权力体现于能遵守法律的政治制度效率,而不管君主个人的价值取向。

韩非子试图为法家实践权力技巧建立哲学基础。他在分析中采纳了中国古代思想中固有的共同假定——自然秩序与人类秩序的相似性(contiguity)。客观规律不属于道德规范,但可以有效地表达和实现共同利益,因为它遵守宇宙的秩序。对于韩非子来说,法治国家与专制国家是同一概念,法律概念与民主没有任何关系。

8.2.2　新儒家伦理对当代中国的适用性

回顾中国古代的政治思想,是否能指导今天的政治机构解决促进可持续增长的政策问题呢? 也许,我们可以利用新儒家伦理帮助回答有关亲民政治和现有增长体制瓦解后出现的公民社会互动等方面的问题。

2007 年,中国学者蔡晓莉(Lily Tsai)发表了极有价值的田野研究结果《没有民主的问责制:中国的团结群体与农村公共产品供给》。说"没有民主",她的意思是"形式上的"民主。她带领学生课题组与当地官员和村民进行了深入访谈,发现经济资源水平相似的村庄,公共产品和服务的供给却大不相同。这些村庄财政资源都稀缺,但为什么差异这么大?

一些村庄的政府官员遵守国家体制以外的非正式规则和不成文规范,其他村庄则不是这样。这些规范源于民间,在社会群体中产生,由社区执行。嵌入这种社会网络的官员感到有义务提供公共产品,因为若不遵守该群体的道德规范,将会受到惩罚。

在当前中国,由于中央政府很难监督地方官员,或者是由于形式民主的问责机制薄弱或不存在,导致地方政府处于责任真空。这种责任的缺失可以由基于共同利益之外,但具有共同道德认同的民间团体代替。那些团结关系源于新儒家的教义,即关爱他人是人性的组成部分。

社会规范和义务是非正式的问责制,可以强化或代替国家系统想要建立但实际欠奉的公共义务。在许多县,地方官员挥霍资源,将私人产品分配给他们的亲从。在其他一些县,地方政府缺乏财政资源,因为中央政府的直接转移支付太低或者缺乏有效的再分配机制。在美国,情况也不乐观,财政支出责任下放(fiscal dumping)导致公共产品供给下降和社会服务经费不足。

提供公共产品的义务不是形式民主的属性。它是可持续发展的要求,而无论政治制度如何。一种可能的机制是由真实民主驱动的公共机构责任,公民与选举的地方议会(assemblies)互动,从而介入地方政府的日常生活管理。另一种机制由官僚机构提供,有能力的较高级官员学习伦理对政治的重要性,自上而下地密切监督较低级官员,有效地防止他们滥用权力。这就是新加坡的公共管理模式。正确形式的招聘、培训、职业机会鼓励强调责任心和忠于共同利益的官僚准则。较高级官员的竞争性薪酬与严厉的失职惩罚结合起来,阻止了公务员沉迷腐败和盗取公共财产。

真实民主和问责制官僚模式都适于中国。20世纪80年代末,村、县、市开始尝试实施形式民主的标准原则。然而,没有中央政府对地方官员的密切监督,对农村公共产品供给并没有多大影响。这就是为什么第三条道路(即深深嵌入中国文化的团结群体与非正式问责)产生显著影响的原因。根据儒家哲学,更高的道德立场是软实力的重要来源。它们不像公民社会的团体那样制造对抗力量。它们嵌入将地方官员包裹在民间团结群体之中,拥有一套共同的伦理标准和道德义务,判别成员的行为。一个基本的团结义务是,对群体作出自己应有的贡献。这种非正式问责制对分散的政治系统是有效的,并使法律执行和诉讼机制相对弱化了。

我们现在明白为什么福山说21世纪美国在政治方面没有太多能教给中国的原因了。中国不是一个一般的威权政治体制,而是一种独特的模式。如果说它是威权体制,那是因为政府的权威不是来自多数规则。但是,中国政治嵌入在悠久的文化中,具有一个强大的伦理基础:天人合一的基本观点。这导致政府在许多方面要对人民负责。现在的问题是,那些非正式的官僚问责制的双重机制被1995—2008 年间经济改革的资本主义增长体制削弱了。我们亟需明确:当代政治制度的主要特点是什么,应该如何改进它以调动中国的人性观念、促进社会福利?

8.3　中国的政治学

中国的政治学仍然保留着中华帝国时代的特征。首先并且最重要的是,必须重申,在现阶段,没有任何其他实体可以直接挑战共产党的权威。中国社会尽管比过去的农业社会更加多样化,但仍然不是一个多元化社会。第 1 章所述的双层社会结构在当今中国仍然存在。拥有 8 000 多万党员的中国共产党,深深地嵌入社会。金融权力仍然受到限制。政府如过去的帝制政府一样,能够集中财政利益,从而避免集中的金融权力对共同利益的争夺。

为了维护权威的合法性,共产党与人民存在双向关系。一方面,政府必须知道如何满足老百姓的愿望。经济改革提高了城市中产阶层和工人的实际收入和消费水平。农村地区的确存在普遍的不满,但主要是针对地方官员。如上所述,这种不满由于民间团结网络而有所缓和。再者,政府已经在"十二五"规划中开始处理这一问题,优先发展教育。政府已经在贫困的内陆省份启动了免费教育计划,目标是到2015 年所有农村实现9 年免费公共教育,到2020 年85% 的年轻人口至少具有高中学历。

另一方面,中国共产党非常重视吸纳新党员,以推动新一阶段的改革,实现经济的可持续性。共产党能够自下而上地从城市精英中吸纳新党员。加强干部的教育和培训,使他们能够处理客观信息,分析出现的紧张局势并以非常专业的方式转换政策。从 21 世纪头十年中期开始,对市、县、乡一级的政府和党委进行了更新换届。地方政党官员数量已经减少,并改进了任职要求。新的省级精英更年轻,受教育程度也更高。因此,现在政府有能力以一种渐进的方式试验和采纳客观标准。这种改组是为了对抗商业利益力量。

　　与代议制政治相比,中国这种特定的政治制度具有两大特征。第一,代议制政治的焦点是政府权力的合法性,往往通过民主程序产生。无论哪一个社会派别赢得选举,都可以代表自己的信仰和利益去合法地行使国家权力,但同时要接受其他社会及政治团体的检查。虽然定期选举要对权力的滥用负责,但政府对产生于民间社会的问题并不负责,如可持续发展问题。相反,中国当局的合法性并不是来自民主程序,而是直接源于民间社会的默许,其基础在于政绩。于是,中国政府对民间社会出现的任何问题都负有直接责任,尤其涉及安全性、可持续性和百姓福祉的问题。中国政府的另一个特征是长远眼光及相关战略规划。不依赖于经济权力,中国政府在行动中能够考虑人民的长远利益,而不是特殊群体的利益。综合考虑中国政治体制的这两大优势,我们对实现第 6 章所述的新增长体制目标和第 7 章所述的实现这些目标的政策持乐观态度。将城市发展与环境问题联系起来并列入优先领域,中国可以发展独树一帜的社会主义。

　　尽管如此,中国政治体制的弊端同样突出。政府权力缺乏抗衡力量,这危及政府官员的责任心和响应性(responsiveness)。"权力导致腐败,绝对的权力导致绝对的腐败。"为了提高政府的责任心和响应性,中国必须强化前文所述的两大机制:真实民主和问责制官僚模式。

　　与形式民主相反,真实民主强调公民对具体日常事务的持续参与。在这种情况下,民主应不再被视为一种存在状态,而是一种变化的无限过程。实现这种民主的手段并不局限于选举。它体现于各种形式的民间社会自组织活动。不像政治党派,民间社会的自发组织没有专属成员。个人可以根据生活的不同方面或不同的社区关系而加入不同组织。结果,社会将建立在密织的人际关系网之上,而不是碎片化、分散化的。幸运的是,中国的民间社会具有自组织的悠久传统(参见第 1 章)。近些年来,非政府组织(NGO)、农村社区和在线社交网络的迅速繁荣,进一步证明了这种自组织民间机构有助于调解社会冲突、补充社会服务供给和监督政府机构行为。

　　然而,中国民间社会发展成一种真实民主,至少还需满足两个条件。第一,获得中央政府的认可。当前民间社会在中国政治体制中的地位是非常模糊的。中央不能将自发性民间组织作为潜在的政治威胁,而应该承认这些组织对和谐社会建设有着不可或缺的作用。没有一个充满活力的民间社会,中国将缺乏有效机制去管理人们日常生活中的具体问题,将民意上传至政府机构机构,监督政府官员(特别是地方官员)的行为。缺乏有效机制可能导致严重的后果,如阶层分化和对政府极度不满,或两者都有。任何一种后果都不可避免地导致剧烈的摩擦。第二,精简地方政府并重新确定其职能。在帝国时代,中国地方政府是"一人政府"。地方层面小型的正式政治结构给民间社会发展留下充足的空间。

　　然而在计划经济时期,建立了许多职能非常完整的庞大地方政府,以执行经济及政治指令。随着中国从计划经济转向市场经济,不再需要如此庞大的地方政府部门。它们不仅浪费宝贵的财政资源,而且正在变成"掠夺之手",阻碍民间实体的健康成长。第 7 章针对如何精简地方政府和重新确定其职能提出了具体建议,这里无须赘述。限制地方官员干预民间社会,是中国互动型民主及参与型民主的先决条件。

　　问责制官僚模式是提高行政响应性的一种有效机制。这种模式的怀疑者可能会嘲笑这一机制是"监守自盗"。我们认为,人类尽管自私,但也有社会性的一面。如果辛勤劳动的报酬是体面的,法律风险及道德谴责是有意义的,那么就有可能挑选出一个胜任的、遵纪守法的官员团队。

　　向可持续增长转型将在发展城市和促进服务业的同时扩大经济活动范围。如果基于强大伦理的团结网络可以更大范围地提高官僚的责任心,腐败就会更少一些。相反,如果商业利益绑架了政治系统,腐败就会更多一些。这些结果都不是不可避免的。为了治理腐败、改进政治系统对人民群众愿望的响应性,同时又不损害共产党的统治和合法性,关键是要重建一个民族的道德价值系统,并以此选拔官僚;提高行政透明度,使民间社会能够实施监督。第 7 章中已经讨论了中国转型至下一个增长体制所面临的主要挑战——加快市场改革,将财富重新分配到贫困地区,建立全覆盖的保障网络。这一任务的哲学合法性可见于对儒家"仁"的重新解释,把"仁"作为具体表达社会公平的方式。共产党拓宽权力基础必须吸纳企业家,但不能被富裕精英绑架,这些精英可能来自必要的金融价格调整以及服务自由化。政府可通过税制改革和加强金融监管来解决这一问题。

8.4　中国与世界

中国崛起引起了美国的极大关注,美国的政客以及政治学家都只会基于霸权主义思考国际关系。第二次世界大战以后,这种观念开始出现。冷战被解释为两种世界意识形态(自由资本主义和社会主义)争夺霸权的暗斗。苏联解体以后,美国以获胜者的姿态断言其意识形态是正确的,其霸权地位是理所当然的。

随着中国的崛起,国际关系中出现了某些变动因素。中国领导人的一些声明和思想,由于不属于西方国际关系理论的框架,往往不被理解:一方是"软"实力,另一方是"硬"实力;一方是公平的国际规范以全球和谐的方式把各层级国家连在一起,另一方是平等国家的安全依赖于单一霸主。

澄清这些误解是深刻理解未来几十年里中国如何影响国际关系的前提条件。首先,硬实力与软实力的区别至关重要。在中国的政治哲学中,硬实力是指经济及军事力量,软实力意味着文化及政治力量。根据阎学通(Yan, 2011)的观点,硬实力加上文化力就代表了实力来源。只有政治力量才是运行权力。这意味着,如果没有强大的政治权力智慧,硬实力要么没有用,要么具有破坏性。恶意运用政治权力是 20 世纪 50 年代的军事工业合成体,艾森豪威尔总统曾谴责它们对政府的过度影响。在古代的政治哲学家看来,政治需占据支配性地位,它将主导经济、军事,遵循可促进国际政治互信的原则。

基于这一区别,我们可以总结中国在国际关系方面的硬实力成就,如第 5 章所述,它展示了对外开放如何成为经济改革的内在要素。然后介绍与军事力量密切相关的安全问题。最后通过回顾本章前文所述古代思想家的观点讨论软实力的概念。

8.4.1 经济一体化与全球扩张

在过去 20 年,中国已经基本实现了贸易伙伴的多元化,并加速融入世界经济(见表 8.1)。东亚各国都围绕中国这个核心,澳大利亚作为排在第一位的主要商品供应商,也是如此。亚洲其他国家的一体化也在快速发展。同时中国也在其他几大洲扩张贸易,主要是与初级资源出口国之间的贸易:巴西、南非和沙特阿拉伯。在发达国家中,中美贸易联系尤其突出。由于欧洲国家自身的一体化,中国占欧盟外贸比重相对较小。

表 8.1 中国占各个国家/地区外贸总额的比重(%)

国　　家	1992 年	2010 年
东亚国家/地区:		
日本	5.0	20.4
韩国	4.0	22.8
中国台湾	0.5	22.1
其他亚洲国家:		
印度	0.4	10.5
印度尼西亚	3.5	12.7
马来西亚	2.2	16.3
泰国	2.2	12.0
亚洲以外的国家:		
澳大利亚	3.7	20.6
巴西	0.9	14.0
沙特阿拉伯	0.9	12.8
南非	1.8*	13.1
美国	3.5	14.3

注:本表选取的是中国占其进出口总额比重超过 10%的国家(地区);* 1998 年数据。
资料来源:IMF。

在很大程度上,金融危机前中国的贸易扩张源于增长体制,这种体制推动中国成为世界工厂(主要在加入 WTO 之后)。由于金融危机的影响仍在持续,所以这一模式随着西方国家增长潜能的大幅下降而有所改变。中国调整了与发展中国家的贸易联系,同时升级了出口产品目录。这仅仅是结构变化的开始。在追求可持续增长的过程中,中国正计划在优先发展的战略性产业成为世界领导者之一(见第 6 章最后一部分)。中国想要打造一个新的全球化阶段,让中国企业走向世界并能够制定全球标准。只要取代美国并获得世界许多合作伙伴的支配性地位,中国就能获得经济影响力,这是制定国际规则和制度的基础。金融实力是实现该目标的有力手段。

中国的银行为发展中国家的基础设施和能源供给提供资金,促进它们的增长速度,扩大它们与中国的双边贸易。在东亚,这样做的目的在于实现更紧密的一体化,尽可能地摆脱美国。这一战略的火力是中国国家开发银行(CDB)和中国进出口银行。2009—2010 年间,两大银行共向发展中国家提供了 1 100 亿美元的长期贷款,超过了世界银行,并且没有附加任何政治条件。此外,仅国家开发银行就拨了 650 亿美元,该银行经营有效,盈利颇丰。国家开发银行是帮助贯彻国家政策路线的政策性银行,参与了俄罗斯、哈萨克斯坦和缅甸至中国的石油管道建设融资,以及从缅甸经老挝、越南至中国西南部的铁路建设融资。它为旨在发展西部地区资源利用的“西部大开发”战略作出贡献。除了亚洲,国家开发银行还在 141 个国家设有代理机构,最近正在进入南美洲。

政策性贷款并不是中国触及全球的唯一手段。让人民币在 2020 年成为国际主要货币的雄心,说明了中国如何从金融危机中吸取教训。美国货币霸权的弊端在 2008 年秋季的金融危机中不言自明,当时国际货币市场中的美元流动性濒于枯竭。然后在 2011 年 8 月,中国作为美国主要外国债权人由于美国国债评级(世界金融市场的关键因素)下调而受到损害。这些事件使中国领导人相信,要尽早削弱美国在国际货币体系中的支配性地位。

第 5 章集中讨论在香港离岸市场推动人民币国际化的早期行动,这是上述战略的第一步。只要人民币不是完全可兑换,中国政府就要利用香港这一高度金融化的城市去让跨国公司和金融投资者持有、借入和交易以人民币计价的金融产品。自 2009 年中期以来,香港已成为检验人民币自由化影响的特区。随后在 2010 年 6 月人民币与美元脱钩,明显加快了人民币在贸易金融和企业债券发行中的使用。在中国与亚洲伙伴及外贸增长迅速的其他新兴市场国家的进出口业务中,对美元的依赖性降至最低程度。当中国政府在香港发行一系列不同期限的公共债券从而创建收益率曲线之后,中国公司和跨国公司都购买了以人民币计价的债券。最后,在香港对投资于内地人民币的储蓄日益放松,从而增加了资本流入。这种压力加强了人民银行的地位,它要加快国内金融价格调整,培育竞争性的国内市场。它允许中国的机构投资者管理多元化的资产组合,从而能够向外国输出资本,缓解官方储备积累的压力。到"十二五"规划期末,中国肯定需要国际货币规则来管理一个多极的货币体系。

8.4.2 安全问题

美国喋喋不休地批评中国的国防现代化,尤其海军现代化。他们指责中国将美国赶出西太平洋的行为。美国国防部长罗伯特·盖茨直言不讳地维护美国的霸权,中国投资于新型导弹和反舰武器"可能威胁美国在太平洋投放军力和帮助盟国的主要通路"(Dyer and MacGregor,2011),并以同样的语气警告说新的对抗"可能结束美国海军在西太平洋已享有近60年的军事行动庇护所"。中国军方的反应(反映了北京的态度)是做了一个生动的比喻:"一人持有枪,另一人持有刀,持枪者反而指责持刀者行为危险。"意思是说,中美军力相差悬殊,美国的指控简直荒谬。诚然,中国海上力量远不如美国(见表8.2),但海陆空三军总实力的差距正在缩小。因此,美国的担心不是没有道理,特别是当他们持有这样的观点时——只有霸权才能提供国际秩序,美国就是"天然"霸主。

表8.2 中美海上力量对比

项 目	中 国	美 国
水面武器:	80	110
航空母舰	0	11
巡洋舰	0	22
驱逐舰	28	56
护卫舰	52	21
潜艇	65	71
两栖战舰	1	33
飞机	290	900
现役军人	255 000	335 822

资料来源:美国国防部国际战略研究所。

　　的确，只要不存在具有约束力的国际规则确保贸易航线安全，中国就必须发展军事手段去保护主要的资源进口和加工贸易。然而，美国的军事机构严重夸大了中国的军事能力，以便在财政紧缩时期获得更多的预算资金。中国不打算成为追求霸权的世界军事强国。但美国战略家的伪称与此相反，认为中国崛起与第二次世界大战后的苏联崛起是一样的。他们认为对付中国崛起的唯一方法就是遏制。这是一个致命的错误，原因仍然在于经济和金融关系。美国和苏联是两个受相对立原则调节的不同经济体，但美国与中国则紧密交织在一起。如果美国国会试图单方面无视这种现实，美国将失去盟友的信任，激起国内商业利益的反对。霸权将受损，整个世界将经受中断和低增长。

　　然而，问题是中国的亚洲邻国如何看待中国在该地区的军事崛起，中国南海的领土争端尚未解决。这些国家新增加的焦虑让美国有借口在亚洲政治中重申军事存在、行动更积极。这导致中美关系更加紧张。危险的是，美国过度利用某些国家对中国的不信任，导致中国政府内强硬派占据上风，增加军事影响力。为了缓解这一紧张局面，通过区域集团会议的外交行动可能达成共同协议，确定具有法律约束力的行为规范，因此有必要建立区域性制度以使任何国家都没有兴趣采取欺诈行为。然而，根据中国古代的思想，如果仅基于国家利益，它仍然是一座脆弱的大厦。必须通过国际国内事务中的道德价值来联合各国的共同利益。这是国际政治从追求霸权转向建立"仁政"（humane authority）的机会。

　　中国的邻国赞成这种行动的原因是，它们不想做出这种两难选择——一方面是与中国的经济关系带来繁荣，另一方面是安全需要，保持美国在该地区的军事存在。随着经济一体化变得越来越紧密和复杂，这一困境变得更加尖锐。两全其美的唯一办法是达成一种国际秩序观，确保中美之间持久的和平关系。在霸权主义条件下是无法实现这一点的。要使这种观念起到实效作用，各方就必须共同迎接 21 世纪的全球性挑战，而其中主要是环境问题。

8.4.3　可持续性与国际政治秩序

　　战国时代（前 476—前 221）中国古代哲学家具有丰富的国际关系经验。孟子和荀子是主要的贡献者,他们从理论上阐述了各种国际格局,建议统治者如何行动才能实现一个和谐的国际秩序。在他们看来,国际关系是社会关系的延续。他们将统治者的伦理视为和平的国际关系的主要属性。为了实现"普天之下"的和谐,统治者不应该追求霸权,而应该追求"仁政"。这是软实力的本质。

8.4.4　道德辩护和软实力的现代工具

孟子认为道德直接影响政治,是软实力的基础。只有软实力才可以按公平的国际关系去使用经济、军事、文化资源。孟子倡议在统治者之间举行仪式和签订盟约,以矫正态度、纠正扭曲的关系和抑制冲突。荀子更加谨慎,因为他认为财富越多,获取财富的欲望就越大,资源竞争也就越激烈。他还认为,通过建立社会规范而培育的道德指导,可以调节人类的欲望。只有大家都感觉到公平,才可以实现可行的秩序,这样"普天之下"才能用等量资源获得更高满足。在国际事务和社会事务中都存在等级制度。为了实现"仁政",规范就应该是"隆礼尊贤而王,重法爱民而霸"。

与当前国际政治理论相反,中国古代哲学认为,霸权并不是国际体系中最高形式的权力。霸权是指影响或控制其他国家并将其绑定于霸主利益的力量。霸主具有比平等国家中持续竞争对手更高的地位。如果霸主比较仁慈,充分考虑受敌对国家威胁的盟国的利益,那么霸权可能是稳定的。在那种意义上,霸权具有价值。然而,它比"仁政"的价值要低,"仁政"是指规范的共同体系,不是通过利益调和而获得合法性,而是通过正义感而获得合法性。

软实力让中国有许多工具去处理邻国关系及跻身世界政治时所面临的障碍。一方面,领土争端导致中国的形象变成寻求亚洲霸权的侵略性地区强国。尽管还无法与美国竞争,但中国现有的军事力量远远领先于亚洲其他国家。另一方面,西方宣传一直热衷于指责中国的专制政治体制以及缺乏关注个人的言论自由和财产权利,因为代议制民主非常重视这些方面。

中国的软实力外交目前主要应集中于在亚洲建立信任的措施:解决边界争端,促进地区投资,建立更紧密的经济关系以表明更强的经济协定,以及加强文化推广。

在外交方面,软实力源于中国把与亚洲国家之间的稳定关系作为重中之重。中国的公共外交具有强大的职能部门:国务院新闻办公室,中共中央对外宣传办公室和外交部公共外交办公室。中国外交已经展示了新的安全概念,对和平共处原则进行了重新包装。这一新概念在双边和多边协定网络的谈判中得以推行。中国加入了以下区域性多边集团:东盟10＋1,东盟10＋3,东盟地区论坛,东盟展望小组(ASEAN vision group),东盟高级官员会议,东亚峰会。中国提议通过那些多边框架而不是泛太平洋集团,建立更密切的关系,提高相互依赖,削弱美国的影响力。

外交攻势得到经济援助的支持,这种经济援助不附带政治条件。援助涉及基础设施发展、贸易设施和在整个地区的跨境投资。它对该地区的越南、老挝、柬埔寨、缅甸、泰国和菲律宾等较低收入国家具有重要的政治影响。

在文化方面,中国丰富的文化遗产具有强大的吸引力。文化外交已经成为针对邻国的策略性工具,那些国家的人民能理解中国文化。文化外交的目的是为了缓和南海争端及中国国防开支日益增长的负面影响。此外,2008北京奥运会和2010上海世博会也提高了中国在全球的声誉。

软实力的另一个重要工具是教育和语言学习。中国正在建立孔子学院的全球网络,至今在78个国家有295所孔子学院,在东南亚有21所,仅泰国就有13所。计划建立的则更多。它们旨在通过语言学习和教育在海外传播中国的文化传统。儒家传统学说确实吸引人,因为它是基于世俗价值观:人性、教育以及导向和谐的道德规则。中国吸引越来越多的外国学生的另一种方式是教育项目和奖学金。增加财政资助,放松签证政策,在柬埔寨、越南和印度尼西亚成效显著。

8.5　小结:从霸权到国际制度

大多数西方国际关系理论对权力的来源(硬实力)与权力的政治合法性(软

实力)没有作出任何区分。他们坚持认为,霸权主义的核心要素要么是经济,要么是军事,或者经济和军事两者兼而有之。有些人认为霸权只在于武装力量,另一些人则认为霸权在于该国占世界 GDP 的比重。国际制度学者的论述更加复杂。基欧汉和奈(Keohane and Nye,2001)将霸主界定为这样的国家,它能够维持治理国际关系的规则,在适当的时候改变规则,防止采纳它不喜欢的规则,在创建新规则时比其他国家更具影响力。他们认为军事实力已被全球化削弱,现在只扮演次要角色。沃勒斯坦(Wallerstein,2012)认为经济实力比军事实力重要得多。然而,如果运用博弈论的观点,从单个国家的角度来考虑国际关系,而不是运用政治治理的观点,从整体系统的角度来看待国际关系,就无法设想比霸权更高的原则。政治霸权被视为一种策略,通过与盟友合作,以期获得国际认可。

中国想要摆脱霸权追求,将外交政策导向"仁政"旗帜之下,需要一种目前尚缺失的普世道德。孟子认为,"仁政"为世界确定了一个具有吸引力的模式,并不是因为它是最富裕国家的模式,而是因为它提出了一种政治理想以及基于该理想的社会发展模式。

21 世纪初,公共舆论通过与民间社会相连的国际网络,将各国共同行动起来遏制环境危险的空前紧迫性推向风口浪尖。这种具体的互动型民主也影响政治。环境危险涉及利害关系如此之大,使普遍的预防原则变得合理。该原则为世界资本主义进程中的激进转型提供了道德合法性。如果中国提供实现可持续增长模式的转型,如果中国提出应对气候变化的国际规则并以自身成功使之变得可信,那么中国就获得赢得其他国家信赖的坚实基础,而这种声望和影响并不是霸权。

同时,这一国际原则承载着一个新的政治模式。形式上的代议制民主和失去了强大伦理基础的独裁政体,都不足以带来可以形成恰当政策的长远眼光。在选拔和更替精英的过程中必须融入伦理要素。社会价值和认可的标准必须彻底改变。必须创建一个更深层次、更具社会责任感的参与型民主。

参考文献

Aghion, P., Hemous, D. and Veugelers, R. (2009) "No Green Growth without Innovation", *Bruegel Policy Brief*, no.7, November.

Aglietta, M.(1980), *A Theory of Capitalist Regulation. The US Experience*, New Left Books.

Aglietta, M.(2007) "Developing the Bond Market in China: the Next Step Forward in Financial Reform", *Economie Internationale*, Vol.111, pp.29—53.

Aglietta, M.(2007) *La Chine vers la superpuissance*, Paris: Economica.

Aglietta, M.(2011) "Internationalization of the Chinese Currency", *China Perspectives*, Hong Kong, no.3, pp.79—83.

Aglietta, M.(2011) "Sustainable Growth: Do we really Measure the Challenge?", in Measure for Measure, Proceedings of the 8th AFD-EUDN Conference, 2010 Paris, December.

Aglietta, M. and Lemoine, F.(2011) "La nouvelle frontière chinoise", in *L'économie mondiale 2011*, coll. Repères, La découverte, p.35.

Allen F., Jun Qian and Meijun Qian (2008) "China's Financial System: Past, Present and Future", in L.Brandt and T.Rawski(eds) *China's Great Economic Transformation*, New York: Cambridge University Press, pp.506—568.

Anand, S., Fan, V., Zhang, J., Zhang, L., Ke, Y., Dong, Z. and Chen, L.(2008) "China's Human Resources for Health: Quantity, Quality and Distribution", *The Lancet*, Vol.372, no.9651, pp.1774—1781.

Ao, X. and Fuginiti, L.(2003) "Productivity Growth in China: Evidence from Chinese Provinces", Econ WPA Series Development and Comp Systems, no.0502024.

Arrighi, G.(2007) *Adam Smith in Beijing: Lineages of the Twenty-First Century*, London: Verso.

Arrow, K., Dasgupta, P., Goulder, L., Mumford, K. and Oleson, K.(2007) "China, the US and Sustainability: Perspectives Based on Comprehensive Wealth", Stanford Center for International Development, Stanford US, January.

Aziz, J. and Suenwald, C.(2002) "Growth Financial Intermediation Nexus in China", IMF Working Paper, no.194.

Bahl, R. and Martinez-Vazquez, J.(2007) "The Property Tax in Developing Countries: Current Practice and Prospects", Lincoln Institute of Land Policy Working Paper.

Batson, A. and Zhang, J.(2011) "Managing the Debt Mountain", *China Economic Quarterly Review*, Vol.15, issue 2, June 2011, pp.41—47.

Bell, D.(2008) *China's New Confucianism*, Princeton, NJ: Princeton University Press.

Belttrati, A. and Caccavaio, M.(2007) "Asset Float and Stock Prices: Evidence from the Chinese Stock Market", SSRN Working Paper no.971721.

Bensidoun, I., Lemoine, F. and Unal-Kesenci, D.(2009) "The Integration of China and India into the World Economy: A Comparison", *European Journal of Comparative Economics*, Vol.6, no.1, pp.131—155.

Bergère, M.C.(2007) *Capitalismes et Capitalistes en Chine*, Paris: Perrin.

Bernanke, B.(2005) "The Global Saving Glut and the US Current Account Deficit", Board of Governors of the Federal Reserve System, Washington, DC, 10 March.

Bertaud, A.(2004) *The Spatial Organization of Cities*, see http://alain-bertaud.com/, free site dedicated to spatial urban structures. (accessed August 2011)

Bian, Y.(1994) *Work and Inequality in Urban China*, Albany: State University of New York Press.

Bornstein, M.(1977) "Economic Reform in Eastern Europe", *Eastern European Economies Post-Helsinki*, Washington: USGPO, pp.102—134.

Brandt, L. and Zhu, X.(2000) "Redistribution in a Decentralizing Economy: Growth and inflation in reform China", *Journal of Political Economy*, Vol.108, no.2, pp.422—451.

Brandt, L. and Rawski, T.(eds) (2008) *China's Great Economic Transformation*, New York: Cambridge University Press.

Brender, A. and Pisani, F.(2007) *Les déséquilibres financiers internationaux*, Paris: La Découverte.

Brueckner, J.K.(2000) "Urban Sprawl: Diagnosis and Remedies", *International Regional Science Review*, Vol.23, pp.160—171.

Cai, F., Park, A. and Zhao, Y.(2008) "The Chinese Labor Market in the Reform Era", in L.Brandt and T.Rawski(eds) *China's Great Economic Transformation*, New York: Cambridge University Press.

CCICED(2009) "Efficacité énergétique et développement urbain. Chine", Rapport du Conseil Chinois pour la Coopération Internationale sur l'Environnement et le Développement.

Ch'u, T.(1962) *Local Government in China under the Ch'ing*, Cambridge: Harvard University Press.

Chen, G. and Duan, W.(eds) (2009) *China's Experience: the Endogenous Path and Sustained Development*, Beijing: Economic Science Press.

Cheng, A.(1997) *Histoire de la pensée chinoise*, Paris: Le Seuil.

Cheung, S.(2008) *The Economic System of China*, 2nd edn, Hong Kong: Arcadia Press.

Chieng, A.(2006) *La pratique de la Chine*, Paris: Grasset.

China Hand(2009) The Economist Intelligence Unit Limited.

Chow, G.(2002) *China's Economic Transformation*, Maiden, MA: Blackwell Publishing.

Chow, G.(2004) *Knowing China*, London: World Scientific.

CLSA(2011) "Getting Easier: China Starts Pumping the Economy", *China Strategy*, December.

CLSA(2010) "China's Energy Binge. Moving to a Greener, Low-carb Diet", Special Report, September.

Coale, A.J. and Chen, S.(1987) *Basic Data on Fertility in the Provinces of China, 1942—1982*, Honolulu: East-West Population Institute Paper Series.

Confucius, *The Analects*, Chinese classics.

Corrado, A., Hulten, C. and Sichel, D.(2006) "Intangible Capital and Economic growth", NBER Working Paper, no.11948, January.

Dagongzhe Migrant Workers Centre(2009) "New Ongoing Violations after the Implementation of Labor Contract Law in China", Shenzhen: DMWC. Available at: http://www. workerempowerment. org/en/newsletter/18 (accessed 3 January 2010).

Davoodi, H. and Zou, H. (1998) "Fiscal Decentralization and Economic Growth—A Cross-Country Study", *Journal of Urban Economics*, Vol. 43, pp.244—257.

Dooley, M., Folkerts-Landau, D. and Garber, P.(2003) "An Essay on the Revived Bretton Woods System", NBER Working Paper, no.9971, September.

Dunaway, S., Leigh, L. and Xiangming Li(2006) "How Robust are Estimates of Equilibrium Exchange Rates: The Case of China", IMF Working

Paper, no.220, October.

Duttagupta, R., Fernandez, G. and Karasadag, C.(2004) "From Fixed to Float: Operational Aspects of Moving Toward Exchange Rate Flexibility", IMF Working Paper, no.04/126, July.

Dyer, G. and MacGregor, R.(2011) "Beijing Builds to Hold US Power at Bay", *Financial Times*, January 19.

Ebrey, P.B.(1996) *Cambridge Illustrated History of China*, Cambridge: Cambridge University Press.

Eichengreen, B.(2004) "Chinese Currency Controversies", CEPR Discussion Paper Series, no.4375.

Elvin, M.(1973) *The Pattern of the Chinese Past*, Stanford: Stanford University Press.

Elvin, M. and Liu Ts'ui-jung(eds) (1998) *Sediments of Time: Environment and Society in Chinese History*, New York: Cambridge University Press.

Esping-Andersen, G. (1990) *The Three Worlds of Welfare Capitalism*, Cambridge: Polity Press, in association with Oxford: Blackwell Publishers.

Fairbank, J.K. and Reischauer, E.O.(1979) *China: Tradition and Transformation*, Sydney: George Allen & Unwin.

Fan Gang(1994) "Incremental Change and Dual-track Transition: Understanding the Case of China", *Economic Policy*, vol.19 (supp), pp.99—122.

Fan, G., Zhang, X., Wei, Q., Liu, P. and Lv, Y.(2010) *Zhongguo Jingji Zaipingheng Zhilu: Neiwai Junheng yu Caishui Gaige*, Shanghai: Shanghai Far East Publishers.

Feng, Y.(1948) *A Short History of Chinese Philosophy*, New York: Macmillan Company.

Fong, T., Wong, F. and Yong, I.(2007) "Share Price Disparity in Chinese Stock Markets", HK Monetary Authority Working paper, no.11.

Frankel J.(1999) "No Single Currency Regime is Right for all Countries or at all Times", NBER Working Paper, no.7338, September.

Fujita, M. and Thisse, J.F.(2000) "The Formation of Economic Agglomerations: Old Problems and New Perspectives", in J.M. Huriot and J.F. Thisse (eds) *Economics of Cities. Theoretical Perspectives*, Cambridge: Cambridge University Press, pp.3—73.

Garnaut, R., Golley, J. and Song, L.(eds) (2010) *China: the Next Twenty Years of Reform and Development*, Beijing: Social Sciences Academic Press.

Gerber, H.(2006) *Exchange Rate Arrangements and Financial Integration in East Asia: On a Collision Course?*, Springer-Verlag, November, pp.359—377.

Girardin E. and Liu, Z.(2003) "The Chinese Stock Market: A Casino with Buffer Zones", *Journal of Chinese Economic and Business Studies*, Vol.1, no.1, pp.57—70.

Glaeser, E.(2011) *Triumph of the City*, London: Macmillan.

Goldstein, M.(2004) "Adjusting China's Exchange Rate Policies", *Institute for International Economics Working Paper*, 04/1.

Gong, G.(2009) "The Formation and Evolution of China's Planning Economy", in G.F. Chen and W.B. Duan(eds) *China's Experience: the Endogenous Path and Sustained Development*, Beijing: Economic Science Press.

Goodhart, C. and Xu, C. (1996) "The Rise of China as an Economic Power", *National Institute Economic Review*, Vol.155, no.1, pp.56—80.

Hale, G.(2007) "Prospects for China's Corporate Bond Markets", FRBSF Economic Letter, no.2007—07, San Francisco.

Han Fei Zi (2010) *L'art de gouverner*, Paris: Presses du Châtelet.

Harvey, D. (2000) *Spaces of Hope*, Berkeley: University of California Press.

Harvey, D. (2003) *The New Imperialism*, New York: Oxford University Press.

He, Z. et al. (2008) *Political Reform in China*, Beijing: Central Compilation & Translation Press.

Ho, P. (1960) *The Ladder of Success in Imperial China*, New York: Columbia University Press.

Holz, C. (2006) China's Economic Growth Tomorrow, SSRN Working Paper, December, New York.

Hongyi Chen, Wensheng Peng and Chang Shu (2009) "Renminbi as an International Currency: Potential and Policy Considerations", HKIMR Working Paper, no.18, May.

Hougaard, J.L., Osterdal, L.P. and Yu, Y. (2011) "The Chinese Health care System: Structure, Problems and Challenges", *Applied Health Economics and Health Policy*, Vol.9, no.1, pp.1—13.

Huang, P. (2002) "Development or Involution in 18th Century Britain or China? A Review of Kenneth Pomeranz's 'The Great Divergence. China, Europe and the Making of the Modern World Economy'", *Journal of Asian Studies*, Vol.LXI, no.2, pp.501—538.

Huang, Y. (2010) "China's Great Ascendancy and Structural Risks: Consequences of Asymmetric Market Liberalization", *Asian-Pacific Economic Literature*, Vol.24, Issue 1, pp.65—85.

Huang, Y. (2011) "Learn From Li Na", *Caixin*. Online. Available at: http://english.caixin.com/2011-06-28/100273823.html(accessed 30 Jun 2011).

Islam, N., Dai, E. and Sakamoto, H. (2006) "Role of TFP in China's Growth", *Asian Economic Journal*, Vol.20, no.2, pp.127—159.

Jefferson, G., Rawski, T. and Zhang, Y. (2008) "Productivity Growth and Convergence Across China's Industrial Economy", *Journal of Chinese and Busi-*

ness Economic Studies, Vol.6, no.2, pp.127—159.

Jiang, S., Liu, S. and Li, Q.(2010) *China's Land Policy Reform: Policy Evolution and Local Innovation*, Shanghai: Shanghai Joint Publishing Company.

Jullien, F.(2009) *Les transformations silencieuses*, Paris: Grasset.

Kalecki, M. (1943) "Political Aspects of Full Employment", *Political Quarterly*, Vol.14, Issue 4, pp.322—330.

Kam Wing Chan(2009) "Measuring the Urban Millions", *China Economic Quarterly*, March, pp.21—46.

Kane, P.(1988) *Famine in China 1959—1961: Demographic and Social Implications*, Basingstoke: Macmillan Press.

Keohane, R.(1984) *After Hegemony*, Princeton, NJ: Princeton University Press.

Keohane, R. and Nye, J. (2001) *Power and Interdependence*, London: Longman Pearson.

King, S., Henry, J., Qu Hongbin, Yetsenga, R.(2005) "China's Dilemma. Options for the Renminbi", *HSBC Global Research*, 20 May.

Knight, J. and Song, L.(1999) *The Rural Urban Divide. Economic Disparities and Interactions in China*, Oxford: Oxford University Press.

Kracke, E.A.(1964) "The Chinese and the Art of Government", in R.Dawson(ed.) *The Legacy of China*, Oxford: Oxford University Press.

Krugman, P. (1995) *Development, Geography and Economic Theory*, Cambridge, MA: MIT Press.

Lardy, N.(1983) *Agriculture in China's Modern Economic Development*, New York: Cambridge University Press.

Lardy, N. (1998) *China's Unfinished Economic Revolution*, Washington, DC: Brookings Institution.

Lemoine, F.(2006) *L'economie chinoise*, 4th edn, La Découverte, Paris.

Leonard, M.(2008) *What does China Think?*, London: Fourth Estate.

Levathes, L.(1994) *When China Ruled the Seas: the Treasure Fleet of the Dragon Thrones, 1405—1433*, London: Simon and Schuster.

Lewis, A. (1954) "Economic Development with Unlimited Supplies of Labor", *Manchester School of Economic and Social Studies*, Vol.22, pp.139—191.

Li, H.(2011) *Equity, Efficiency and Sustainable Development: China's Energy Subsidy Reform Theory and Policy Practice*, Beijing: China Economic Publishing House.

Li, W.(1957) *Zhongguo Jindai Nongyeshi Ziliao* (Vol.1), Beijing: Sanlian.

Li, W. and Yuan, Z. (2010) "Cujin Disan Chanye Jiuye Zengzhang de Zhengce Xuanze", *Journal of Shandong University of Finance*, Vol. 2, pp.44—49.

Lim, M., Yang, H., Zhang, T., Zhou, Z., Feng, W. and Chen Y.(2002) "The Role and Scope of Private Medical Practice in China", Final Report to the World Health Organization and the United Nations Development Programme, UNDP, WHO, and MOH China.

Ma, G.(2006) "Who pays China's Bank Restructuring Bill?", Cepii Working Paper, no.4, Paris.

Ma, G., Ho, C. and Mac Cauley, R.(2004) "The Market for Non-Deliverable Forwards in Asian Currencies", *BIS Quarterly Review*, June, pp.81—94.

MacKinnon, R.(2005) "Exchange Rate or Wage Changes in International Adjustment? Japan and China Versus the United States", *China and World Economy*, Institute of World Economics and Politics, Pekin, Vol.13, no.5, September/October, pp.11—27.

MacKinnon, R. and Schnabl, G.(2008) "China's Exchange Rate Impasse and the Weak US Dollar", CESIFO Working Paper, no.2386, August.

McKinsey Global Institute (2011) *Urban World: Mapping the Economic Power Cities*, March.

Maddison, A. (2007) *Contours of the World Economy, 1—2030 A.D.*, Oxford: Oxford University Press.

Man Kwong Leung(2011) "Hong Kong and the Internationalization of the RMB", *China Perspectives*, Hong Kong, vol.2011(3), pp.67—77.

Marshall, A. (1920) *Principle of Economics*, 8th edn, reprinted 1966, London: Macmillan.

Meyer, C.(2010) *Chine ou Japon: quel leader pour l'Asie?*, Paris: Presses de Sciences Po.

Miller T.(2009) "Big cities, small cities", *China Quarterly Review*, 1st quarter, Dragonomics Research and GaveKal Research, pp.28—35.

Ministry of Finance People's Republic of China(1987), *Zhongguo Caizheng Tongji 1950—1985*, Beijing: China Financial & Economic Publishing House.

Mooney, T.(2009) "Sticky Supply Chains", *China Economic Quarterly*, Vol.13, no.4, pp.45—49.

Mozi, *Mozi*, Chinese classics.

Mu, H.(2006) "The Development of China's Bond Market", BIS Economic paper, no.26.

National Audit Office of China(2011) *Guanyu 2010 Niandu Zhongyang Yusuan Zhixing he Qita Caizheng Shouzhi de Shenji Gongzuo Baogao*, Beijing: National Audit Office. Online. Available at: http://www. audit. gov. cn/ n1992130/n1992165/n2032598/n2376391/2754043. html (accessed 6 September 2011).

National Bureau of Statistics of China(2011) *2010 nian Diliuci Quanguo Renkou Pucha Zhuyao Shuju Gongbao(No.1)*, NBS, Beijing. Online. Available at: http://www. stats. gov. cn/tjfx/jdfx/t20110428_402722253. htm(accessed 5

June 2011).

National Development and Reform Commission(2009) "China's Policies and Actions for Addressing Climate Change", Beijing.

Naughton, B. (2007) *The Chinese Economy: Transition and Growth*, Cambridge and London: MIT Press.

Naughton, B. (2008) "A Political Economy of China's Economic Transition", in L.Brandt and T.Rawski(eds) *China's Great Economic Transformation*, New York: Cambridge University Press.

Needham, J., L.Wang and G.Lu(1971) *Science and Civilization in China* (Volume 4, Part 3), New York: Cambridge University Press.

Nordhaus, W. (2007) "A Review of the Stern Review on the Economics of Climate Change", *Journal of Economic Literature*, Vol.45, no.3, pp.686—702.

North, D.C. (2005) *Understanding the Process of Economic Change*, Princeton, NJ: Princeton University Press.

OECD(2006) "Challenges for China's Public Spending", *Policy Brief*, March 2006, Paris: OECD.

OECD(2010) *Economic Survey of China 2010*, Paris: OECD.

Olson, M. (1982) *The Rise and Decline of Nations: Economic Growth, Stagflation, and Social Rigidities*, New Haven and London: Yale University Press.

Palit, P.S. and Palit, A. (2011) "Strategic Influence of Soft Power: Inferences for India from Chinese Engagement of South and South East Asia", ICRI-ER Policy Series, no.3, August.

Park, A. and Cai, F. (2011) "The Informalization of the Chinese Labor Market", in S.Kuruvilla, C.K. Lee and M.Gallagher(eds) *From Iron Rice Bowl to Informalization: Markets, State and Workers in a Changing China*, Ithaca: Cornell University Press.

PBoC(2011) *China Regional Financial Performance Report 2010*, PBoC, Beijing. Online. Available at: http://www.pbc.gov.cn/image_public/UserFiles/zhengcehuobisi/upload/File/2010.pdf(accessed 3 June 2011).

Pearce, D.W. and Atkinson, G.(1993) "Capital Theory and the Measurement of Sustainable Development: An Indicator of Weak Sustainability", *Ecological Economics*, no.8, pp.103—108.

Peng, Z.(1983) *Shijiu Shiji Houbanqi de Zhongguo Caizheng yu Jingji*, Beijing: China Renmin University Press.

Pomeranz, K.(2000) *The Great Divergence: China, Europe and the making of the modern world economy*, Princeton, NJ: Princeton University Press.

Qiao, B.(2002) *The Trade-Off between Growth and Equity*, Beijing: People's Publishing House.

Rodrik, D.(2011) *The Globalization Paradox*, New York and London: W.W. Norton & Company.

Rosanvallon, P.(2008) *La Légitimité Démocratique*, Paris: Le Seuil.

Rosenthal, J.-L. and Wong, B.(2011) *Before and Beyond Divergence. The Politics of Economic Change in China and Europe*, Cambridge, MA: Harvard University Press.

Sassen, S.(1991) *The Global City*, Princeton, NJ: Princeton University Press.

Sassen, S.(2000) *Cities in a World Economy*, Thousand Oaks: Sage, Pine Forge Press.

Schurmann, F.(1966) *Ideology and Organization in Communist China*, Berkeley and Los Angeles: University of California Press.

Sen, A.(1976) "Real National Income", *Review of Economic Studies*, Vol.43, no.1, February, pp.19—39.

Shi, R.(2009) *From Elite Education to Mass Education: Studies on Effi-*

ciency and Fairness Question in the Development of Higher Education, Beijing: Higher Education Press.

Shih, V. (2010) "Big Rock Candy Mountain", *China Economic Quarterly Review*, Vol.14, no.2, June, pp.26—32.

Stiglitz, J., Sen, A. and Fitoussi, J.P. (2009) *Rapport de la Commission sur la Mesure de la Performance Economique et du Progrès Social*, Paris: OFCE.

Sin Y. (2005) "China: Pension Liabilities and Reform Options for the Old Age Insurance", Working Paper Series, Paper no. 2005-1, Washington, DC: World Bank. Available at: http://www-wds. worldbank. org/external/default/ WDSContentServer/WDSP/IB/2005/08/03/000090341 _ 20050803142802/Rendered/PDF/331160CHA0Working0paper0P0583080Pension.pdf(accessed 5 January 2010).

Spitaes, G. (2007) *Chine-USA. La guerre aura-t-elle lieu?*, Paris: Luc Pire.

Statistic Bureau of Wuhan(1989) *Wuhan Sishi Nian*, Wuhan: Wuhan University Press.

Stern, N. (2007) *The Economics of Climate Change. The Stern Review*, New York: Cambridge University Press.

Stern, N. (2008) "The Economics of Climate Change", Richard T.Ely Lecture, *American Economic Review Papers and Proceedings*, Vol. 98, no. 2, pp.1—37.

Stockholm Environment Institute(2009) *Going Clean. The Economics of China's Low-carbon Development*, Stockholm.

Sugihara, K. (2003) "The East Asian Path of Economic Development: a Long-Term Perspective", in Arrighi, Hamashita and Selden(eds) *The Resurgence of East Asia: 500, 150 and 50 Year Perspectives*, London: Routledge, pp.78—123.

Tsai, L.L.(2007) *Accountability without Democracy*: *Solidary Groups and Public Goods Provision in Rural China*, Cambridge: Cambridge University Press.

Twitchett, D. and Mote, F.W.(1998) *The Cambridge History of China*, *1368—1644*, Part 2, New York: Cambridge University Press.

Wallerstein I. (2012), "China and the US: Rivals, Enemies, Collaborators?", Commentary no.321, 15 January, http://www.iwallerstein.com/commentaries/.(accessed August 2011)

Walter, C. and Howie, F.(2011) *Red Capitalism*, John Wiley & Sons (Asia).

Wang, R. (2005) *China's Pension System Reform and Capital Market Development*, Cambridge, MA: Harvard University Asia Center.

Wang, Y. and Yao, Y.(2003) "Sources of China's Economic Growth 1952—1999: Incorporating Human capital Accumulation", *China Economic Review*, Vol.14, no.1, pp.32—52.

Wang, F. and Manon, A.(2008) "The Demographic Factor in China's Transition", in L.Brandt and T.Rawski(eds) *China's Great Economic Transformation*, New York: Cambridge University Press.

Wang, S. and Hu, A.(2001) *The Chinese Economy in Crisis*: *State Capacity and Tax Reform*, Armonk: M.E. Sharpe.

Weitzman, M.(2009) "On Modeling and Interpreting the Economics of Catastrophic Climate Change", *Review of Economics and Statistics*, Vol.XCI, no. 1, February, pp.1—19.

Weizsäcker, E., Young, O. and Finger, M.(2005) *Limits to Privatization*: *How to Avoid Too Much of a Good Thing*, London: Earthscan.

Wensheng Peng, Chang Shu and Yip, R. (2006) "Renminbi Derivatives: Development and Issues", *China Economic Issues*, HK Monetary Authority, no.

5/06，November，pp.1—17.

Will，P. and Wong，R.B.(1991) *Nourish the People：The State Civilian Granary System in China*，1650—1850，Ann Arbor：University of Michigan Center for Chinese Studies.

Williamson，J.(2005) "A Currency Basket for East Asia"，*Policy Briefs in International Economics*，no.1，Institute for International Economics，Washington，DC，July.

Woetzel，J.，J. Devan，R. Dobbs，A. Eichner，S. Negri，and M. Rowland (2009) "If You've Got it，Spend it：Unleashing the Chinese Consumer"，McKinsey Global Institute Report.

Wong J.(1999) "China's Dynamic Economic Growth in the Context of East Asia"，East Asian Institute，Singapore.

Wong，J. and Lu，D.(2002) *China's Economy into the New Century*，Singapore：Singapore University Press.

Wong，R.B.(2009) "La Chine et l'économie politique de son empire agraire dans l'histoire globale，mondialisations et capitalisme"，in Philippe Beaujard，Laurent Berger，Philippe Norel(eds) *Histoire globale*，*mondialisation et capitalisme*，Paris：La Découverte.

Wong，C.P.W. and Bird，R.M.(2008) "China's Fiscal System：A Work in Progress"，in L.Brandt and T.Rawski(eds) *China's Great Economic Transformation*，New York：Cambridge University Press.

Wong，R.B.(1997) *China Transformed：Historical Change and the Limits of European Experience*，Ithaca and London：Cornell University Press.

World Bank(2006) *Where is the Wealth of Nations? Measuring Capital for the 21 st Century.*

Wu，H.(2011) Accounting for China's Growth in 1952—2008，Rieti Discussion Paper Series，11-E-03.

Wu, Y. (2008) "The Role of Productivity in China's Growth: New Estimates", *Journal of Chinese Economic and Business Studies*, Vol. 6, no. 2, pp. 141—56.

Wu, J. (2010) *Understanding and Interpreting China's Economic Reform*, Shanghai: Shanghai Far East Publishers.

Wu, J. and Reynolds, B. L. (1988) "Choosing a Strategy for China's Economic Reform", *American Economic Review*, Vol. 78, no. 2, Papers and Proceedings of the One-Hundred Annual Meeting of the American Economic Association (May, 1988), pp. 461—466.

Wu, J., J. Lou, X. Zhou, S. Guo and J. Li (1986) *Zhongguo Jingji Gaige de Zhengti Sheji*, Beijing: China Social Sciences Press.

Wu, X. (2011) *Transformation and Rise of China: Exploring the Road to a Financial Power*, Beijing: China Financial Publishing House.

Xin, X. (1996) *Daguo Zhuhou-Zhongguo Zhongyang yu Difang Guanxi zhi Jie*, Beijing: China Social Sciences Press.

Xuetong, Y. (2011) *Ancient Chinese Thought, Modern Chinese Power*, Princeton, NJ: Princeton University Press.

Yang, Z., J. Ma, Z. Yang, C. Ma, D. Zhang and B. Zhang (2006) *Theory of Fiscal Decentralization and Reform of Local Public Finance in China*, Beijing: Economic Science Press.

Yao, Y. (2011) *Global Implications of the Chinese Experience*, Beijing: Peking University Press.

Yin-Wong Cheung, Menzie D. Chinn and Eiji Fujii (2009) "China's Current Account and Exchange Rate", NBER Working Paper Series, no. 14673, January.

Yueh, L. (2004) "Wage Reforms in China during the 1990s", *Asian Economic Journal*, Vol. 18, no. 2, pp. 149—164.

Zhang, T. and Zou, H. (1998) "Fiscal Decentralization, Public Spending and

Economic Growth in China", *Journal of Public Economics*, Vol. 67, no. 2, pp.221—240.

Zhang, W. and Wu, N.(2010) "Caizheng Jiaoyi, Yishixingtai Yuesu yu Jijin de Gongyouhua: Zhongguo 1950 Niandai de Zhengzhi Jingji Xue", *Economic Research Journal*, Vol.2, pp.137—151.

Zhang, Y.(2009) "Central-Local Governmental Relationship: a Theoretical Framework and its Application", *Comparison of Economic and Social System* [in Chinese], Vol.2, pp.65—71.

Zhao Ziyang(2009) *Prisoner of the State. The Secret Journal of Zhao Ziyang*, London: Simon & Schuster.

Zheng, J., Bigsten, A. and Hu, A.(2006) "Can China's Growth be Sustained? A Productivity Perspective", Scandinavian Working Paper in Economics, no.236.

Zhou, T.(1984) *Dangdai Zhongguo de Jingji Tizhi Gaige*, Beijing: China Social Sciences Press.

Zhou, Y. and Tan, Y.(2008) *Zhongguo Jumin Shouru Fenpei Chaju Shizheng Fenxi*, Tianjin: Nankai University Press.

图书在版编目(CIP)数据

中国道路:超越资本主义与帝制传统/白果,(法)
米歇尔·阿格列塔著;李陈华,许敏兰译.—上海:
格致出版社:上海人民出版社,2016.8
ISBN 978-7-5432-2613-5

Ⅰ.①中… Ⅱ.①白… ②米… ③李… ④许… Ⅲ.
①中国经济-经济发展道路-研究 Ⅳ.①F120.3

中国版本图书馆 CIP 数据核字(2016)第 062102 号

责任编辑 崔 隽
装帧设计 人马艺术设计·储平

中国道路
——超越资本主义与帝制传统

白果 米歇尔·阿格列塔 著
李陈华 许敏兰 译

出 版	世纪出版股份有限公司 格致出版社	印 刷	苏州望电印刷有限公司
	世纪出版集团 上海人民出版社	开 本	710×1000 1/16
	(200001 上海福建中路 193 号 www.ewen.co)	印 张	22
	编辑部热线 021-63914988 市场部热线 021-63914081 www.hibooks.cn	插 页	2
		字 数	317,000
		版 次	2016 年 8 月第 1 版
发 行	上海世纪出版股份有限公司发行中心	印 次	2016 年 8 月第 1 次印刷

ISBN 978-7-5432-2613-5/F·923   定价:58.00 元